KB214837

이 책은 성서무오설과 축자영감설을 무비판적이고 맹목적으로 고수하는 그리스도인들에게 각성의 가시 채로 다가올 것이며, 성경(특히 구약성경)의 참혹한 폭력 이야기들과 특정 인종/민족 모멸을 정당화하는 구절들 때문에 크게 낙담하고 당혹해 왔던 성경 독자들에게는 위로와 계몽의 샘물이 될 것이다. 저자는 성경을 변호하기 위해 인간의 자연법적인 이성과 양심, 윤리적 감수성을 손상하는 듯한 성경 구절들을 하나님의 천상 계율을 오류 없이 반영하는 경전 구절이기에 해석 없이 받아들여야 한다고 주장하는 사람들을 부드럽고 설득력 있게 계몽시키고 있다. 저자는 성경을 해석 없이 무조건 받아들이고 믿어야 할 절대적으로 오류가 없는 책으로 보기보다는 성경 저자들의 참된 의도, 저작 배경을 정확하게 하는 일부터 해야 한다고 주장한다. 구약성경을 가장 잘 해석하고 읽어내신 예수 그리스도가 구약성경의 특정 구절들과 단락들보다 더 크고 더 궁극적인 하나님의 말씀이라는 것이다. 예수 그리스도는 구약성서에서 사랑과 자비로 세상을 창조하시고 인류를 창조하신 지극히 선하고 인자하시며 신실하신 하나님을 읽어내고 발견해 내며 궁극적으로 체현해내신다. 마태복음과 누가복음에서 유난히 구약성경 전체가 자신의 메시아적 선고난, 후영화를 말하고 있음을 강조하신 예수 그리스도가 구약의 중심이요 구약성서 해석의 중심 키(key)라는 것이다. 참된 성서무오설과 축자영감설을 옹호하려는 모든 그리스도인은 예수 그리스도를 드러내는 방식으로 구약을 읽어야 한다. 겉으로 볼 때는 야만적인 전쟁 이야기들, 인종 차별적인 독소조항들을 담은 율법들, 그리고 기회균등의 원리를 전혀 존중하지 않는 것처럼 보이는 하나님의 이미지 너머에서 산상수훈의 평화를 인류에게 선사하시려는 하나님 아버지를 읽어내야 한다. 이것이 과연 가능할까? 피터 엔스의 약도를 따라 걸어가면 빛이 보인다. 예수 그리스도처럼 구약을 읽지 않으면, 미국 중남부-동남부 바이블 벨트의 아메리카 제일주의 그리스도인들처럼, 혹은 지금 팔레스타인을 빈사의 지경으로 몰아가는 이스라엘 총리 벤야민 네탄야후같은 사람들이 얼마든지 출현할 수 있다. 참된 의미의 성경무오설과 축자영감설을 수호하려는 모든 사람에게 이 책은 확실히 소망의 등대가 될 것이다.

김회권 숭실대학교 기독교학과 교수

저자의 경력을 아는 소수의 독자는 그가 왜 이런 책을 쓰게 되었는지 얼핏 알게 될 것이다. "성경관" 때문에 재직했던 신학교에서 쫓겨나야 했기 때문이다(저자는 이 경우를 세 번째 문으로 들어가게 되었다는 은유로 설명한다). 그래서 이 책은 복음주의자들의 자기 확신에 찬 전통적 성경관에 대한 저자의 매우 도발적이고 논쟁적이며 격정적인 내용을 담는다. 성경은 대답 대신 질문을 더 많이 하는 책이라는 데서 저자의 씨름은 시작한다.

"도무지 있을 수 없는 일들을 명령하는 구약의 수많은 당황스러운 이야기를 무조건 덮어놓고 믿어야 하는가? 왜 덮어놓고 성경을 방어하려고 하는가? 성경이 절대적이라고 생각한다면 왜 절대적인지 그 성경을 펼쳐놓고 자세히 조사해야 하지 않겠는가?" 성경이 의도하지 않는 기대를 품고 성경을 대하는 골수 성서주의자들이 문제라는 것이다. 그는 이렇게 고백한다. "나는 성경은 매뉴얼이 아니라 우리의 영적 여정을 위한 모델이라는 것을 발견했습니다"라고. 그는 이 책의 끝에 가서 의미심장하게 "예수가 성경보다 더 크다는 생각을 해본 일이 있습니까?"라고 묻는다.

당황스러운 성경 본문들을 오늘의 시각으로 방어하려 들지 말라고, 성경은 당신이 생각하는 성경이 아닐 수 있다고 직설적으로 말하기도 한다. 결국, 저자는 성경을 보지 말고 성경을 통해 보라고 말한다. 이 책은 진지하고 신실하게 성경을 읽도록 강력하게 요구하는 책이다. 저자의 주장에 다 동의하는 것은 아니지만 그가 애써 말하려고 하는 바는 충분히 귀담아들어야 할 가치가 있다. 여러분의 성경관을 되돌아보게 하는 충격적 보고서이기 때문이다. 이 책을 집어 읽어 보시라! 망치로 뒤통수를 얻어맞는 기분일 것이다.

류호준 백석대학교 신학대학원 은퇴 교수

성경은 영적 성장을 위한 발판이지 신앙의 장애물이 아닌데도, 문맥을 무시하고 오독(誤讀)한 채 성경만 유일한 답변인 듯 옹호한다고 저자는 점잖게 타이른다. 본서는 이해의 난제 앞에서 고민하는 독자들에게 성경을 바로 읽도록 자세히 설명한다. 성경의 의도가 무엇인지 역사와 문학 그리고 신학의 맥락을 충실히 따라가라고 조언한다. 성경의 권위를 보존할 책임이 자신에게 있는 것처럼, "종이 우상화"

에 빠져 허둥댈 것이 아니라 강조점을 파악하고 그 속에서 하나님을 신뢰하는 방식을 찾아내라고 말한다. 성경은 원칙을 나열한 규정집이나 법전이 아니라 "하나님과 함께하는 영적 순례"를 도전한다는 주장은 귀담아들을 만하다. 성경을 오해할 때 얼마나 큰 위험이 세계 곳곳에서 발생하는지 알고 있는 독자라면 이 책을 꼼꼼히 읽고, 하나님의 광대한 역사를 믿음의 눈으로 관조하는 "독서의 회심"을 경험할 일이다.

윤철원 서울신학대학교 신약학 교수

이 책은 성서학자이자 동시에 한 명의 신앙인으로서 기독교 신앙에 관하여 생각해볼 수 있는 현실적이고 실제적인 고민과 대답을 담고 있다. 이 책에서 우리는 저자가 자기 나름대로 정직하고 양심적이라고 믿는 신학적 결과물과 신앙 가운데 어떤 것을 수용하고 수용하지 않아야 할지에 관한 그의 고민을 살펴볼 수 있다. 그는 성경의 저자들이 무엇을 말하였는가를 분석하지만, 동시에 오늘날 현대인이라면 그 역사성을 그대로 믿을 수는 없다고 주장하며 동시에 그 정신에 따라 무엇을 믿어야 하는가를 재미있는 대중적 언어와 예들로 풀어낸다. 저자의 주장에 동의하거나 동의하지 않을지라도, 우리 모두에게 새로운 논쟁들을 시사하는 책임은 틀림없다.

이민규 한국성서대학교 신약학 교수

모국어는 인간들이 서로 사랑하며 공동체를 세워가는 축복의 도구다. 동시에 (외국어가 아닌) 동일한 언어는 인간들이 상호 증오하며 공동체를 파괴하는 저주의 도구가 되기도 한다. 성경도 그러하다. 언어로 구성된 성경의 성격 때문일까? 결코 그렇지 않다. 성경을 자신들의 언어 안에 가두려는 인간들과 그런 공동체의 지나친 열심과 과도한 욕심 때문이다. 교회 역사는 누구의 언어와 문법으로 성경을 읽을 때 옳은지를 증명하려 힘쓴 성경 주도권의 역사이기도 하다. 저자 피터 엔스는 자신의 인생 여정 안에서도 이런 쓰라린 경험을 나름 맛본 성경 해석자라 할 수 있다. 한 가지 이상의 언어들과 문법들로 성경을 고민하며 읽어오던 중 이제 오늘과 내일의 그리스도인들에게 자신의 버전을 따라 "성경을 정직하게 읽어 보자"고 초청장을 내민다. 이 점에서 이 책은 성경을 읽고 해석해 온 저자의 자전적 성찰을 꾸밈없이 투영한 "포스트-복음주의자의 고백이자 선언"과 같다. 독자들은 일일이 동의하지 않아도 된다. "'성경을 하나님의 말씀으로 받아들이는 자"라면 그 믿음과 순종의 대가가 무엇을 의미하는지 책임 있게 답변하기 위해서라도 저자의 용기 있는 "커밍아웃" 이야기 세계에 귀 기울여보자. 상식-학문적 도발을 넘어선 신앙-영성적 도전과 재미가 독자들을 이곳저곳에서 기다리고 있다.

허주 아신대학교 신약학 교수

피터 엔스는 성경에 관해 대단한 책을 썼다. 만일 당신이 성경에 기록된 폭력적이거나 모순되거나 이상한 구절들과 씨름해 본 적이 있다면 이 책은 바로 당신을 위한 책이다.…그리고 그의 글은 재미있다.

로브 벨(Rob Bell) 『사랑이 이긴다』(*Love Wins*) 저자

하던 일을 멈추고 이 책을 읽으라! 도전적이고 설득력이 있고 재미있게 읽을 수 있는 이 책은 판도를 바꿀 수 있는 책이다. 엔스는 우리가 만들어 놓은 새장(cage)에서 성경을 풀어 주고 성경을 우리의 입맛대로 사용할 것이 아니라 있는 모습 그대로 사랑하라고 가르친다.

레이첼 헬드 에반스(Rachel Held Evans) 『성경적 여성으로 살아본 1년』
(*A Year of Biblical Womanhood*, 비아토르 역간) 저자

성경을 어떻게 읽고, 내적으로 소화하고, 궁극적으로 "살아낼" 것인가라는 질문은 아마도 오늘날 그리스도인들을 가장 분열시키는 문제일 것이다. 그러니 엔스의 이 책이 그 질문에 대해 단순하고 명확하게 답변하며, 그 답변이 유머와 고백적인 믿음과 더불어 제시된다는 점이 충격적일 것이다. 나는 모든 그리스도인이 이 책을 읽으면 더 좋아지고 풍요로워지리라는 것 하나는 안다.

필리스 티클(Phyllis Tickle) 『위대한 출현』(*The Great Emergence*) 저자

피터 엔스는 재미있고 탄탄한 신학적 정신을 보유하고 있는 대학교수이며, 야구를 좋아하는 품위 있는 일반인이다. 그가 어떤 책을 썼는지 아는가? 매우 재미있고, 유익한 정보를 제공하며, 아주 정직하고, 자유를 주는 책을 썼다. 이 책의 메시지가 신속하게 전해질 필요가 있다.

브라이언 맥라렌(Brian Mclaren) 『새로운 종류의 기독교』(A New Kind of Christianity) 저자

저자로서 나는 피터 엔스처럼 생생하고 재미있게 쓸 수 있으면 좋겠다. 구식의 복음주의자로서 나는 그가 쓴 내용에 대해 다소 문제를 느끼지만 다른 많은 독자는 성경에 대해 그들이 품고 있는 가장 당혹스러운 질문들 몇 가지에 대한 답을 발견하리라고 생각한다.

토니 캠폴로(Tony Campolo) 이스턴 대학교 사회학 교수

엔스는 생각하는 그리스도인들을 위한 성경 해석의 스타 중 한 명으로 떠올랐으며, 이 책으로 각광을 받았다. 성경이 일리가 있기를 원한다면 이 책을 읽으라.

토니 존스(Tony Jones) 솔로몬 회랑(Solomon's Porch) 상주 신학자이자
『하나님이 예수를 죽였는가?』(Did God Kill Jesus?) 저자

THE BIBLE TELLS ME SO

Why Defending Scripture Has Made Unable to Read It

Peter Anns

THE BIBLE TELLS ME SO

성경 너머로
성경 읽기

피터 엔스 지음 | 노동래 옮김

성경을 방어하는 대신 성경을 신뢰하며 읽기

새물결플러스

헌정

명료하게 생각할 필요가 있는 구도자들과 순례자들과

그러기를 원하는 사람들과

그들을 가치 있게 생각하고 지지하는 사람들,

그리고

내 가족—현재 존재하고 있는 사람들과 아직 태어나지

않은 사람들—에게 바칩니다.

"원재료들의 인간적 특질들이 들여다보인다. 순진성, 오류, 모순, 심지어 (저주 시편에서처럼) 사악함이 제거되지 않는다. 그 결과 성경의 모든 구절이 그것 자체로 완벽한 과학이나 역사를 제공해 준다는 의미에서 '하나님의 말씀'인 것은 아니다. 그것은 하나님의 말씀을 담고 있다. 우리는 (은혜 아래서, 전통과 우리보다 현명한 해석자들에게 주의를 기울이고, 우리의 지성과 배움을 사용하여) 성경을 백과사전이나 회칙(回勅)으로 사용함으로써가 아니라 우리 자신을 성경의 어조나 기질에 담그고 성경의 전반적인 메시지를 배움으로써 성경으로부터 하나님의 말씀을 받는다."

* * * *

"우리는 곱셈표처럼 표로 만들어 암기할 수 있는 체계적인 형식으로 우리에게 궁극적인 진리를 전해주는 굴절되지 않은 빛을 기대했을 수도 있고 그런 것이 있으면 좋겠다고 생각할 수도 있을 것이다.…그러나 우리는 다음과 같은 주장을 사용하기를 조심해야 한다.

하나님은 틀림없이 무엇이 최선인지 아신다. 하나님은 이것이 최선이기 때문에 이것을 하신다. 우리는 죽을 수밖에 없는 존재들이고 무엇이 우리에게 최선인지 모른다. 따라서 하나님이 무엇을 하셨어야 했는지를 규정하는 것은 위험하다. 특히 우리가 우리의 생애 동안 하나님이 그것을 하셨다는 것을 알 수 없을 때 말이다."

C. S. Lewis, Reflections on the Psalms.『시편 사색』(홍성사 역간).

목차

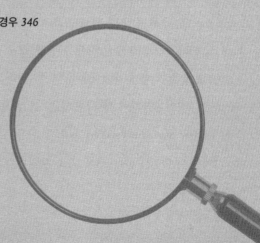

일러두기

나는 이 책이 어떻게 구성되어 있는지에 대해 한마디 하려고 한다.

나는 성경을 많이 언급하는데 거의 모든 인용(장과 절)은 이 책 끝부분의 "우리는 성경의 어디에 있었는가?(수록된 순서대로)"에 모여 있다. 나는 당신이 즐겁게 책을 읽다가 "(사 58:9-10; 눅 4:10; 요 12:1-3, 7-11, 15)" 같은 표현을 만나면 길을 잃고 "단어들이 어디로 갔지?"라고 생각할 것이라고 생각한다. 나도 그런 경험을 하기 때문이다. 그래서 나는 그 모든 것을 책의 뒤에 모아 두었다. 그리고 나는 내가 자료로 사용한 다른 책들과 논문들도 이 책의 뒷부분에 모아 두었다.

날짜들을 언급하지 않고 성경에 관해 말하기는 어렵다. 따라서 당신은 여기저기서 날짜들이 튀어나오는 것을 볼 것이다. 나는 날짜들을 최소한으로 언급했고 그것들을 이 책의 뒤에 뚜렷하고 명확한 연표인 "내가 계속 언급하는 몇몇 날짜(그리고 약간의 다른 날짜)"에 모아 두었다. 그리고 당신이 좀 더 자세한 내용을 원할 경우 유용할 수도 있는 책들을 이 책의 끝("당신이 나를 믿지 않고 좀 더 읽기를 원할 경우")에 수록했다.

내가 이 책에서 사용하는 성경 번역은 미국 신개정표준번역(New Revised Standard Version)인데 그 이유는 단지 내가 그것을 좋아하기 때문이다(본 번역서에서는 달리 언급하지 않는 한 개역개정을 사용함).

나에 대한 간단한 소개

성경이 문제가 아니다

내 말의 요점은 무엇인가?

1장

나는 세 번째 문을 택하겠다

세 번째 문

낙타의 등과 바늘귀에 관해

성경이 우리의 예상을 벗어날 때

성경이 우리의 예상을 벗어날 때

성경.

그것은 여러 형태로 약 2,500년 동안 존재해 왔다. 그러니 누구의 기준에 의하더라도 그것은 대단한 흥행 성적을 거둔 셈이다.

지중해 동부 해안에 있는 뉴저지주 규모의 작은 땅에 사는 잘 알려지지 않은 사람들에 의해 쓰인 고대의 이야기들과 시로서 변변치 않게 시작한 그것은 거룩한 성경이자 하나님의 말씀이 되어 수백 개 언어와 방언으로 읽히는, 세계적으로 신성하고 존경받는 텍스트가 되었다. 그것은 수십억 권이 팔렸고 해마다 수억 부가 팔리고 있는 역사상 최고의 베스트셀러다.

성경에는 부침이 없다. 그리스도인들은 그리스도인이 존재했던 때부터 성경을 읽어왔다. 성경은 오늘날 그리스도인들이 하나님에 관해 배우고 영적 위안, 안내, 통찰을 위해 참고하는 책인 **바로 그** 주요 방법으로 남아 있다.

나도 그런 사람 중 하나다. 나는 그리스도인이며 성경이 내 삶과 내 신앙을 형성했고 지금도 계속 형성하고 있다. 나는 성경에 기록된 내용에서 하나님을 만나기 때문에 성경을 사랑한다. 나는 다른 사람들도 하나님을 만나기를 원하기 때문에 성경을 가르친다.

그러면 무엇이 문제인가?

많은 그리스도인이 성경은 하늘로부터 내려받은 하나님의 규칙집이자 하늘의 지침인 진리로서 그 지시들을 따르면 진정한 신자가 튀어나오고 그 대본에서 벗어나면 하나님이 오셔서 모든 힘을 다하여 당신을 망가뜨리실 것이라고 배웠다.

신자들은 만일 누가 이 견해에 도전하면 하나님을 대적하는 이 공격들에 맞서 "성경을 방어하라"고 배운다. 이제 문제가 해결되었다.

당신이 실제로 성경을 읽기까지는 말이다. 성경을 실제로 읽어보면 당신은 성경을 규칙집으로 보는 이 견해가 모조품 샤넬 가방 같음을 알게 된다. 그것은 호기심이 있고 꼬치꼬치 캐묻는 눈으로부터 멀리 떨어져 있는 한 문제가 없다.

내가 발견했고 이 책에서 당신에게 전해주고 싶은 점은 성경에 관한 이 견해가 성경에서 온 것이 아니라 성경을 보호하고자 하는 열망 때문에 성경을 읽는 사람을 규제한 데서 왔다는 것이다.

내가 왜 이 말을 하는가? 성경이 내게 그렇게 말하기 때문이다.

나는 곧 내 얘기를 해 줄 것이다. 하지만 요컨대 나는 당신이 성경을 성경 자체의 관점에서 읽으면 성경이 거룩한 규칙집처럼 보이지 않는다는 것을 발견하게 되리라고 말하고 싶다. 성경은 확실히 영감을 불어넣고 삶을 고양한다. 그렇지 않다면 성경은 그것이 지니는 지속적인 생명을 갖지 못할 것이다. 그러나 성경은 자주 대답보다는 질문을 더 많이 남겨두는 도전적인 책이다.

성경의 처음 두 책인 창세기와 출애굽기만 보아도 곧이곧대로 받아들이기 어렵고 요정 이야기를 위한 대본처럼 읽히는 대목들이 발견된다.

최초의 인간인 아담과 하와는 한 그루만이 아니라 두 그루의 마법적인 나무가 있는 동산의 낙원에서 살고 있고 근처에는 비수를 품은 말하는 뱀이 숨어 있다. 하나님은 어느 정도 규칙적으로 나타나 인간과 대화한다. 마치 이보다 더 정상적인 것이 무엇이 있겠느냐는 듯이 말이다. 바다가 중간에서 갈라져 이스라엘 노예들이 마른 땅을 통해 이집트에서 탈출할 수 있게 된다. 불이 하늘에서 내려온다. 하나님이 바다 괴물들을 죽이신다.

그리스도인들은 마음속으로는 이 이야기들이 거룩한 성경의 일부로서 진지하게 여겨질 필요가 있다는 것을 안다. 그러면서도 우리는 다른 고대 문화에서 나온 이런 종류의 일화들을 성경 밖에서 읽으면 그 이야기들을 별로 중요하게 생각하지 않을 것이다. 우리는 즉각적으로 우리가 오래전에 멀리 떨어진 곳에 있던 사람들이 실제로 일어났던 일이 아닌 것들에 관해 쓴 이야기들을 다루고 있으며, 따라서 우리가 투자할 것이 많지 않다는 것을 알아차릴 것이다.

그러나 이 내용들은 우리가 신자들에게 확실한 영적 지침을 주고 하나님에 관해 절대적으로 신뢰할 수 있는 정보를 전달하는 책이라고 배운 **거룩한** 성경에 수록되었다. 그것은 노르웨이의 무용담이나 공상과학영화 채널(SyFy Channel)처럼 대하도록 의도되지 않았다.

그렇다면 우리는 이런 성경에 대해 어떻게 해야 하는가?

하나님이 시내산에서 (모세를 매개자 삼아) 이스라엘 백성에게 주신 많은 법은 성경을 오류가 없는 규칙집으로 보는 그리스도인 독자들에게 또 다른 도전적인 부분이다. 이 법들은 이스라엘의 이야기, 즉 그리스도인들의 성경의 3/4을 차지하는 구약성경*의 핵심이다.

---

* 나는 고대 이스라엘 백성의 거룩한 문서들에 관해 말할 때는 전통적인 기독교의 용어인 "구약

그러나 많은 그리스도인에게 이 법들의 많은 부분은 그들의 일상의 영적 실재로부터 완전히 벗어나 있으며, 우리가 그것들을 진지하게 여겨야 하는지 아니면 무시해야 하는지 알기 어렵다.

하나님을 달래기 위해 동물들이 정규적으로 제물로 드려져야 하는데 그를** 진정시키려면 어떤 동물을 언제 제물로 드려야 하는지에 관해 하나님이 매우 구체적인 지침을 주신다. 불가사의한 율법도 있다. 몽정, 곰 팡이와의 접촉, 몸의 유출, 돼지나 돌고래나 가재를 먹는 것이 당신을 "부정"하게 만드는데 이는 하나님 및 동료 이스라엘 백성과 함께하기에 부적절해지는 것에 관한 고대의 개념이다. 시각장애인, 신체가 손상된 사람, 곱사등이, 난쟁이, 고환이 상한 사람(나는 그 일이 일어날 수 있었다고 생각한다)은 제사장이 될 수 없다. 엄격하게 말하자면 장애를 이유로 차별을 금지하는 미국 장애인법은 비성경적이다.

목사들의 설교와 성경 공부 그룹들이 이런 부분에 시간을 많이 할애하지 않는 이유가 하나 있다. 이 모든 것을 어떻게 해야 할지 알기 어렵고, 알아보려고 노력해도 투자에 따른 유익이 별로 없는 것처럼 보인다.

성경에는 읽기에 충격적이고 심지어 야만적이며 문명사회의 성인들

성경"이라는 표현을 사용할 것이다. 그것은 히브리 성경 또는 유대인의 성경의 세 부분인 토라 (Torah, 모세의 다섯 책), 네비임(Nevi'im, 예언서), 케투빔(Kethuvim, 성문서)의 머리글자인 타나크(Tanakh)로도 알려졌다.

** 나는 우주의 하나님이 남성이나 여성이라고 믿지 않지만, 성경의 관례를 따라 하나님에 대해 말할 때 남성 대명사를 사용할 것이다. 우리는 성경에서 하나님을 남성 대명사로 말하는 많은 구절을 보게 될 터인데 그때마다 그 단어를 조정한다면 주의가 산만해지고 의도치 않은 곳에 초점이 맞춰질 것이다. 나는 이 결정에 모든 사람이 동의하지는 않으리라는 것을 알지만—그리고 그 견해를 존중하지만—내가 어떻게 하려고 하는지 그리고 그 이유는 무엇인지에 관해 명확히 해 두기를 원한다.

의 대화에서 하나님의 말씀으로 방어하기 어려운 내용도 수록되어 있다. 하나님은 많은 사람을 죽이도록 명령하시거나 직접 죽이신다. 그것도 다소 성마르게 그렇게 하신다. 성경의 여섯 번째 장만 보아도 (노아를 제외한) 인간이 사악하다는 이유로 하나님이 40일 동안 계속된 쓰나미로 땅 위의 모든 생물을 종별로 두 마리를 제외하고 익사시키신다. 훗날 이스라엘 백성이 홍해를 안전하게 건넌 후 하나님이 이집트 군대 전체를 홍해에서 익사시키셨다. (물로 무슨 일을 하는 것인가?)

그리고 나서 (우리가 다음 장에서 보는 바와 같이) 그들의 새로운 고국인 가나안 땅—약속된 땅—을 점령하기 위해 하나님이 이스라엘 백성에게 성읍마다 다니며 현재의 거주자들—남성, 여성, 아이, 동물들—을 진멸하고 그곳으로 이주하라고 명령하셨다. 이 내용을 다른 곳에서 읽는다면 우리는 그것을 학살이라고 부를 것이다. 훗날 이스라엘 역사의 많은 부분에서 다른 민족들과의 전쟁이 오늘날 10월에 열리는 풋볼 경기처럼 흔했는데, 이스라엘의 적들을 패배시키는 것은 필요악이었던 것이 아니라 하나님께 영광과 명예를 가져왔다. 그리고 하나님은 화가 나면 가차 없이 자신의 백성을 죽이시거나 그들에게 전염병을 보내셨다. 우주의 하나님은 종종 부족의 군사 지도자처럼 다가오신다.

이 모든 것은 그리스도인들이 종종 묻지 말고 하나님이 그들에게 말씀하시는 것으로 여기라고 배우는 기독교 성경의 일부다.

우리는 이런 성경에 대해 어떻게 **해야** 하는가?

우리는 이런 **하나님**에 대해 어떻게 해야 하는가?

* * * *

많은 그리스도인이 증언할 수 있는 바와 같이 성경을 진지하게 여기고 그것을 주의 깊게 읽는다면 당혹스러운 순간 이상을 만날 수 있다. 성경은 신앙의 원천이 아니라 하나님을 믿는 신앙에 대한 도전이 될 수 있고, 우리의 문제들에 대한 대답이 아니라 극복해야 할 문제가 될 수 있다.

영적 위안, 안내, 통찰을 위한 자료집인 거룩한 성경이 당신을 머뭇거리게 하거나 적어도 불안하게 만든다. 그렇지 않은 척하는 것으로는 소용이 없을 것이다. 사실 그 점에 대해 명확히 하고 오해를 푸는 것이 좋다. 문제는 그것에 대해 어떻게 할 것인가다.

성경이 문제가 아니다

성경 전체를 하나님의 말씀으로 여기고 성경을 존중하여 시간과 노력을 들여 주의 깊게 읽는 그리스도인들은 종종 그들의 믿음이 강한 도전을 받고 극도로 긴장된다고 느낀다. 당신의 믿음과 하나님을 다룰 수 없다고 느끼면 스트레스를 받는다. 아무도 스트레스를 좋아하지 않는다. 우리는 스트레스를 제거하거나 적어도 그것을 어느 정도 낮추기를 원한다. 우리는 스트레스에 대처하기 위해 종종 그것을 무시하거나 억누르고서 인생의 자동변속장치를 켜고 마치 모든 것이 잘 되어가고 있는 것처럼 행동한다. "그러나 그것을 쌓아두는 것"은 많은 에너지를 사용하며 궁극적으로 대가를 요구한다.

무언가 확실히 잘못된 것이 있지만 문제를 직면하는 것은 감정적으로 너무 위험한 관계를 생각해보라. 우리는 아무개가 사실은 생각이 깊은 **사랑스러운 사람**이지 밉살스러운 바보가 **아니라**고 자신을 설득할 모든 방법을 생각해낸다. 잘 풀리지 않는 무언가를 이를 악물고 버티며 괴로운 긴장의 저류, 즉 당신이 무언가가 옳지 않음을 안다는 느낌을 부인하면서 살아가는 것은 힘들고 스트레스 쌓이는 일이다.

더욱이 스트레스는 우리가 유치원에서 배운 대인 관계 기술을 좀먹는다. 그것은 우리를 날카롭고, 분노하고, 불쾌하고, 수동적이고, 공격적으로 만든다. 우리는 개에게 발길질하고 아이들에게 소리 지르고, 우리 자신과 주위 사람들을 비참하게 만든다.

나는 날마다 이 스트레스를 다루는 많은 그리스도인을 안다. 그들은 때때로 예기치 않은 어떤 경험이 자신을 무감각에서 끌어내 그들의 마음에 연결하기까지는 그 일이 일어나고 있다는 것조차 모른다. 나도 그런 상태에 있었고 지금도 때때로 그런 상태를 경험한다.

성경이 유발한 스트레스에 관해 당신이 대화할 수 있어야 한다고 생각하는 사람—종교 지도자, 교사, 교회 친구—들과 말하기란 어렵다. 당신은 그들이 당신을 이상한 사람이라고 생각할까 두려워하기 때문에 그들에게 당신의 비밀, 당신이 참으로 생각하고 있는 것을 알려 주는 것은 위험하다. 상황이 더 좋지 않으면 당신은 잘못을 저지른 아이처럼 꾸지람을 듣거나 당신이 믿음이 없다며 창피를 당하고 기피 대상이 될 것이다.

그럴 만도 하다. 우리는 모두 사람들이 성경에 관해 질문했다는 이유로 손해를 본 이야기들을 들은 적이 있다. 그러니 평생 귀찮은 의심과 스트레스를 혼자서 안고 살거나 당신의 신앙을 일상의 쓰레기와 함께 한쪽 구석에 버려두라.

좋은 소식이 있다. 나는 하나님이 우리가 성경을 진지하게 여기기를 원하신다고 믿고, 우리가 성경에 관한 질문들을 억누르기를 원하신다고 믿지 않는다. 나는 하나님이 우리가 지속적인 위기 속에서 거대한 홍수와 말하는 동물들과 학살 등을 성경에서 접할 때 받는 스트레스를 줄이는 방식으로 살기를 원하신다고 믿지 않는다. 나는 하나님이 우리가 성경이 말이 되게 만드느라 우리의 손목을 비틀고, 매 순간을 성경을 성경이 아닌 어떤 것으로 만드느라 에너지를 소비하면서 그것을 "하나님을 섬기는 일"이라고 부르며 살기를 원하신다고 믿지 않는다.

문제는 성경이 아니다.

성경이 의도하지 않는 기대를 품고 성경을 대하는 것이 문제다.

만일 우리가 성경이 편리한 색인과 신앙의 삶에 대한 단계별 안내로 가득 찬 매뉴얼, 하나님의 신비와 인생의 의미를 풀 확실한 해답집 같은 것이라는 기대를 품고 성경을 대한다면 즉시 갈등과 스트레스가 따라와 당신의 마음과 영혼에 거머리처럼 자리를 잡고 그곳에 달라붙을 것이다.

신앙이 진정한 것이 되기 위해서는 성경이 이런 비현실적인 기대를 충족**해야 한다**고 배운다면 우리는 연약하고 과민한 신앙을 가지게 된다. 그런 신앙을 생존하게 하려면 신발 상자에 버려진 새끼 새처럼 항상 보살피고 주의 깊게 보호해야 하므로 스트레스가 쌓인다. 그런 신앙은 끊임없이 보살핌을 받더라도 생존하지 못할 수도 있다.

하나님을 믿는 신앙의 삶에 그렇게 스트레스가 많아야 하는가? 이것이 하나님이 우리에게 원하시는 바인가? 나는 그렇게 생각하지 않는다. 그러니 성경을 의도되지 않은 어떤 것으로 만들고 나서 그것을 잘못된 기대에 부합하게 만드느라 거친 부분들을 부드럽게 만들기를 중단하자. 그렇게 하는 대가가 너무 크다.

그다지 급진적이지 않은 내 생각은 다음과 같다. 만일 성경이 말하는 내용 그대로 둬도 무방하다면 어떻게 할 것인가? 성경이 보호될 필요가 없다면 어떻게 할 것인가? 성경이 대중 앞에 나서기 전에 목욕하고 향수를 뿌릴 필요가 없다면 어떻게 할 것인가?

그리고 하나님이 사실은 누군가가 성경을 변호할 필요없이 그대로 두어도 괜찮다고 하신다면 어쩔 것인가? 우리가 실제로 가지고 있는 성경이 우리 자신이 만들어낸 "모든 것이 이치에 맞고 적절한" 성경이 아니라 혼잡스럽고, 문제가 있고, 불가사의한 고대의 성경인 것은 아닌가?

아마도 이 성경은 우리 자신의 신성한 신앙의 여정에 관해 무언가를 보여줄지도 모른다. 그리고 하나님은 아마도 우리가 해변에 돗자리를 깔고 시간을 보내는 대신 그것이 무엇인지 발견하기를 원하실지도 모른다.

성경을 우리의 끊임없는 기대들에 정렬시키고 그것이 의도하지 않은 어떤 것으로 만들려고 애쓰는 것은 경건한 신앙의 행위가 아니다. 표면적으로는 그렇게 보일지라도 말이다. 그것은 사실은 통제와 확실성의 상실에 대한 숨겨진 두려움이자 내적 동요의 거울이며, 우리가 실제로는 마음속 깊은 곳에서 하나님을 전혀 신뢰하지 않는다는 경고 신호다.

그런 성경은 신앙의 확실한 토대가 아니라 참된 신앙의 장애물이다. 우리의 기대에 부합하는 성경을 만들어내는 것은 영적 여정을 뒷받침하지 않는다. 그것은 영적 여정을 불구로 만든다.

있는 그대로의 성경은 고쳐야 할 문제가 아니다. 그것은 초대장이다.

나에 대한 간단한 소개

나는 30년 넘게 성경과 성경 배후의 하나님을 재발견하는 여행을 하고 있는데 그 여행이 곧 끝날 것으로 생각하지 않는다.

내 여행의 일부는 "성경 연구"를 직업으로 삼는 나 같은 사람들에게 특수하다. 나는 내 이야기가 그리스도인, 전에 그리스도인이었던 사람, 신앙을 버리는 도중에 있는 사람, 신앙을 가질까 생각하다가도 성경의 장벽을 극복할 수 없는 사람들에게도 와 닿을 것이라는 데 돈을 걸 용의가 있지만 말이다(나는 교수이니 판돈을 작게 시작하자).

내 부모님은 전형적인 독일인 이민자로서 뉴저지주에 정착했고 내가 하나님을 참으로 알도록 나를 양육했지만, 유럽식의 "그것이 손에서 빠져 나가지 않게" 하는 방식으로 양육했다. 그분들은 나를 중학교 때 2년 동안의 루터교회 견진례 과정에 보냈지만, 당시에 내게는 그것이 그다지 와 닿지 않았다. 지금은 견진성사 때 선물로 받은 십자가가 내 서재 벽에 걸려 있지만 말이다.

종교적으로 쾌적한 나의 아동기는 고등학생 시절의 어느 일요일에 좀 더 극적으로 전환되었다. 복음주의 교회 예배에 참석 중이던 나는 "내가 오늘 밤에 죽는다면" 곧장 지옥으로 갈 것이라고 확신했고 그 일이 일어나지 않게 하려면 손을 들 필요가 있다고 생각했기 때문에 "손을 들고 앞으로 나갔다." 그 뒤 몇 년 동안 나는 내 친구들에게 같은 공포를 부과하기(별로 효과가 없었다)와 마치 아무 일도 일어나지 않았다는 듯이 근사하고 고등학생답게 행동하기를 반복했다.

나는 집에서 몇 시간 떨어진 작은 복음주의 기독교 대학에 들어갔다. 나는 내 신앙이 성장할 수 있는 곳을 발견하기를 원했지만, 내 시간의 대부분을 어떤 여자아이가 나를 좋아하게 만드는 일(그것은 궁극적으로 성공해서 나는 그녀와 결혼했다)과 나의 속구를 통제하는 일(그것은 성공적이지 않았다. 나는 학교에서 폭투 왕이었다)에 사용했다. 나의 신앙은 자동으로 주행하고 있었다.

졸업한 후 가을에 사정이 변하기 시작했다. 그때는 1982년 11월 아침이었다. 나는 금식 삼 일째에 기도하며 산책하다가 황홀경 속에서 나의 세속적인 모든 소유물을 가난한 사람들에게 주고 위를 바라보았는데 큰 빛이 있었고 한 음성이 내게 말했다.

하나님이 나를 세속적이고 예기치 않은 순간에 만나셨다.

나는 옛 친구와 함께 고등학교 추수감사절 풋볼 게임에 참석했다. 그도 기독교 대학을 졸업했지만 나와 달리 무언가를 배웠다. 주차장에서 우리는 무신론자로서 매우 영리하고 철학 학위를 소지한 옛 급우를 만났다. 우리는 잠시 얘기를 나눴는데 왜 그랬는지는 기억이 나지 않지만 대화 주제가 기독교로 바뀌었다. 내 두 친구ㅡ영리한 무신론자와 똑똑한 그리스도인ㅡ는 마치 그 대화가 링컨-더글러스 토론이라도 되는 것처럼 열띤 논쟁을 벌였다. 나는 무슨 뜻인지 이해할 수 없었고 그들의 말을 주의 깊게 듣고 있었지만, 입을 다물기로 결정하고 바보같이 중간에 서 있었다.

일들이 어떻게 일어나는지는 참 우습지만, 친구들과 나눈 짧았던 그 우연한 대화가 내 삶의 경로를 바꾸었다. 내가 믿는다고 말했던 것에 관해 아는 것이 **아무것도 없다**는 생각이 들었다. 그것도 기독교 대학에서 모든 필수 성경 과목을 듣고, 채플 예배에 참석하고, 남학생 기숙사에서 지내고서도 말이다.

요약하자면 나는 바보 같다는 생각이 들었고 창피했다.

그것이 내 첫 번째 전환점이었다.

그때 그곳에서 내 신앙에 관해 아는 게 아무것도 없다는 데 부끄러움을 느낀 나는 "이왕 예수를 믿으려면 내가 말하고 있는 것에 관해 알아야겠다"고 생각했다. 수치와 지적인 힘에 대한 욕망에 이끌려 영적 추구를 시작하는 것이 좋은 생각은 아니지만, 이왕 그렇게 시작했다면 그 길을 계속 가라. 그리고 내가 말한 바와 같이 하나님은 우리가 있는 곳에서 우리를 만나시는 경향이 있다. 내 경우에는 내가 지적 짜증을 부릴 때 하나님이 나를 만나 주셨다.

나는 무슨 일을 만나게 될지 전혀 몰랐지만, 그것이 무지한 (그리고 교만한) 젊음의 축복이다.

나는 책을 읽기 시작했다. 다음 3년 동안 나는 성경을 여러 번 통독했고 성경에 관한 책들도 읽었다. 나는 언제나 사전을 가까이 두고 신학, 교회사, 철학, 그리고 발견할 수 있는 모든 책을 읽었다. 나는 C. S. 루이스라는 새 친구를 알게 되었고 처음으로 그의 사랑받는 아동도서 『나니아 연대기』(The Chronicles of Narnia [시공주니어 역간])를 읽었다. 스물두 살 때 내 어릴 적 침대에 앉아서 읽었는데 그것은 내 영적 상태에 대한 적절한 은유였다.

정확히 언제였는지는 기억나지 않지만 어느 날 내가 책을 읽는 사람이 되고 있다는 생각이 들었다. 그것은 나를 아는 사람이라면 기절초풍할 일이었다. 그것도 평범한 독자가 아니라 홀로 틀어박혀 "나는 샤워하지 않아도 좋으니 책을 읽도록 그냥 내버려 두라"는 식의 독자였다. 그것은 시간의 대부분을 주로 스포츠를 하고 시트콤 "길리건의 섬"(Gilligan's Island)을 보는 것으로 보내던 젊은이에게는 그리 나쁘지 않은 일이었다. 내가 자발적으로 읽은 책은 중학교 때 한 권(『선택받은 자들』[The Chosen]), 고등학교 때 한 권(『드라큘라』[Dracula]), 대학교 때 두 권(어떤 책인지 기억나지 않는다)이 전부였다. 그런데 이제 나는 독서를 멈출 수 없었다. 나는 내 친구들이 방해하려고 노력했을지도 모른다고 생각한다.

나는 다음 단계가 불가피했다고 생각한다. 대학 졸업 후 3년 동안 직장 생활을 한 후 나는 출석 교회 목사님이 추천해준 보수적이지만 온건한 칼뱅주의(장로교) 신학교에 들어갔다. 나는 목회자가 되기 위해 훈련받는 데 전혀 관심이 없었고, 솔직히 말하자면 기독교 세계에서 그것이 가장 큰 곤경이라고 생각했다. 나는 좀 더 높고 좀 더 고상한 목적을 위해 신학교에 들어갔다. 하나님, 예수, 성경, 내 신앙, 인생의 의미, 시공간의 연속성, 존재 같은 것을 이해하려고 말이다.

나는 궁극적으로 구약성경을 전공하게 되었는데 그것은 주로 영감을 고취하는 두 분의 은사님들 때문이었다. 내게 소중하고 복된 기억으로 남아 있는 그분들은 나로 하여금 진지하게 성경을 연구하려는 그리스도인들은 모든 가계도, 동물 제사 목록, 율법들과 어디서 중단해야 할지 모르는 길고 지루하며 반복적인 이야기들을 이해할 필요가 있음을 알게 해 주었다. 교수님 한 분은 내게 "우리의 성경의 3/4은 구약성경이니 자네는 구약성경을 어떻게 할지 배울 필요가 있다네"라고 말했다. 일리가 있는 말이었다. 그리고 그 말이 내 진로를 정했다.

내 머리로 우주를 통제하겠다는 강박관념과 내가 수십 년 뒤에야 이해하게 된 깊은 불안감이 결합해서 나는 전 과목에서 "A" 학점을 받았다. 나는 몇몇 박사 과정에 지원했는데 하버드 대학교의 근동 언어와 문명 과정에 받아들여졌다. 지금도 나는 내가 그 과정에 어떻게 들어갔는지 알지 못한다. 아마도 나는 5순위자였을 것이다.

하지만 나는 이후 몇 년 동안 내가 당시에 이해할 수 있었던 것보다 훨씬 많은 도전을 받았다는 것과 내가 가능하다고 알고 있던 것보다 훨씬 많이 성장했다는 것을 안다. 내 여정은 두 번째 전환점에 다가가고 있었다.

낙타의 등과 비치볼에 관해

나는 신학교에서 많이 배웠고 사람으로서 및 그리스도인으로서 성숙했다. 그러나 미국의 근본주의가 절정에 달했던 20세기 초(스콥스 원숭이 재판을 생각해보라)에 설립된 보수적인 개신교 계열 학교에서는 성경에 관한 많은 것—껄끄러운 부분들—을 학생들이 다루지 않게 하거나 서투르게 다뤘다.

진정한 요주의 인물이자 우리의 대적은 포괄적으로 "자유주의자들"이라고 불리는, 보수주의 진영 밖의 주류 성경 학자들이었다. 우리는 종종 그들이 성경에 "충실하지 않다"거나 성경이 "명백하게" 말하는 것을 "부인한다"는 말을 들었다. 몇몇 교수는 우리에게 그들이 말한 "안전한" 장소에 머무르라면서 우리가 자유주의의 경로로 너무 멀리 내려가면 성경에 대한 우리의 신뢰가 잠식당하고 우리가 무신론자, 마술사 또는 더 끔찍하게는 주류 장로교인이 될지도 모른다고 경고했다.

그러나 그런 식의 보호적인 사고는 당신이 성벽 안에 머물러 있을 때만 효과가 있다. "그곳 밖"의 성경 연구가 보수적인 사고에는 잘 들어맞지 않을 수도 있지만, 그것은 성경을 연구하는 다른 모든 사람에게는 매우 설득력이 있다.

하버드 대학교에서 나는 기독교를 파괴하려는 ("본 시리즈" 영화의) 제이슨 본 같은 음모를 경험하지 못했다. 어떤 사람들이 내게 그렇게 경고했지만 말이다. 아무도 내게 어두운 쪽으로 건너와 신앙이 없이 자유롭게 생각하는 아이비리그의 무정부주의자가 되라고 유혹하지 않았다. 사실 나를 가르친 교수들은 내가 무엇을 믿든 상관하지 않았다. 그들은 자기가 해야 할 일만 했는데, 이는 내게 지적 자유와 깊이 있는 배움의 모델이 되었으며 그들이 한 말의 많은 부분이 참으로 일리가 있었다.

내가 더 읽고 듣고 생각할수록 성경이 전체적으로 더 새롭고 설득력 있게 다가왔다.

나는 결코 내가 졸업한 신학교의 교수들에게 속았다고 생각하지 않았다. 그들은 좋은 사람들이었고 나는 언제나 그들을 깊이 존경할 것이다. 그러나 돌이켜보니 우리는 모두 구성원들에게 잠재의식의 깊은 곳에서 순응하라는 압력을 행사한 시스템에 붙잡혀 있었던 것으로 보인다. 그 시스템은 정보를 어느 정도 강하게 통제하지 않고서는 지탱될 수 없는 시스템이었다.

내가 옛 방식에 시간을 좀 더 주고 여기저기를 손질한다면 그것이 여전히 효과가 있을 것이라고 가장하기가 점점 더 어려워졌다. 나는 내가 다닌 신학교의 기본적인 입장인 보수주의는 그것을 지지하는 교회들에 의해 열정적으로 방어되고 있고, 껄끄럽지 않은 성경을 **필요로 하며**, 그런 성경을 갖도록 하는 경향이 있고, 반대 증거를 잘 다루지 못하고, 그 규칙에 따라 행동하지 않는 사람들을 모욕하거나 피하거나 악마화하기를 서슴지 않는다는 것을 알아차리기 시작했다.

나는 또한 교회에 출석하고 기독교 대학을 졸업하고 신학교에서 공부하기까지 했지만, 내 신앙 체계가 몇 달 동안 몇 과목의 강의를 듣고 책몇 권을 읽은 것만으로 빠르게 무너질 수 있었다는 사실에 한탄하기 시작했다. 나는 그때 그 그림에서 무언가가 잘못되었다고 생각했다. (지금은 훨씬 더 강하게 그렇게 생각한다.)

하지만 성경에 관한 내 생각이 변했다고 해서 내가 하나님을 믿는 신앙을 잃고 있었던 것은 아니었다. 사실 하나님이 나를 이 길로 초대하고 계시며 그것을 격려하기까지 하신다는 생각이 더 강해졌다. 나는 궁극적으로 내 신앙을 사망에 이르게 한 것이 아니라 변혁에 이르게 한 나 자신의 깨달음의 순간을 맞이하고 있었다. 나는 새로운 정보를 내 익숙한 신앙의 배경에 비추어 가공 처리하는 초기 단계에 있었다. 그것은 흥미가 있기도 하고 당황스럽기도 했다. 여행들은 그런 경향이 있다.

어느 날 오후에 나는 개인적인 일을 하다가 변혁적인 순간을 맞이했는데, 나는 그때 내가 세 번째 전환점을 맞이하게 되리라는 것을 알지 못했다.

박사 과정 2년 차에 나는 600명의 학부생이 수강한 "성경과 그 해석자들"이라는 과목의 조교로 일하면서 약간의 돈을 벌었다. 담당 교수는 유대인이었는데 그는 내게 성경을 가르친 최초의 유대인이었다. 그는 머리에 키파를 썼고, 유대교 율법에 따른 코셰르 음식을 먹었으며, 히브리어를 내가 스포츠 관련 글을 재빠르게 훑어보는 것만큼이나 빠르고 쉽게 읽었다. 유대인 교수들에게 배운 것은 내게 지속적이고 매우 긍정적인 영향을 주었다(그 점에 대해서는 뒤에 언급할 것이다).

이 수업에서 그는 창세기에 기록된 창조 이야기 및 아담과 하와 등으로 시작하여 구약성경에 기록된 몇몇 주요 이야기들을 그리스도 시대의 한두 세기 전에 살았던 유대인 성경 해석자들이 어떻게 이해했는지 언급하곤 했다.

나는 그것이 모호하게 들린다는 것을 안다. 나는 당시에도 그렇게 느겼다. 그것에 관해 조금만 더 얘기해보자.

운명의 그날, 주제는 모세의 이야기들 중에서 별난 일화였다. 이스라엘 백성은 방금 전에 이집트의 노예살이에서 해방된 뒤 유명한 40년 동안의 광야 체류를 시작했다. 그들이 광야에 있었기 때문에 물이 문제였다. 그 문제를 해결하기 위해 그 40년이 **시작될** 때 르비딤이라는 장소에서 모세가 자기 지팡이로 바위를 치자 기적적으로 물이 솟아났다. 훗날 광야 기간이 **끝나갈** 즈음에 완전히 다른 장소(가데스)에서 모세는 다시 지팡이로 바위를 쳤다.

이것은 "그들이 40년의 간격을 두고 물을 **두 번**만 얻었는가?"라는 질문을 제기한다. 확실히 그들은 중간에 물을 얻었을 것이다. 그들은 날마다 만나(하늘에서 내려온 빵)를 얻었다. 그런데 그들은 르비딤과 가데스 사이를 40년 동안 여행할 때 어떻게 물을 얻었는가? 성경은 그 점에 관해 말해주지 않는다.

이 대목에서 해석이 이상해지는데, 우리는 빠르게 내 세 번째 전환점에 접근하고 있다.

창의적인 몇몇 고대 유대교 해석자들은 처음의 바위와 끝의 바위가 실제로는 **동일한 하나의 바위**였다는 완전히 비상식적인 아이디어를 내놓았다. "어떻게 그럴 수 있는가?"(정상적인 사람이라면 그렇게 묻는다) "간단하다."(이 고대 유대인 성경 해석자들은 그렇게 말한다) 그 바위 하나가 "분명히" 광야에서 일종의 움직이는 샘처럼 **40년 동안 이스라엘 백성을 따라다녔다**는 것이다.

이해하지 못하겠는가? 나도 이해하지 못한다. 나는 거기에 앉아서 머리를 흔들며 부모님들이 이런 내용을 알게 되더라도 1년에 5만 달러가 넘는 학비를 지불할 것인지 궁금해했다.

그때 그 일이 일어났다.

그 교수는 학생들에게 신약성경에서 바울 서신 중 한 단락을 펴보라고 요청했다. 확실히 우리는 이제 성경에서 **내**게 익숙한 부분, 즉 예수가 등장하시는 부분을 살펴보고 있었다.

고린도전서 10:4에서 사도 바울은—그것이 대수롭지 않은 듯이, 그리고 모든 사람이 충분히 이해한다는 듯이—바위가 광야에서 이스라엘 백성을 따라다니며 물을 공급했다는 **똑같은 아이디어**를 언급한다. 그는 "이는 그들을 따르는 신령한 반석으로부터 마셨으매 그 반석은 곧 그리스도시라"라고 쓴다. 그리고 바울은 광야에서 모세를 따라다닌 바위가 있었을 뿐만 아니라 그 바위는 예수였다고 쓴다.

어라?

나는 공식적으로 세 번째 전환점에 도달했다. 나는 성경에 대한 내 견해 전체가 사상누각처럼 무너지는 것을 지켜 보고 있는 것처럼 느껴졌다. 한순간에는 익숙하고 안정적이라고 보이던 것이 다음 순간에 바람만 조금 세게 불어도 사라져버린다.

이 순간이 내게 왜 그렇게 중요하고 마음을 산란하게 했는가? 이 초기 유대교 해석자들이 쓴 글을 읽는 것은 재미있고, 그들이 물을 내는 이동하는 바위 같은 것에 관해 말하는 부분은 다소 오락적일 수도 있을 것이다. 그런데 바울이 그렇게 말한다고? 아니, 바울은 그렇게 말하면 안 되지! 그는 그리스도인이다. 그는 **우리 편**에 속한다. 그는 하나님을 대신하여 말하고 있으니 광야에서 사람들을 따라다니며 그들에게 마실 물을 주는 바위 같은 어리석은 것들을 말하면 안 되는 사람이다.

나는 바울을 처음 만난 것 같았다. 그리고 나는 아마도 애초에 내게 바울을 소개해 줬던 신학교에서는 이 바울이 성경 해석을 가르치도록 허용하지 않으리라고 생각했다.

이 순간이 바로 낙타의 등을 부러뜨린 지푸라기였다. 내가 그럭저럭 표면 아래로 유지했던 모든 비치볼이 물 밖으로 튀어나와 공기 중으로 날아올랐다. 만일 당신이 나의 은유들에 아직 싫증이 나지 않았다면, 나는 더 이상 양들을 우리 안에 머물러 있게 할 수 없었다. 나는 문턱을 넘어 빛으로 나아갔고(마지막에서 두 번째 은유다), 우리의 기대에 부응하지 않는 성경의 얼굴을 똑바로 바라보았으며(마지막 은유다), 이제 더 이상 성경을 우리의 기대에 부응하게 만들 수 없다는 것을 **알았다**.

성경은 많이 노출되었고, 유명 디자이너가 만든 정장이 벗겨지고 백화점에서 사 온 기성복 운동 바지가 입혀진 것 같았다. 성경은 더 이상 특별하지 않았고, 하나님에 의해 다른 종류의 책들로부터 안전한 거리에 보관되어 있지도 않았으며, 교회와 신학교가 내게 건네준 세 가지 색의 소책자에 따라 행동하는 책이 아니었다.

나는 더디 배우는 사람이지만 이 성경이—이제 예수가 등장하는 부분을 포함하여—갑자기 고대 세계에 편안함을 느끼는 것처럼 보였다.

나는 영적·감정적으로 혼란에 빠져 샌더스 극장의 대형 강의실을 떠나 자전거 거치대로 갔다. 나는 집에 가려고 그랬는지 그저 자전거를 타려고 그랬는지 기억하지 못한다. 나는 어깨 위로 배낭을 흔들며 다음과 같이 말했다(이것은 정확한 인용이다). "토토, 나는 우리가 더 이상 캔자스주에 있다고 생각하지 않아."

그 순간에 나는 결심해야 한다는 것을 알았다.

세 번째 문

내 앞에 문 세 개가 있었다.

첫 번째 문: 그날 샌더스 극장에서 들었던 것을 **무시**하고 방금 내게 일어났던 일이 일어나지 않은 체하며 영적·지적 자동 조종장치로 내 삶의 길을 가면서 이 모든 불을 그럭저럭 물 아래 가라앉게 한다.

두 번째 문: 나는 내가 속한 전통이 내게 기대했던 문을 취할 수 있었는데 그것은 바로 내가 방금 들었던 것에 **반격**하는 것이었다. 그것은 "성경의 방어자"가 되어 무슨 대가를 치르더라도 우리의 기대에 부응하는 성경을 필요로 하는 신앙의 요구를 보호하기 위해 물결을 거슬러 헤엄치는 것이었다. 나는 외양에도 불구하고 바울이 휴대용 우물이 된 바위에 관해 그런 어리석은 아이디어를 신봉했을 리가 없다는 것을 "증명"하는 데 내 삶을 헌신할 수도 있었다.

세 번째 문: 나는 방금 본 것을 **직면**하고, 도전을 받아들이며, 성경에 관해 다르게 생각하기 시작할 수 있었다. 나는 성경에 자신의 질문을 부과할 것이 아니라 고대의 문제들을 묻는 것을 배우고, 나 자신이 아니라 하나님을 신뢰하고, 자신이 어디에 있는지 아는 사람을 인도할 긴 여행에 착수할 수도 있었다.

내게 첫 번째 문과 두 번째 문은 가능한 선택지가 아니었다. 그 배는 즉시 출항했고 수평선 너머로 멀리 사라졌다. 나는 만일 내가 이 문들을 취했더라면 내 올곧음(integrity)을 유지하지 못했을 것이라고 생각했다. 그리고 나는 성경을 일치시키고 그것을 우리의 기대에 부응시키느라 평생 스트레스를 받았을 것이다.

그래서 1991년 봄 그날 오후에 나는 세 번째 문을 선택했고 로버트 프로스트(Robert Frost)의 유명한 시에서처럼 그것이 모든 차이를 만들었다. 많은 문제와 씨름하지 않았다고 말할 수는 없지만 나는 하나님에 대한 신앙을 잃지 않았다. 대신 돌이켜보니 나는 하나님이 내가 세 번째 문을 선택하도록 도우셨다고 믿는다. 나는 여전히 성경 읽기를 좋아했고 계속 배우는 데 흥미가 있었다. 사실은 전보다 더 그랬다. 그러나 나는 내 삶이 바로 조금 전에 전환되었음을 알았다. 나는 우리의 기대에 부응하는 성경과 더불어 지내며 안전망 없이 하나님을 신뢰하려고 노력했을 것이다. 나는 그것이 어디로 인도할지 몰랐지만 돌이키는 일은 없으리라는 것을 알았다.

이 여정을 취한다는 생각은 나를 흥분되고 불안하게 했다. 그리고 나는 그 여정에 감정적·지적·영적으로 헌신했다. 그러나 나는 궁극적으로 하버드 대학교를 떠나 보수적인 교회 생활과 보수적인 성경 가르치기의 세계로 돌아와야 했다. 그리고 그 세계에 있는 모든 사람이 내 경험을 공유한 것도 아니다. 물론 그래도 무방하다. 우리가 모두 같은 길을 걷는 것은 아니다.

다른 한편으로, 실제적으로 말하자면 이런 사람들에는 친구와 가족, 교회 당국, 내게 급여를 주는 사람들이 포함되어 있다.

내 선택을 따르기로 한 다짐에는 대가가 따랐다. 나는 몇 년 동안 옛것과 새것—나를 낳았고 그 점에 대해 내가 깊이 존경하는 특정한 기독교 전통과 내가 알게 되었고 흥미를 느꼈으며 나 자신과 다른 사람들을 속이지 않고서는 그 점을 부인할 수 없었던 좀 더 큰 성경—을 혼합하기 위해 투명하게 그리고 매우 열심히 노력했다.

그러나 세 번째 문을 통과하겠다는 결심은 궁극적으로 나를 나 자신의 공동체에서 국외자, 의심 많은 인물, 반역자, 믿고서 하나님에 관해 말하거나 돈을 빌려주거나 애완동물을 돌봐달라고 할 수 없는 사람이 되게 만들었다. 나는 학생 때 성경에 대한 내 열정에 불을 붙여주었고 내가 14년 동안 가르쳤던 바로 그 신학교에서 고위직 정년 보장 지위를 잃었다.

나는 한동안, 다른 많은 사람이 그랬던 것처럼, 흔히 말하는 영적 방랑자, 곧 해안에서 떨어져 표류하면서 고향과 정체성을 찾는 배가 되었다. 한동안 나는 모든 종교의 최소한 전문적인 측면을 찢어발기고, 바리스타가 되어 바(bar, 술집) 대항 소프트볼 게임을 하면서 보낼까도 생각해 보았다. 거기에는 최소한 맥주가 있고 그들은 트로피도 수여한다.

세 번째 문을 선택함으로써 나는 큰 대가를 치렀다. 그러나 가장 어둡고 가장 도전적인 시기에도 나는 세 번째 문을 열고 그 길을 걷기로 한 선택을 **한 번도** 후회하지 않았다.

나는 지나온 날들을 점점 더 많이 볼수록 점차 나의 삶과 사고의 익숙한 패턴에서 벗어난 것이 선하시고 지혜로우신 하나님에게서 온 선물이었음을 알게 되었다. 나는 하나님을 신뢰하는 것과 성경을 신뢰하는 것—성경에 관한 나 자신의 생각은 차치하고 말이다—이 같지 않다는 사실을 배울 필요가 있었다(확실히 이것은 어려운 길이다). 나는 하나님이 그분의 자비로 내게 이것을 가르치셨다고 믿는다.

세 번째 문을 통해서 밖으로 이어진 이 길을 걸은 것이 나로 하여금 성경을 재발견하게 했을 뿐만 아니라—이 점이 훨씬 더 중요하다—하나님을 우리가 틀린 대답을 제시하면 우리의 삶을 온통 붉은 잉크로 표시하기 위해 기다리고 있는 엄격한 학교 교사로서가 아니라 자기 자녀들이 사안들을 이해하도록 허용하기를 즐기는 선하고 자애로운 부모로 경험하도록 도와주었다. 하나님을 엄격한 교사로 보는 견해는 그리스도인으로서 내 삶의 대부분 동안 의도적으로나 비의도적으로 내 모델이 되었었다.

나는 내가 그렇게 한다고 해서 하나님이 내게 깊이 실망하시고 어느 순간에라도 내게서 등을 돌리실 것이라는 말을 듣지 않고서도, 성경답지 않게 행동하는 성경에 관해 나 자신과 하나님께 정직하도록 허용되었다고 느낀다.

나는 내가 성경을 잘못 이해하면—당신이 낮잠에서 깨기를 원하지 않는, 학대하고 술주정뱅이인 아버지처럼—언짢아지신 하나님이 질병, 기근, 칼로 벌을 주시지나 않을까 조바심을 낼 필요 없이, 반역의 행동으로서가 아니라 신앙과 신뢰의 행동으로서 자유롭게 대화하고 불평하고 말대꾸하고 질문하고 동의하지 않을 수 있는 성경(과 하나님)을 얻었다.

나는 가족과 마찬가지로(결국 성경은 그분을 "아버지"라고 부른다) 무슨 일이 생기더라도 나에 대한 하나님의 사랑과 헌신이 내 두뇌가 어떤 순간에 정보를 어떻게 가공하는가보다 깊다는 것과 그 여정에도 불구하고가 아니라 내가 그 여정을 취할 정도로 하나님을 충분히 신뢰했다는 것 때문에 하나님이 나와 함께하시리라는 것을 알 정도로 하나님을 충분히 **신뢰**하는 법을 배우고 있었다(이 얼마나 놀라운 개념인가).

내 말의 요점은 무엇인가?

성경은 성경 자체의 관점에서 취해지면 신앙에 대한 다른 질문들과 도전들을 제기한다. 그래서 신앙인들이 이런 질문들로 성경과 관련을 맺고, 성경에게 질문하고, 성경의 내용 중 일부를 좋아하지 않고 성경이 실제로 무엇을 말하는지 조사하고, 성인 독자답게 우리 자신의 신앙의 여정에서 성경으로부터 우리가 무엇을 배울 수 있는지 분별한다고 해서 불안해하거나 충성스럽지 않거나 신앙이 없거나 더럽다고 생각하거나 겁을 먹거나 버림받았다고 느낄 필요가 없음을 확신하게 만드는 것이 내가 이 책을 쓴 목적이다.

나는 예컨대 당신이 하나님이 자기 백성에게 학살을 자행하라고 명령하시리라는 것을 받아들이는 데 어려움이 있다고 해서 당신이 하나님께 충성스럽지 않다거나 "반역"하는 것이 아님을 알기를 원한다.

나는 당신이 혼자가 아님을 알기 원한다. 전혀 그렇지 않다.

그리고 성경에 놓인 불가능한 기대들하에서 성경을 견딜 수 없기 때문에 하나님에 대한 신앙에서 떠난 몇몇 사람은 성경을 다시 보고 좀 더 참된 신앙을 발견할지도 모른다.

나는 경건한 사람들이—성경이 실제로 어떻게 말하는지를 통해 판단할 때—하나님이 참나무 판을 댄 도서관에서 조용한 오후에 성경을 고안하시지 않았다는 것을 알기 원한다. 대신 하나님은 우리에게 씨름, 즉 우리가 기지개를 켜고 성장할 수 있는 토론의 장에 참여하도록 초대하셨다. 그런 사람들이 하나님이 원하시는 제자들이다. 이 책은 달리 말하자면 그 씨름을 시작하도록 허락하는 허가증이다.

우리가 그 도전을 받아들이는 최초의 인물이 아니라는 것을 알면 도움이 된다. 그리스도인들은 여러 세기 동안 성경을 열심히 숙고해 왔으며, 역사상 세상에 나타난 많은 교파와 교회를 통해 판단하건대 성경과 많이 씨름하는 것은 기독교 전통의 일부이며 모든 사람이 같은 장소에 도달하지는 않는다는 것이 명백하다.

유대교의 역사는 훨씬 더 그렇다. 그 역사는 성경과 공공연히 씨름하고 성경을 어떻게 다룰 것인지에 관한 다양한 결론에 이른 생생한 전통이다. 유대교는 기독교보다 논쟁을 자신의 신앙의 필수적인 **부분**으로 받아들인다. 의견의 불일치들이 탈무드와 중세의 성경 주석 같은 유대교의 핵심적인 공식 텍스트들에 **보존되어 있다**(무시당하거나 주변화되지 않는다). 반대 의견들이 이 씨름 경기에 대한 기념물로서 성경 및 하나님과 나란히 앉는다.

앞서 언급한 바와 같이 나는 하버드 대학교에서 유대인 교수들이 내게 성경과 씨름한 이 풍요로운 역사를 소개해 준 데 영향을 받았다. 비록 내가 그리스도인으로서 성경을 다루고 있지만 그들의 영향을 통해 나도 대화를 닫기보다 열어두는 것의 영적 유익을 인정하고 받아들인다. 그 영향이 이 책 전체에 반영되어 있다.

성경은 조리법에서 벗어나면 요리를 망치는 요리책이 아니다. 성경은 최신 복사기/팩스기/ 스캐너/전자레인지/보안 시스템이 하나로 통합된 복합기 사용법을 알려주는, 상세하고 단계적인 지침을 기록한 매뉴얼이 아니다. 성경은 당신이 작은 활자로 쓴 내용을 읽고 모든 단어를 따라야 하며 그렇게 하지 않으면 감옥에 가게 될 수도 있는 법적 계약이 아니다. 성경은 볼트 몇 개만 빠뜨려도 정글짐 전체가 당신의 세 살짜리 아이에게 무너져 내릴 조립 매뉴얼이 아니다.

성경을 펴서 읽을 때 우리는 고대의 영적 여정을 엿듣는다. 그 여정은 1,000년이 넘는 기간에 걸쳐 성격과 살던 시기와 상황이 달랐던 저자들에 의해 다양한 이유로 기록되었다.

성경에서 우리는 고대인들이 **그들의** 시대와 장소에서 하나님을 만나 **그들의** 질문을 하고 **그들에게** 익숙한 언어와 아이디어로 표현한 것을 읽는다. 나는 하나님과의 그런 만남이 진짜이고 믿을 만하며 참된 것이었다고 믿는다. 그러나 그들은 또한 고대인이었다. 이 점이 성경이 왜 그런 식으로 기록되었는지를 설명해준다.

이런 성경—우리가 현재 가지고 있는 성경—은 하나님과 신앙생활에 관해 모든 항목에 있어 완전하고 영구적으로 구속력이 있는 목록으로서는 그다지 효과가 없다.

그러나 성경은 **우리 자신의 영적 여정을 위한 모델**로서 효과가 있다. 성경은 사실 **영감을 받은** 모델이다.

영적 여행 중인 우리는 모두 우리 자신의 관점에서 하나님을 만난다. 내 말은 하나님이 우리의 요청대로 행동하신다거나 우리가 그 관계를 통제한다는 뜻이 아니다. 나는 단지 우리가 사람이고 하나님이 아니라는 점을 의미할 뿐이다. 명백해 보이기는 하지만 다음과 같이 말할 가치가 있다. 우리는 누가 어디서 언제 살고 있는가의 산물인 인간 드라마에서 우리의 순간에 의해 정의된 사람으로서 하나님을 만난다. 우리는 우리에게 성경을 준 고대의 순례자들이 그랬던 것처럼 하나님께 **우리의** 질문을 하고 우리의 시간과 장소에서 우리의 언어와 우리에게 익숙한 아이디어로 하나님을 만난다.

이것이 성경이 읽을 가치가 있는 이유다. 모든 행에서 당신에게 무엇을 하고 생각할지 말하는, 인위적으로 산뜻해지고 얌전한 버전의 성경이 아니라, 우리가 가지고 있는 다양하고, 일관성이 없고, 뒤죽박죽이고, 때로는 별난 성경 말이다.

고대의 신앙의 여정을 보존하는 **이** 성경이 우리 자신의 여정을 위한 모델이 된다. 우리는 성경 저자들을 통해 표현된 분투, 기쁨, 승리, 혼란, 절망에서 우리 자신에게 있는 뭔가를 인식한다.

성경은 규칙집이라기보다는—이 대목에서 우리는 진지하게 은유를 바꿔야 한다—우리가 하이킹을 하면서 많은 길과 지형을 탐구함으로써 알아가게 되는 땅에 더 가깝다. 이 땅은 매혹적이고 영감을 고취하지만, 낯설고 기묘하고 때때로 마음을 산란하게 하고 심지어 위험하고 불확실하기도 하다.

나는 하나님이 우리에게 이 땅—그 땅의 모든 곳—을 공동체 안에서 적절한 규율을 가지고 끈기 있게, 그리고 무엇보다 우리가 그 도전을 받아들임으로써 앞서간 모든 사람과 마찬가지로 우리 자신을 더 잘 알게 되고 하나님을 더 깊이 알게 되리라는 점을 인식하면서 이 땅을 탐험하라고 격려하신다고 믿는다.

아이러니하게도 안전하고 얌전한 성경은 이 믿음의 여정을 회피하고 경건의 외양을 제공하는 안전한 길을 제공하며 그러는 과정에서 성경을 경시한다. 우리는 성경을 제시할 만하게 만들기 위해 엉킨 것들을 빗질하기보다는 성경을 있는 모습 그대로 놔두고 그것으로부터 배울 때 성경을 가장 존중한다. 그럴 때만 우리는 이 하나님이 누구신지 그리고 하나님과 연결된다는 것이 무엇을 의미하는지를 배우는 우리 자신의 여정, 곧 평탄하지 않고 때로는 마음을 산란하게 하는 경로를 존중할 수 있게 된다.

우리는 고대 이스라엘 백성 및 초기의 예수 추종자들과 마찬가지로 하나님을 하늘 높은 데서 만나는 것이 아니라 우리 자신의 상황과 부침을 통해 지금 이곳에서 만난다. 그것이 바로 하나님의 말씀인 거룩한 성경이 영적 위로, 안내, 통찰의 책으로 기능하는 방식이다.

논쟁이 되는 큰 이슈 세 가지를 통해 나는 성경은 매뉴얼이 아니라 우리의 영적 여정을 위한 모델이라는 것을 발견했다.

1. 하나님은 많은 사람을 죽이시고 재앙을 일으키시며, 다른 사람들(대개 이스라엘 백성)에게 그 일을 하라고 명령하시거나 이스라엘 백성이 스스로 그 일을 할 때 지켜보시며 방관하신다. 이스라엘 백성이 가나안 땅에 들어갈 수 있도록 그 땅의 거주자들을 진멸하라는 하나님의 명령이 그런 사례다.

2. 성경이 말하는 내용은 종종 발생하지 않았다. 적어도 성경이 그것을 묘사하는 방식으로는 말이다. 그리고 때때로 성경 저자들은 과거에 무슨 일이 일어났는지에 대해 서로 다르게 기록한다.

3. 성경 저자들은 종종 일치하지 않으며 하나님에 관해 그리고 하나님께 충실하다는 것이 무엇을 의미하는지에 대해 다양하고 모순되는 관점을 표현한다.

이것들은 신실한 많은 독자가 단합하여 매뉴얼로서의 성경을 방어하는 접근법에 신세를 지고 있을 때 직면하는 큰 전환점들이다. 이것들만 문제가 되는 것은 아니지만 그것들은 현대의 성경 독자들에게 큰 도전 거리다. 우리는 뒤에서 이 문제들 각각을 다룰 것이다.

우리는 또한 복음서 저자들과 사도 바울이 그들의 성경을 어떻게 읽었는지에 대해 초점을 맞출 것이다. 그들은 확실히 자기들의 유대교 유산과 그들의 성경(그리스도인들이 훗날 "구약성경"이라고 부르게 된다)을 존경했지만, 하나님이 자신을 그것 너머로 밀고 계신다는 것도 알았다.

그들은 이스라엘의 메시아인 나사렛 예수가 이스라엘의 역사에 대한 하나님의 **놀라운** 종결이라고 믿었다. 예수가 십자가에 못박히시고 죽은 자 가운데서 부활하셨기 때문에 그것은 놀라웠다. 당시에 누구의 기준으로도 메시아가 그 일을 하리라고 예상되지 않았다.

예수는 이스라엘의 이야기에 대한 하나님의 절정이었지만, 그 이야기에 매이지 않으셨다. 그는 그것의 경계를 넓히시고 그것을 변혁시키시고 때때로 그것의 일부를 버리셨다.

우리가 신약성경을 읽을 때 우리는 앞 좌석에 앉아서 최초기 그리스도인 저자들이 예견되지 않았고 방향을 재정립하는 하나님의 조치, 즉 십자가에 처형되시고 부활하신 메시아를 묘사하는 것을 지켜본다. 오늘날 그리스도인들은 이 신약성경 저자들이 우리에게 말하고 있는 내용, 곧 우리가 성경을 통해 하나님과 교제할 때 하나님이 우리 역시 기록된 페이지들 너머로 밀어내고 계신다는 것을 주의 깊게 들어야 한다.

따라서 이 책은 성경에 관해 우리 자신에게 정직해지기 위한 어느 정도의 공간을 발견하기와 그 과정에서 하나님을 신뢰하기에 관한 책이다.

성경을 하나님의 말씀으로 읽는다는 것은 고대의 순례자들과 나란히 걸으면서 그들의 여정의 충돌과 상처, 간극과 틈새, 골짜기와 평원과 씨름하고 그 과정에서 우리 자신이 반사되는 것을 보라는 성경의 초대를 받아들이는 것이다.

좀 더 위험한 그 길을 선택할 때 우리는 좀 더 나은 쪽으로 변할 것이다. 우리는 그 과정에서 성장하고 좀 더 깊은 신앙(그리고 좀 더 깊은 하나님)을 발견할 것이다. 그것이 바로 하나님이 그분의 거룩한 책을 통해 우리 앞에 제시하시는 초대다.

이 책은 그 초대를 받아들이기에 관한 책이다.

진격 명령

이 사악하고 끔찍한 가나안 족속들

"예수는 사람들을 지옥에 보내기까지 하시는데 가나안 족속 몇 명을 죽이는 것이 뭐가 그리 나쁜가?"

그것은 부족 문화를 반영한다

다른 사람을 어떻게 대하지 않아야 하는가?

사상 최악의 죄인들

2장
하나님이 그 일을 하셨다고?!

하나님의 좀 더 친절한 측면

하나님은 자신의 자녀들이 그 이야기를 편안하게 하신다

이 장이 왜 매우 중요하고 아주 긴가?

답변을 들을지라도

다른 사람을 어떻게 대하지 않아야 하는가?

1514년 서인도 제도. 스페인 정착자들이 현재의 파나마 근처에 상륙한다. 하나님과 국왕의 축복을 받고 매우 날카로운 철로 무장한 그들은 그곳을 자기들의 것이라고 주장한다. 그들은 협상에 관심이 없었다. 그들은 금과 땅을 차지하려고 하는데 현재의 거주자들이 방해물이다. 스페인 총독이자 하나님의 신실한 종인 페드로 아리아스 다빌라(Pedro Arias Dávila)는 재빨리 자기의 일에 착수한다.

이후 7년 동안 다빌라는 인간 이하인 불경한 거주자들의 땅을 청소한다. 그러나 다빌라는 자비롭다. 그의 승리의 여행 중에 그는 비무장 원주민들에게 선택권을 준다. 그들은 즉시 자기들이 들어보지도 않았고 상상할 수도 없었던 나라의 왕과 신에게 절하고 노예가 되고 그들의 모든 금을 넘겨줄 수 있었다. 그렇게 하지 않으면 기마병들에게 칼로 갈가리 찢기고, 살아남은 사람은 노예가 되고 그들의 금을 잃는다.

스페인 사람들은 1493년부터 이런 식으로 서인도 제도에 "정착"해왔다. 학살은 1552년까지 계속되었으며 그해에 도미니크회 수사 바르톨로메 데 라스 카사스(Bartolomé de Las Casas)가 『인도 제도의 멸망에 관한 짧은 보고』(A Short Account of the Destruction of the Indies)를 썼는데, 이는 자신이 그동안 목격했던 모든 참사에 대한 암울한 이야기였다. 그는 원주민의 땅과 물건을 원하기 때문에 하나님의 이름으로 한 민족을 몰살시키는 것은 하나님이 하시는 일 목록에 들어있지 않으리라는 점을 정책 결정 권한을 지닌 사람들에게 납득시켰다.

오늘날 그리스도인들은 라스 카사스처럼 인종 학살을 악으로 규탄한다. 결국 다른 사람들을 위해 자신의 생명을 내어주신 예수가 주민의 체계적인 말살을 옹호하리라고 생각하기란 어렵다. 게다가 예수는 자신의 추종자들에게 진정한 하나님의 자녀들은 원수를 사랑하고 원수를 위해 기도한다고 말씀하셨다.

이스라엘의 고대 예언자 몇몇은 같은 취지로 말한다. 이사야서는 이스라엘의 하나님이 무력 충돌이 없이 나라들 사이의 모든 분쟁을 해결하실 때가 올 것이라고 말한다. 칼과 창이 버려져 농기구가 될 것이다. 나라들 사이의 전쟁과 두려움이 그칠 것이다. 참된 하나님은 전쟁의 하나님, 특히 잘못된 부족에 속한 사람들을 줄 세워 학살하는 하나님이 아니라 평화의 하나님이시기 때문에 모든 사람이 평화롭게 살 것이다.

하지만 약간의 문제가 있다. 구약성경의 앞부분에서 하나님은 이스라엘 백성에게 가나안 땅에 들어가 마을마다 다니며 (당황스럽게도) 그곳의 이교도 거주자들을 남녀노소를 불문하고 진멸하고, 그들의 밭을 취하고, 그들의 집에서 살라고 명령하기도 하신다.

스페인 사람들에게 "인디언들"은 단순히 현대판 가나안 족속이었다. 북아메리카에 정착한 최초의 유럽인들도 그곳을 약속된 땅으로 보고 현지의 원주민들을 그 땅에 대한 신적 권리가 없는 가나안 족속으로 보는 경향이 있었으며, 그들의 운명도 유사했다. 우리는 동부와 중서부의 많은 마을에 (새) 가나안, 베들레헴, 여리고, 벧엘 등 성경에 등장하는 이름이 주어진 데서 이런 정신 상태의 증거를 볼 수 있다.

스티븐 호킹(Stephen Hawking) 같은 지성인만 이 점을 이해할 수 있는 것은 아니다. 성경을 지침서로 여긴 그리스도인들이 이교도들을 죽이고, 그들의 땅을 빼앗고, 하나님의 선하심을 기뻐했다. 내 말은 그것이 성경에 기록되어 있다면 나쁠 수 없다는 뜻이다. 그런가? **정말 그런가?**

성경의 하나님이 과거에 인종 학살을 명령하셨는데 오늘날 성경의 하나님에 호소하여 인종 학살을 정죄하기는 어렵다. 우리는 이런 종류의 문제를 신학적 문제라고 부른다. 그리고 그것은 큰 문제다. 이는 가나안과 관련된 문제 때문만이 아니라 폭력이 하나님이 선호하시는 갈등 해결 방법으로 보이기 때문이기도 하다.

이르게는 성경의 여섯 번째 장인 창세기 6장에서 하나님은 온 땅이 홍수에 잠기게 하셔서 노아와 그의 가족, 방주에 탄 동물들을 제외한 모든 생명을 죽이신다. 훗날 하나님은 아브라함에게 자기 아들의 목을 베어 제물로 바치라고 명령하심으로써 그를 시험하신다(아브라함이 이 일을 실행하려는 것을 보신 하나님이 최후의 순간에 아브라함을 멈추게 하셨지만 말이다). 출애굽 이야기에서 하나님이 이집트인들에게 내리신 열 번째이자 마지막 재앙은 그들의 장자를 죽이는 것이고, 몇 행 뒤에 하나님은 이집트 군대 전체를 홍해에 빠뜨려 죽이신다.

출애굽기 뒷부분에서 우상 숭배적인 "금송아지"를 만든 이스라엘 백성 삼천 명이 하나님이 지켜보시는 가운데 자기 백성에 의해 죽임을 당한다. 레위기에서는 아론의 아들들인 제사장 나답과 아비후가 제사 직무를 수행하다가 설명되지 않은 모종의 실수로 불에 삼켜진다. 많은 율법이 다른 신을 섬기는 것, 신성모독, 안식일(규정된 휴식일)에 일하는 것, 간음을 사형에 처하도록 요구한다. 그리고 그것은 성경의 세 번째 책에 규정된 내용이다.

하나님이 이스라엘 백성 및 다른 사람들을 죽이시는 것은 다른 측면에서는 인내심이 있는 신의 최후 수단이 아니다. 그것은 불순종에 대한 확실한 처벌이다. 직설적으로 말하자면 이 하나님은 아주 무섭다. 그는 계속 하늘 아버지보다는 좀 더 메가트론 같은 전사-신으로 등장하신다.

우리가 성경에 수록된 하나님의 폭력에 당혹해하고 괴로워한 최초의 인물인 것은 아니다. 성경이 존재해 온 이후 그리스도인들과 유대인들은 이 문제를 두고 씨름해왔다.

그리고 이스라엘 백성이 가나안 땅을 차지할 수 있도록 가나안 주민을 도살하라는 하나님의 명령은 확실히 대다수 독자에게 도가 지나치다는 생각이 들게 한다. 리처드 도킨스(Richard Dawkins) 같은 무신론자는 『만들어진 신』(The God Delusion[김영사 역간])에서 기쁘게 이 점에 달려들어 기독교의 "사랑의 하나님"이 갈등을 어떻게 다루는지를 지적한다. 어떻게 이슬람이 이교도를 쳐부수는 호전적인 신을 조장한다(9/11에 대한 기독교의 흔한 요약이다)는 이유로 비난받을 수 있는가? 구약성경에 등장하는 기독교의 하나님이 비행기만 없을 뿐 똑같은 일을 하는데 말이다.

나는 성경에 나타난 하나님에 대한 이런 묘사를 진지하게 여기지만, 그것을 마지막 말로 받아들이지 않는다. 우리는 이것을 숨기고 이것이 사라지기를 바랄 수 없다. 성경의 이 부분의 도전을 받아들이는 가운데 이것과 씨름할 때만 우리는 어떻게 성경 자체가 우리를 이런 이야기들 너머의 여정으로 나아가 그 너머의 훨씬 크고 훨씬 풍요로운 지형을 보게 해 주는지를 알게 될 것이다.

그러니 가나안 족속에 관해서 및 하나님이 왜 지면에서 그들을 말살하라고 명령하시는지에 대해 이야기해보자.

이 사악하고 끔찍한 가나안 족속들

가나안 족속을 진멸하라는 하나님의 명령은 사후에 생각해낸 것이 아니었다. 이스라엘 백성이 그 이야기를 전하는 바에 따르면 그들은 인간의 역사가 시작하던 시기에 일어난 모종의 일로 말미암아 처음부터 저주를 받았다.

방주에 타지 않은 모든 생물을 죽인 대홍수가 끝나고 노아와 그의 가족이 방주에서 나온 뒤 노아는 최초로 포도나무를 심고, 포도주를 만들고, 술에 취한다(그는 긴장을 풀 필요가 있었을지도 모른다). 대학 신입생이 환영회에서 술에 취하는 것처럼 그는 술에 취해 곯아떨어져 자기의 장막 안에서 벌거벗는다. 그의 막내아들 함이 그 장막에 들어가 노아가 그곳에 누워 있는 것을 보고 자기 형제들인 셈과 야벳에게 말한다. 두 형제는 벌거벗은 노아를 바라보지 않고 뒷걸음쳐서 장막 안으로 들어가 그들의 아버지를 옷으로 덮어준다.

이 대목에서 무슨 일이 일어나고 있는지를 정확히 알기 어렵지만 두 형제는 그 상황을 올바로 다루는 반면, 함은 그러지 않는다. 그래서 노아가 깨어나서 여느 아버지라도 같은 딜레마에 직면한다면 하게 될 일을 한다. 즉 그는 함의 후손들을 영원히 저주한다.

함의 후손들이 누구인지에 관해 세 가지 추측이 있는데, (처음 두 가지 추측은 중요하지 않다) 그중 한 가지 추측은 그들이 가나안 족속이라는 것이다.

노아의 입에서 처음 나온 말은 "이게 무슨 일이래? 내가 무슨 생각을 하고 있던 거지? 다시는 그런 짓을 하지 않겠어!"가 아니었다. "함, 이리 들어오거라! 너는 내가 벌거벗은 것을 왜 보았느냐?"도 아니었다. 대신 그는 "**가나안**은 저주를 받아 그의 형제의 종들의 종이 되기를 원하노라"라고 말한다.

희한하게도 가나안은 함의 네 아들 중 한 명인데 오직 그와 그의 전체 후손들만 저주를 받는다. 그것은 과도할 뿐만 아니라 방향이 잘못 돌려진 것처럼 보인다. 함의 다른 두 아들은 구스와 미스라임인데 그들은 이스라엘 백성을 노예로 삼은 이집트인들의 조상들이다. 그러니 그들의 혈통을 저주하는 것은 어떤가?

함의 **이** 아들에 관한 무엇이 그와 그의 후손들을 그의 형제들의 후손들—셈의 후손("셈족"이 여기서 유래했다)인 이스라엘 백성을 포함한다—의 노예라는 영구적인 인간 이하의 지위로 전락시키는가?

그 이야기를 쓴 사람이 누구든 그는 가나안 족속에게 유감이 있는 것처럼 보인다.

우리가 이것을 또 다른 고대의 책에서 읽는다면 우리는 그것을 선전, 즉 가나안 족속에 대한 증오를 설명하려는 것이 아니라 그 증오를 정당화하기 위한 이야기라고 부를 것이다. 최소한 그 이야기는 선전처럼 보인다. 훗날 이스라엘의 공공연한 원수가 되는 족속은 처음부터 실패로 규정되며, 자기 아버지가 술 취해 벌거벗은 것을 본 사람을 조상으로 둔 이 민족들에게는 어떤 처우도—심지어 그것이 진멸이라고 할지라도—지나치게 가혹한 것이 아니다.

이것은 가나안 족속에게 좋은 시작이 아닌데 이후에도 사정이 나아지지 않는다.

가나안 족속은 창세기의 뒤에 다시 등장한다. 이스라엘의 최초의 조상이자 최근까지 북쪽 하란의 거주자였던 아브라함은 하나님의 인도를 받아 하나님이 수백 년 뒤에 아브라함의 후손에게 주시겠다고 약속하시는 가나안 땅을 여행한다.

이 이야기에 서술자에 의해 쓰고 버려지는 행으로 보이지만 그렇지 않은 내용이 숨겨져 있다. "**그때에** 가나안 사람이 그 땅에 거주하였더라." 달리 말하자면 "지금은 그렇지만 장차 어느 날에는 그렇지 않을 것이다." 이는 원래의 가나안 땅 점유자들에게 어떤 운명이 기다리고 있는지에 대한 작은 암시다.

창세기에서 앞으로 조금 더 나아가면 하나님이 가나안 사람들(여기서는 "아모리 족속"으로 불린다)의 땅을 아브라함의 자손에게 주시겠다는 약속을 반복하신다. 그러나 그 일이 일어나기 전에 우리는 장차 이스라엘 백성이 그 땅을 차지하기 전에 먼저 외국(이집트)에서 네 세대 동안 노예가 되리라는 것을 배운다. 하나님은 그동안 가나안 족속에게 그들이 거주하는 곳에 있도록 허용하실 것이다.

왜 늦춰지는가? 가나안 사람들에게 자기의 목을 맬 충분한 밧줄을 주기 위함이다. 즉 세대가 지날수록 그들은 점점 더 사악해질 것이다. 그런 식으로 계산하는 날이 올 때(그리고 그날은 반드시 올 것이다) 가나안 족속은 자기들이 받는 모든 일에 대해 한층 더 그런 일을 당해도 마땅하게 될 것이다.

예고는 없다. 상황을 바꿀 기회도 없다. 모종의 이유로 지구상의 모든 민족 중에서 가나안 족속은 한창 무르익었을 때 베어질 추한 잡초처럼 자라도록 방치될 것이다.

수백 년 후에 이스라엘 백성은 하나님이 아브라함에게 말씀하셨던 것처럼 이집트에서 노예가 되어 집단 거주 지구에서 살면서 파라오를 위해 도시들을 건설하고 있었다. 그들은 모세를 통해 구조되고 시내산을 향해 나아간다. 그들은 그곳에서 하나님으로부터 서로를 향한 행동에 관한 지침 및 하나님을 올바로 예배하는 방법에 관한 지침(모세의 율법, 토라로도 알려졌음)을 받는다. 그들은 그것을 갖추고 행장을 꾸려 오래전에 아브라함에게 약속된 그들의 새로운 고향으로 길을 떠나려고 하고 있다.

그들의 오랜 적이자 처음부터 저주를 받았고 현재 그 땅의 거주자인 가나안 족속에게는 사정이 험해지려고 하고 있었다.

앞으로 일어날 일에 대한 예고로서, 시내산에서 출발하여 그들의 땅을 차지하러 가는 도중에 이스라엘 백성은 장막을 철거하고 길을 떠날 때마다 **"여호와여, 일어나사 주의 대적들을 흩으시고 주를 미워하는 자가 주 앞에서 도망하게 하소서"**라는 전투의 노래를 부르곤 했다.

이스라엘 백성이 지나가는 길에 있는 성읍들에 살던 사람들—자기들의 가축을 기르고 곡식을 재배하며 자녀를 양육하고 기본적으로 자기들의 일에 신경을 쓰던 사람들—은 **하나님의** 원수들인데, 이 점은 공정해 보이지 않는다. 그들이 무슨 짓을 했길래 이스라엘의 가나안 침략을 위한 연습 상대가 되었는가?

요약하자면 아브라함의 자손들을 통해 한 민족을 형성하려는 지금까지의 하나님의 계획은 가나안 족속은 이제 죽은 목숨이나 다름없다는 불길한 전조로 끝난다.

진격 명령

이스라엘 백성이 가나안 접경에 이르자 모세는 정탐꾼들을 보내 그 땅을 정찰하게 한다. 그곳 사람들은 얼마나 많은가? 그들은 강한가, 약한가? 그들의 성읍들은 성벽으로 둘러싸였는가, 요새화되었는가? 땅은 어떠한가? 그곳에 나무들이 있는가? 달리 말하자면 우리의 새 고향은 어떠하며 우리가 얼마나 효율적으로 가나안 족속을 죽이고 우리의 손실을 최소화할 것으로 예상할 수 있는가?

정탐꾼들은 그 땅이 아름답고 "젖과 꿀이 흐른다"고 보고한다. 그 땅은 짐승 떼(젖)와 산물("꿀", 즉 과즙)이 풍부한 낙원 같은 땅이다. 이는 고대의 기준으로는 큰 행운이다. 그러나 가나안 족속은 억센 무리로 보인다. 그들은 강력하고 수가 많으며 요새화된 큰 성들에 살고 있다. 심지어 그들 중에는 우리가 노아의 홍수 이야기 직전에 읽었던 신들과 인간 여성들 사이의 결합에서 태어난 자손인 거인들도 살고 있다.

정탐꾼들은 공포심을 느껴 그 땅은 사실상 매우 볼품이 없고 거인들의 존재 및 제반 사정을 고려할 때 계속 이동하는 것이 최선이며 하나님도 이해하실 것이라는 소문을 퍼뜨린다. 하지만 하나님은 그것을 이해해주시지 않는다. 이스라엘의 담력 결여가 하나님을 매우 화나게 해서, 그분은 믿음이 없는 세대가 모두 죽고 다른 사람들이 뭔가 배울 수 있도록 가나안 정복을 40년 동안 보류시키신다.

40년이 빠르게 지나가고 그들은 이제 다시 정복을 시도하려고 한다.

처벌 기간이 끝났고 이스라엘 백성은 다시금 가나안을 침공할 채비를 갖춘다. 이번에는 그들이 올바로 하도록 만전을 기하기 위해 하나님은 특정한 진격 명령들을 개괄하신다. 그들이 아직도 가나안 족속이 끝장났다는 것을 확신하지 못한다면 다음 사항들이 도움이 될 것이다.

내가 너희와 함께할 것이기 때문에 (40년 전처럼) 두려워하지 말라. 그리고 너희가 해야 할 일은 다음과 같다.

가나안으로 가는 도중에 너희가 경계 밖의 도시를 만나거든 먼저 화평 조건을 제시하라. 그들이 받아들이거든 그들을 노예로 삼고 거절하거든 남자들을 죽이라. 너희는 여자들과 아이들과 가축과 무엇이든 너희의 전리품으로 가질 수 있다.

그러나 내가 오래전에 아브라함에게 약속한 대로 너희가 내가 너희에게 주는 땅인 가나안에 들어가면 여자들과 아이들과 가축을 포함하여 숨 쉬는 모든 것을 죽이라. 아무것도 살려두지 말라. 그렇지 않으면 너희가 다른 신들을 예배하도록 유혹을 받을지도 모른다.

하나님이 그곳에 계셔서 그들이 승자가 되게 하실 것이기 때문에 공격하여 죽이기를 두려워할 필요가 없다. 이스라엘 군사들이 가나안 주민이 아닌 족속의 젊은 남편들을 죽이고 그들의 아내들과 아이들을 노예로 삼을 때 하나님이 이스라엘의 편에 서실 것이다. 그들이 남성, 소년, 유아, 누군가의 할머니, 임신한 아내, 심지어 가축까지 가나안의 모든 생물을 칼로 죽일 때 하나님이 서서 지켜보실 것이다. 이스라엘 백성이 모든 성읍을 허

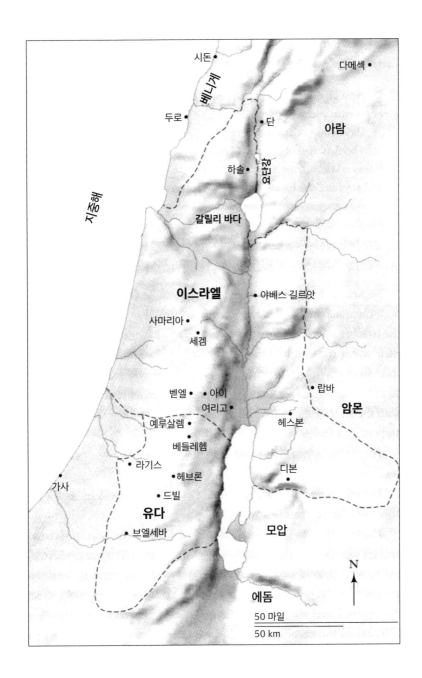

물고 비명과 자비를 구하는 절규를 외면할 때 하나님이 기뻐하시면서 그들과 함께하실 것이다.

이 단락은 나의 숨을 멎게 한다. 그것은 당신이 읽기를 중단하고 싶다고 느끼기에 충분하다.

그 진격 명령은 모세의 후계자이자 다방면으로 유능한 전사인 여호수아에 의해 수행된다.

최초로 공격할 도시들은 여리고와 아이다. 다음에는 해안 지역의 왕들이 반격하기 위해 연합한다. 가나안 족속 가운데 기브온 사람들이 있었는데 그들은 여호수아를 속여 이스라엘 백성과 조약을 맺는다("우리는 이곳 주위에서 오지 않았습니다. 우리를 진멸할 필요가 없습니다. 우리와 평화 조약을 맺으면 어떻겠습니까?"). 그 계략이 발견되었을 때 여호수아는 자신의 맹세에 구속되고, 기브온 주민을 노예로 삼아 하나님의 백성을 위해 "나무를 패며 물을 긷는 자들"이 되게 한다.

수치스러운 일이다. 여호수아가 방심하지 않았더라면 이스라엘 백성은 기드온 주민들도 죽일 수 있었을 것이다.

다음에는 어느 굴에 숨은 다섯 성읍의 왕들이다. 여호수아는 그들이 도망가지 못하도록 돌로 입구를 막으라고 지시하고 그의 군사들에게 그들의 군사들을 쫓으라고 명령하는데, 거기서 살아남은 자가 별로 없었다(하나님을 찬양할지어다). 그날의 전과에 만족한 여호수아는 그 굴로 돌아와 다섯 왕을 끌어내 그들의 목을 베고 그 시체들을 저녁까지 나무에 매달았다. 나는 당신과 마찬가지로 계속 진행하는 데 어려움을 느낀다. 여호수아는 자기의 군사들에게 하나님이 그들의 모든 적에게 이렇게 하실 터이니 두려워하지 말라고 말한다.

여호수아서는 이제 이스라엘의 통제하에 있는 가나안 성읍 31개와 아직 정복되지 않은 땅들을 열거한다(요단강 건너편에 있는 성읍들도 정복되었는데, 이에 관해서는 다른 곳에서 다룬다). 그 책은 이스라엘의 열두 지파가 그들 사이에서 땅을 분배하고, 그들을 이집트에서 꺼내시고 친절하게 그들에게 그 땅을 주신 하나님께 대한 그들의 헌신을 새롭게 하고, 느긋하게 앉아 일이 잘된 데 대해 감탄하는 것으로 끝난다.

그 행동은 성경의 다음 책인 사사기에서 계속된다. 그러나 여기서 우리는 놀랍게도 여호수아 휘하의 이스라엘 백성이 실제로는 그 땅 주민을 완전히 소탕하지 않았음을 알게 된다. 몇몇 가나안 족속은 노예가 되었고 일부는 주변에 남아 있었는데, 이는 하나님이 명령하신 바가 아니었다. 확실히 하나님이 우려하신 대로 이 가나안 족속들은 이스라엘 백성이 다른 신들을 섬기게 했는데 이로 인해 하나님이 분노하셨다. 하나님이 이스라엘 백성을 가나안으로 인도하신 것은 그들이 폭풍의 신 바알이나 풍요의 여신 아세라 같은 신들도 섬기라는 취지가 아니었다.

그러나 하나님은 그들에게 가나안 족속이 왜 일소될 필요가 있는지 다시 말씀하시는 대신 이스라엘 백성이 하나님께 참으로 충실한지를 시험하기 위해 그들이 거하는 곳에 가나안 족속을 남겨두신다. 그들은 또한 하나님의 계획에서 좀 더 부정적인 목적에 봉사할 것이다. 즉 전쟁의 영광을 경험하지 않은 새로운 세대 전체는 가나안 사람들과의 전쟁을 치르게 될 것이다.

그리고 가나안 족속과의 전쟁 실행으로 그들을 없애려는 계획이 완벽하게 집행된다. 가나안 족속은 점진적으로 무대에서 사라질 것이다. 비록 그들의 영향으로 잘못된 신들에 대한 예배가 이스라엘이 바빌로니아로 유배될 때까지 왕정 시대의 전 기간에 걸쳐 계속 문제로 남겠지만 말이다.

요약하자면 가나안 족속의 멸절은 나중에 생각해 낸 것이 아니다. 성경에 따르면, 이스라엘의 하나님이 노아와 홍수 시대 때 그것을 계획하셨고 그 일이 이루어지도록 군대를 격려하시고 심지어 훈련하기까지 하시면서 그것을 결연하고 정확하게 수행하신다.

"예수는 사람들을 지옥에 보내기까지 하시는데 가나안 족속 몇 명을 죽이는 것이 뭐가 그리 나쁜가?"

많은 성경 독자가 하나님이 이런 식으로 행동하신 것과 관련된 곤경에서 그분을 벗어나게 해드리기를 원한다. 그래서 "…때문에 하나님이 가나안 족속을 멸절하고 그들의 땅을 차지하라고 명령하신 것은 문제가 없고 완벽하게 옳은 일이다"라고 말하는 좋은 방법을 발견한다.

그 문장을 잘 완성할 필요는 성경을 매뉴얼로 보는 정신 상태에서 나온다. 즉 성경이 하나님에 관해 말하는 것은 하나님이 어떤 분이신지에 관한 내용임이 틀림없다는 것이다. "하나님이 그렇게 말씀하셨으니 나는 그것을 믿어야 하고 그러니 그것은 틀림없이 사실일 것이다." 그 정신 자세가 몇몇 잔학행위는 말할 것도 없고 모든 종류의 스트레스를 쌓이게 하는 해법들을 만들어냈다.

몇몇 그리스도인이 자주 말하는 예를 들어보자(아마 당신도 전에 들어보았을 것이다). **하나님은 우주의 주권적인 왕이시고 그분의 헤아릴 수 없는 의지는 하찮은 인간이 의문을 제기할 대상이 아니다. 그러니 그것에 관해 입을 다물라.**

그것은 단순하고 간단하다. 그러나 소란이 가라앉고 난 후 곰곰이 생각해보면 우리는 다음과 같이 물어볼지도 모른다. **"이분이 참으로 우리가 믿는 하나님, 세상을 창조하시고 세상을 사랑하시는 하나님이신가? 이분이 우리가 아침에 일어날 때 우리를 맞아주시고 날이 저물 때 우리가 생각하는 하나님이신가? 이분이 우리가 다른 사람들에게 말하는 하나님이신가, 아니면 우리는 다른 버전이 좋지 못하리라는 것을 알기 때문에 좀 더 나은 버전을 선택하는가?" 웨스트보로 침례교회(Westboro Baptist Church)는 이런 하나님을 좋아할지도 모르지만, 그들은 괴짜다. 나는 새끼 고양이가 물에 빠져 죽어가더라도 그들이 그 고양이를 구하리라고 생각하지 않는다.

아무튼 이것은 해법이 아니다. 그것은 단순히 하나님이 가나안 족속을 죽이라고 명령하신다는 문제를 다시 진술할 뿐이다. 여전히 "하나님이 왜 제우스나 파시스트 독재자처럼 행동하시는가?"라는 질문이 남는다.

그 질문에 답변하는 또 다른 전략은 다음과 같다. **좋다. 예수가 원수를 사랑하기에 관해 말씀하시지만, 죄인들을 영원히 불에 타는 지옥에 던져넣는 것에 관해서도 말씀하신다.** 그 주장은 이어서 영원한 벌이 그들의 땅에 사는 고대의 한 민족의 멸절보다 훨씬 나쁘기 때문에 가나안 족속에 관해 열을 내지 말라고 말한다. 그들은 그런 식으로 위기가 회피되었다고 생각한다.

하지만 그렇지 않다.

잘못 시작하지 않도록 우리 모두 예수가 온순하고 온화한 평화운동가가 아니었다는 사실에 대해 동의하기로 하자. 그는 구약성경 및 그의 동료 유대인들과 마찬가지로 "분노"가 하나님이 죄에 관해 어떻게 생각하시는지 묘사하기에 완벽하게 좋은 단어라고 믿으셨다. 그러나 그것은 지옥과는 아무 관계가 없다. 적어도 예수가 그 단어를 통해 의미하는 것과는 말이다.

우선 귀신과 쇠스랑과 영원히 불타는 고통이 있는 "지옥"(hell) 개념은 중세 기독교 신학에서 나왔다. 지옥에 대한 그런 아이디어는 성경에서 발견되지 않는다.

사실 예수도 "지옥"이라는 말을 사용하시지 않기 때문에 우리가 그 단어를 사용하지 않는 것이 가장 좋다. 복음서들에서 그 단어는 **게헨나**(*Gehenna*)인데, 그것은 구약성경의 히브리어 **게힌놈**(*ge' hinnom*)을 그리스어로 번역한 것으로서 **게힌놈**은 "힌놈의 골짜기"를 의미한다. 그곳은 예루살렘 성벽의 바로 바깥에 있는 실제 골짜기였다. 구약성경의 예언자 예레미야는 힌놈 골짜기와 관련된 문제를 제기하는데, 그것은 바로 예루살렘 주민들이 그곳에서 자기 자녀들을 외국 신들에게 제물로 바쳤다는 것이다.

구약성경에서 이스라엘 백성이 자신의 아이들을 불살라 외국 신들에게 제사를 지낸 것보다 악한 일은 거의 없다. 따라서 예레미야는 예루살렘 사람들에게 하나님이 곧 무서운 바빌로니아인들을 보내 예루살렘을 파괴하실 것이라고 경고한다(그 일은 기원전 586년에 일어났다). 예레미야서에 따르면 이 침략자들이 예루살렘 사람들을 하도 많이 죽여서 "힌놈 골짜기"가 그들의 시체로 가득하고 새들과 들짐승들이 그 시체를 먹을 것이다.

자업자득이다. 그들이 자기 자녀들을 불살라 제사를 지낸 바로 그곳이 그들 자신의 처벌 장소가 될 것이다. 말하자면 그들이 "지옥에 가게 될 것"이다.

이사야서는 이 아이디어를 취해서 하나님께 반역한 자들의 도살된 시체들을 태울 꺼지지 않는 불을 덧붙인다. 확실히 이사야서의 저자는 악인들이 죽은 후 그곳에 가서 영원히 불에 탈 지하의 장소에 관해 말하고 있는 것이 아니다(그리스도인들이 그 구절을 종종 그런 식으로 이해하지만 말이다).

"힌놈 골짜기"와 훗날의 게헨나는 하나님 자신의 백성이 하나님의 현존을 인식하지 못하고 하나님의 길을 따르지 않음에 따라 그들에게 임할 하나님의 처벌을 가리킨다. 예수는 그의 동료 유대인들에게 설교하면서 하나님의 처벌이라는 이 상징을 이용하셨다.

머지않아(정확하게는 기원후 70년에) 바빌로니아인들이 전에 그랬던 것처럼 로마인들이 와서 예루살렘 성을 허물고 길에 유혈이 낭자하게 만들 것이다. 예레미야의 시대에 그랬던 것처럼 하나님이 다시 한번 예루살렘 주민들에게 심판을 내리실 것이다. 이번에는 자녀들을 불사른 데 대한 심판이 아니라, 예수를 그들 가운데 전에도 있었고 지금도 존재하는 하나님 나라를 위한 하나님의 메시아로 받아들이지 않은 데 대한 심판이지만 말이다.

"지옥"은 다루기 힘든 주제이며 우리가 훨씬 더 많은 것을 말할 수 있지만, 요점에 집중하기로 하자. 예수가 "지옥"을 통해 의미하신 바는 하나님이 가나안 족속에게 하신 일보다 나쁘지 않다. "지옥"은 우리가 논의 중인 주제에서 벗어나기 때문에 하나님을 곤경에서 벗어나게 하지 않는다.

예수가 가나안 족속을 어떻게 생각하시는지 알기 원한다면 그분께 물어보라. 그것을 알려면 주의를 기울여야 하지만 말이다.

마가복음과 마태복음은 예수께 자기 딸을 치료해 달라고 간구한 여인의 이야기를 담고 있다. 마가복음에서 그 여인은 유대(이스라엘은 당시에 그 이름으로 불렸다) 밖 북쪽 지역인 "수로보니게"(수리아의 베니게) 출신이라고 언급된다. 그러나 마태복음은 그 여인을 가나안 여인이라고 부르는데,

그 대목은 신약성경에서 이스라엘의 고대 때 적들이 언급되는 유일한 곳이다.

이 점은 우리가 주의를 기울여야 하는 요소인 것 같다.

예수는 처음에는 도움을 원하는 가나안 여인의 외침을 냉정하게 외면하신다. 다음에 그는 그 여인에게 자신은 자기의 백성을 도울 시간밖에 없다고 말씀하신다. 그는 심지어 그 가나안 여인을 주인의 밥상에서 부스러기가 떨어지기를 기다리고 있는 개라고 부르시지만, 그 여인은 계속 도움을 간청한다. 예수는 결국 충격적이게도 그 여인의 큰 믿음에 대해 그녀에게 보상하신다.

가나안 사람은 신약성경에 딱 한 번 등장하는데 그녀는 신실한 인내에 대한 모델이 된다. 예수에 대한 그녀의 믿음이 자기 딸의 치유로 이어졌다.

이 여인은 실제로는 가나안 사람이 아닌데 마태는 그녀를 가나안 사람이라고 부른다. 마치 하나님이 이스라엘의 외부인들을 어떻게 생각하고 계시고 예수의 추종자들도 그들을 어떻게 생각해야 하는지에 관해 자기가 할 말이 있기라도 한 것처럼 말이다.

예수의 시대에 "가나안 족속", 즉 성지에 사는 이방인들이 있었다면 그들은 바로 로마인들이었다. 이방인 지배자들과 어떻게 관련을 맺을 것인지에 관해 다양한 유대인 그룹 사이에 종종 긴장이 고조되었다. 어떤 그룹은 싸워서 그 땅에서 그들을 몰아내려고 했다. 다른 그룹은 "우리도 살고 그들도 살게 내버려 두는" 접근법을 취했다. 또 다른 그룹은 자기들의 정치적 이익을 위해 로마인들에게 다가갔다. 나는 우리에게는 알려지지 않았지만, 당시의 사람들에게는 다른 관점들도 있었을 것이라고 확신한다.

예수의 반응은 다음과 같았다.

내 나라는 이 세상에 속한 것이 아니니라.

너희 원수를 사랑하며 너희를 박해하는 자를 위하여 기도하라. 이같이 한즉 하늘에 계신 너희 아버지의 아들이 되리라.

온유한 자는 복이 있나니 그들이 땅을 기업으로 받을 것이니라.

화평하게 하는 자는 복이 있나니 그들이 하나님의 아들이라 일컬음을 받을 것이니라.

예수는 증오를 확산시키는 데 관심이 없었고 성전(聖戰)—이는 하나의 폭력적인 정권을 다른 폭력적인 정권으로 대체하는 것이다—을 시작하는 데는 더욱더 관심이 없었다. 하나님을 대변한다고 주장하신 예수에 따르면 하나님은 그런 일과 절연하셨다.

요약하자면 당신이 하나님을 가나안 족속을 멸절시키신 곤경에서 벗어나게 하고 싶더라도 예수를 끌어들이지 말라. 예수가 말씀하신 아무것도 하나님이 이스라엘 백성에게 가나안 족속을 죽이고, 그들의 땅을 차지하고, 그들의 집에서 살고, 그들의 밭에서 곡식을 재배하라고 말씀하신 것보다 심하지 않다. 예수는 그런 것에 반대하셨다.

가나안 족속에 대한 하나님의 행동을 정당화하려는 또 다른 시도는 당시에 생존하기 위해 전쟁을 벌이는 것이 불가피했다고 말한다.

그것은 맞는 말이다. 고대 이스라엘의 세계에서 자기의 땅을 보존하고 다른 민족의 땅을 차지하기 위해 전쟁을 벌이는 것은 오늘날 우리가 편의점에 가서 일간지를 사는 것만큼이나 자연스러웠다.

하지만 그렇다고 해서 하나님이 손이 묶여 있었고 하나님이 그 시스템을 용인하실 수밖에 없었다는 뜻인가? 그분은 하나님이시다. 그렇지 않은가? 다른 방법은 정말 없었는가?

그리고 하나님이 왜 애초에 이스라엘을 하나의 나라로 만드시는 데 그렇게 열중하셔서 이스라엘 백성이 그들의 국경을 방어하거나 약탈이나 노략질은 물론이고 죽임으로써 국경을 확장할 위치에 있게 만드시는가?

더욱이 이스라엘 백성은 가나안 족속에 대항하여 자기들의 국경을 방어하고 있었던 것이 아니었다. 그들은 침략자였다.

하나님은 왜 이스라엘 백성이 가나안 족속들 가운데 살면서 평화적으로 그들에게 영향을 줄 수 있는 다른 방법을 찾지 않으셨는가? 이스라엘 백성에게 가나안 족속을 죽일 채비를 갖춰 주시는 대신 가나안 족속이 다른 신들을 예배하도록 유혹하는 것을 막으셨더라면 어떠했겠는가?

하나님은 왜 그렇게 행동하셨는가? 성경 저자들은 하나님이 적들을 상대로 전쟁을 벌이고 땅을 얻는 것을 좋아하시는 전사(戰士)라고 믿었기 때문이었다. 하나님이 그 시스템을 마지못해 받아들이시는 것이 아니다. 전쟁이 하나님께 명예와 영광을 가져온다.

그러나 예수는 (이사야서 같은) 구약성경의 예언서에서 몇몇 구절을 취하셔서 문제를 복잡하게 만들곤 하셨다. 하나님의 백성은 어두운 곳을 비추는 빛 또는 음식 전체의 맛을 좋게 만드는 소금 혹은 가루 반죽 전체를 부풀어 오르게 하는 약간의 누룩이다. 하나님의 백성이 있는 곳마다 폭력이 없이 좋은 쪽으로 차이를 만들어낸다.

따라서 사람들은 아주 오랫동안 다음과 같은 질문을 해왔다. 하나님이 왜 그 정책을 좀 더 일찍 시행하지 않으셨는가? 왜 기다리셨는가? 가나안 족속을 저녁 식사에 초대하라. 그들을 교회에 초청하라. 과일 바구니를 보내 주라. 뭔가를 하라. 아무것이라도 말이다. 아마 가나안 족속은 그 선택지를 선호했을 것이다. 적어도 그렇게 요청하는 것이 마음 상하게 하지는 않을 것이다.

하나님의 좀 더 친절한 측면

어떤 사람들은 "확실히 하나님이 가나안 족속을 죽이셨지만 우리는 하나님이 좀 더 친절하셨던 부분을 가지고 균형을 맞춰야 한다"라고 주장함으로써 하나님을 곤경에서 벗어나게 하려고 한다.

하나님의 좀 더 친절한 측면이 정말 아무것이든 "균형을 맞추는가?" 애초에 어떤 하나님이 균형에서 벗어나는가? 5학년생 불량배가 3학년생들에게서 돈을 뜯어내는 것을 며칠 중단한다고 해서 그의 괴롭힘이 "균형을 이룬 것"은 아니다. ("얘들아, 봐라. 그 아이가 항상 야비한 것은 아니란다. 그 아이가 다음번에 너희를 괴롭힐 때 그것을 기억해라.")

구약성경이 하나님의 다양한 측면을 여러 각도에서 묘사하는데 우리가 그것을 잊지 않아야 한다는 것은 확실히 맞는 말이다(나는 당신이 그 점을 잊어버리게 놔두지 않을 것이다. 그래서 나는 4장에서 이 주제를 다룰 것이다). 구약성경은 다양한 시기에, 다양한 이유로, 다양한 관점에서 쓰인 책들의 모음집이다. 그리고 하나님이 항상 피 흘리는 것을 고대하시는 것도 아니다. 하나님은 또한 은혜로우시고, 자비로우시고, 노하기를 더디 하시고, 사랑이 풍성하시고, 모든 사람을 선대하신다고 묘사된다. 그분은 자신이 악인이 멸망하는 것을 원치 않으시고 그들의 사악한 길에서 돌이키기를 원하신다고 말씀하신다.

이 말은 하나님을 곤경에서 벗어나시게 할 가능성이 큰 것처럼 들린다. 가나안 족속의 대량 학살은 규칙을 벗어난 예외이고 동정심이 하나님의 진정한 측면일지도 모른다.

하지만 실상은 그렇지 않다. 하나님은 거의 언제나 이렇게 친절하고 은혜로운 일들을 **이스라엘 백성에게**만 말씀하신다. 그리고 그것이 문제다. 하나님은 **그들의** 하나님이시다. 하나님은 **그들에게** 끊임없는 자비를 베푸신다(간혹 대량으로 학살하시거나 전염병을 보내시기도 하지만 말이다). 이 점이 하나님이 가나안 족속(또는 방해가 되는 다른 나라들)에게 하신 일을 무디게 만들지 않는다. 사실 가나안 족속을 진멸하시고 그들의 땅을 이스라엘 백성에게 주신 것은 하나님이 이스라엘 백성을 친절하게 대하시는 방법이었다.

그럼에도 우리는 확실히 이스라엘의 하나님이 세상 나라들에 자비를 베푸시는 순간들도 발견한다. 핵심적인 순간이 요나서에 등장한다. 하나님은 요나에게 이스라엘의 끊임없는 대적 중 하나이자 반대편에 서기에는 매우 무서운 나라인 아시리아의 수도 니느웨 사람들에게 회개의 메시지를 전하라고 말씀하셨다.

아시리아인들은 그들의 포로들에게 말뚝을 박거나 그들의 껍질을 벗기기를 서슴지 않았다. 그들은 고대 북왕국의 이스라엘 백성을 정복하고 그들의 대다수를 추방했는데(기원전 722년), 추방된 사람들의 소식은 다시는 들리지 않게 되었다. 하나님이 아시리아인들에게 군대를 보내 그들을 쓸어버리시는 대신 요나에게 "회개할 것을 선포하라"고 말씀하신 것은 배역에 어울리지 않았다. 그것은 적에게 자비를 베푸는 일이었다.

요나는 하나님이 마음을 바꾸실 것을 좋아하지 않았고 하나님께 그것을 알려드리려고 했다. 니느웨 사람들이 실제로 회개하고 하나님이 그들에게 자비를 베푸시면 어떻게 되는가? 그것은 얼마나 큰 재앙인가? 그래서 그는 다른 방향으로 가는 배에 올라타는데 그 일로 말미암아 궁극적으로 큰 물고기의 뱃속에서 지내게 된다.

요나는 결국 느릿느릿 니느웨로 걸어가 하나님의 메시지를 전한다. 그리고 그가 염려했던 대로 그 메시지에 효과가 있었다. 니느웨 사람들이 진지하게 회개하는데 요나는 그 일로 인해 짜증이 나고 비참해진다. 하나님이 이스라엘의 적에게 신경을 쓰시다니 말이다.

다른 한편으로 요나서의 다음다음에 또 다른 예언서인 나훔서가 자리하고 있는데, 이 책은 아시리아를 일반적인 방식으로 대한다. 즉 하나님이 그들을 쓸어 버리시고 그들에게 자비를 베풀지 않으실 것이다. 나훔서는 하나님이 얄미운 니느웨의 멸망에 대해 만족하시고 니느웨의 치명적인 파멸을 모든 나라가 기뻐하는 것으로 끝난다.

나는 요나서가 우리가 구약성경의 다른 모든 곳의 대부분에서 보는 이 "우리 대 그들"의 정신 자세에 관한 이스라엘 백성의 사고를 보여준다고 생각한다. 요나서 대 나훔서는 우리가 성경에서 발견하는 다양한 사고의 좋은 예인데 이 점에 대해서는 4장에서 살펴볼 것이다.

그러나 이 대목에서 우리는 그저 "아시리아인들은 모두 죽을 필요가 있다"와 "하나님이 그들에 대해서도 신경을 쓰실지 모른다" 사이의 긴장이 **가나안 족속의 상황에 대한 균형을 맞추지 않는다**는 점을 알 필요가 있다. 그것은 규칙에 대한 예외다.

게다가 진정한 균형을 위해서는 가나안 족속에게 회개하라고 전할 요나 같은 예언자가 필요할 것이다. 그러나 그런 일은 일어나지 않는다.

가나안 족속—가나안의 한 개인—에게 자비가 베풀어진 유일한 예는 여호수아의 지휘하에 함락된 가나안의 첫 번째 성인 여리고 이야기에 등장한다. 이스라엘의 정탐꾼 두 명이 그 성을 정찰하고 창기 라합을 방문한다. 라합은 그들을 넘겨주지 않고 숨겨주며, 그들에게 자기와 자기 가족을 살려주겠다고 약속하게 한다. 그녀는 이스라엘의 하나님에 관한 모든 소식을 들었고 승자를 알아보았다.

가나안의 창기인 라합과 그녀의 가족은 죽임을 당하지 않았지만, 이것은 일회성 사건이고 하나님의 진격 명령의 "균형을 맞추지" 않는다. 마치 하나님이 마음을 바꾸셨거나 결코 그럴 의도가 아니었다는 듯이 말이다. 이 명령들은 가나안 족속이 **투항**하면 어떻게 할지를 언급하지 않지만, 이제 이 일이 일어났고 그들은 시류를 따랐으며 라합과 그녀의 가족은 죽임을 당하지 않았다.

사실 라합이 투항한 이유는 이스라엘의 전사-하나님에 대한 유혈이 낭자한 평판이 뉴스가 되자 두려워서 혼비백산했기 때문이다. 그리고 이후에 벌어진 전쟁을 통해 판단할 때 하나님 편에서 가나안 족속을 향한 완화는 없다.

요나 이야기와 마찬가지로 가나안 창기 라합의 이야기는 하나님에 대해 "내부자"나 "외부자"가 된다는 것이 무엇을 의미하는가에 관한 이스라엘 백성의 사고를 우리에게 어슴푸레 보여줄지도 모른다. 하나님은 참으로 한 민족의 하나님이 되는 것에만 관심이 있으신가 아니면 이스라엘 백성이 아닌 사람이 하나님의 호의를 공유할 여지가 있는가?(예수와 바울은 궁극적으로 이렇게 주장한다) 라합 이야기는 저자가 성경의 다른 곳에 등장하는 "우리 대 그들"의 사고에 문제가 있다고 생각한다는 것을 암시할지도 모르지만, 그것은 알기 어려우며 이 대목에서는 우리가 그 점에 대해 신경을 쓸 필요가 없다.

요컨대 이스라엘 백성이 아닌 사람들에 대한 하나님의 호의를 보여주는 이런 예들은 귀중하며 무시되지 않아야 한다. 사실 그 예들은 우리가 이미 고대 이스라엘 백성이 하나님을 한 부족의 신 이상의 존재로 보았다는 것을 알도록 격려한다. 내 요점은, 이 이야기들이 하나님이 가나안 족속을 진멸하라고 명령하신 것을 삭제하지 않는다는 것이다. 가나안 족속이 하나님이 이스라엘 백성에게 주시려는 땅을 점유했다는 이유만으로 학살 대상으로 선정되었다는 사실은 그대로 남아 있다.

원칙적으로 모든 사람이 잘 처신하고 거리를 유지하는 한 이스라엘은 다른 나라들과 공존할 수 있다. 그러나 하나님의 백성이 부정한 이교도들과 거주 공간을 공유하면서 섞이는 것은 용납될 수 없다.

그것이 가나안 족속이 진멸된 이유다. 그것의 균형을 잡을 방법은 없다.

사상 최악의 죄인들

하나님을 곤경에서 벗어나게 하는 또 다른 접근법은 "**가나안 족속은 도덕적으로 완전히 부패했기 때문에 마땅한 벌을 받았다**"라고 말하는 것이다. 표면적으로는 이 설명을 어느 정도 지지하는 요소들이 있다. 몇몇 대목에서 하나님은 이스라엘 백성에게 가나안 족속은 그들의 자녀를 자기들의 신들에게 제물로 바치는 것은 말할 것도 없고 수간과 근친상간 같은 총체적인 부도덕으로 인해 반드시 죽어야 한다고 말씀하신다.

이 주장은 이런 끔찍한 이교도 죄인들을 진멸하는 것은 하나님을 전혀 도덕적인 괴물로 만들지 않는다는 주장으로 이어진다. 하나님은 단지 세상의 공정한 심판관이라는 자신의 역할을 하시면서 죄에 대한 그분의 거룩하시고 타협하시지 않는 불관용을 보여주시고 죄인들에게 합당한 벌을 내리고 계실 뿐이라는 것이다. 사실 하나님이 이런 일을 항상 하시지는 않는다는 것이 더 특별하다.

이 견해의 몇몇 옹호자는 가나안 족속의 진멸은 이 세상의 끝에 대한 은밀한 예고이며 우리 모두에 대한 경고라고 말하기까지 한다. 가나안 족속은 하나님이 훨씬 많은 사람을 죽이실 때인 최후 심판 때 모든 죄인이 받을 벌을 지금 받고 있다(이는 기독교 성경의 마지막 책인 요한계시록의 문자적 해석에서 발견되는 견해다).

몇몇 그리스도인 사이에서는 이 해법이 보편적이다. 그러나 그 견해의 흠을 들추기 시작하면 그것은 신속하게 무너져 내린다.

우선 가나안 족속을 "사상 최악의 죄인들"이라고 부르는 것은 풍자이며 선전 측면이 있다. 그들이 그리고 참으로 **오직** 그들만 남녀노소와 동물들까지 전멸되어도 마땅할 정도로 악했는가?

가나안 족속의 커다란 죄인 아동 인신제사를 예로 들어보자. 가나안 사람들에게만 그 아이디어가 있었던 것이 아니다. 아동 인신제사는 보편적이었다.

성경에 사례 하나가 수록되어 있다. 요단강 건너편의 모압 왕 메사가 이스라엘 백성이 주도한 연합군과의 전투에서 패하고 있었다. 럭비의 비유를 들자면 자기 편의 엔드 존에 몰린 그는 필사적으로 필드 끝까지 긴 패스를 던진다. 즉 그는 승리를 얻기 위해 성 위에서 자기 아들을 자기의 신 그모스에게 제사 지낸다. (그런데 그것은 효험이 있었다. 이스라엘 군대는 철수해야 했고 그는 구출되었다.) 이처럼 당시에 가나안 족속만 아니라 다른 민족도 아동을 제물로 바쳤지만, 그들은 지면에서 지워지지 않았다.

우리는 성경에서 하나님이 아동 인신제사를 무방하게 여기시는 것으로 보이는 다소 곤혹스러운 예들을 발견한다. 하나님 자신이 아브라함에게 이삭을 죽여 제물로 바치라고 말씀하신다. 마지막 순간에 하나님이 그것을 중단시키시지만 그렇다고 해서 하나님이 진지하시지 않았던 것은 아니었다. 그 이야기가 우리에게 말하는 바와 같이 하나님은 아브라함이 얼마나 순종하는지를 시험하고 계셨다. 아브라함이 참으로 제사 드리는 행위를 마칠 뻔하지 않았더라면 그것은 진정한 시험이 아니었을 것이다.

그다음에 이스라엘의 마지막 사사 중 한 명인 입다의 이야기를 살펴보자. 그는 하나님이 자기에게 승리를 주시면 무엇이든지(누구든지) 그의 집 문에서 걸어 나오는 것(사람)을 하나님께 제물로 드리겠다고 서원한다. 그런데 그의 딸이 걸어 나왔고(그는 소나 다른 어떤 것이 나오리라고 예상했던 것일까?), 애도 기간 후에 하나님이 그의 제물을 받으신다.

궁극적으로 우리는 진실을 직면해야 한다. 가나안 족속이 아무리 비도덕적이었더라도 진정한 문제는 그들이 **무엇**을 했느냐가 아니라 그들이 그것을 **어디서** 했느냐다.

그들은 하나님이 아브라함 때부터 이스라엘 백성을 위해 따로 떼어 두신 땅을 오염시키고 있었고 따라서 진멸되어야 했다. 다른 어떤 그룹이 가나안 땅에 거주했다고 하더라도 그들은 이스라엘의 칼맛을 보았을 것이고, 가장 악질로 묘사되었을 것이다. 가나안 족속이 다른 곳에서 살았더라면 우리는 결코 그들에 관해 듣지 못했을 것이다.

가나안 사람들의 주된 죄는 그들이 거주한 장소였다. 그것이 그들이 진멸되어야 했던 이유다.

가나안 아이들을 죽이라는 명령은 어떤가?

혹자는 아이들은 부모들의 사악함에 어떻게든 오염되었기 때문에 하나님이 아이들도 죽이신 것이 선하고 정당하다며 이것을 정당화한다. 그들은 그런 대우를 받을 만하다는 것이다. 그러나 성경은 희미하게라도 그 설명을 제공하지 않으며, 그런 설명을 만들어내는 유일한 이유는 하나님을 곤경에서 벗어나게 하는 것이다.

물론 우리 모두 알듯이 작은 가나안 남자아이가 성장하여 큰 가나안 군인이 될 수 있으니 혹자가 주장하듯이 지금 여기서 그들을 제거하여 끝없는 전쟁을 피하는 것이 최선일 수도 있다. 이는 참으로 서툰 견해다. 출애굽기 1장에서 파라오는 이스라엘의 남자 아기들을 나일강에 던져 익사하게 하는 것에 대해 같은 이유를 제시한다. 그렇다면 하나님의 행동방식이 이집트인들의 행동방식을 반사하는 셈이다.

"가나안 족속은 그것을 당할 만하다"는 생각과 관련된 또 다른 문제는 하나님이 가나안 족속이 아닌 사람들은 훨씬 낫게 대우하신다는 것이다. 그리고 이것은 큰 문제다.

우리가 앞서 보았듯이, 하나님이 이스라엘 백성에게 내리신 원래의 진격 명령에 따르면 가나안 땅이 아닌 성읍의 거주자들이 항복한다면 그들은 노예가 된다. 그들이 항복하지 않으면 남성들만 죽임을 당한다. 여성과 아이들은 노예가 된다.

그 생각을 붙들고 있으라.

성경의 앞부분(민수기)에서 이스라엘 백성은 하나님으로부터 미디안 백성이 몇 장 앞에서 이스라엘 남성들이 모압 여인들과 동침하고 거짓 신 바알을 예배하도록 부추긴 사건에서 그들이 한 역할 때문에(이 점은 혼란스럽다) 그들을 상대로 전쟁을 벌이라는 말씀을 듣는다.

간단히 말하자면 이스라엘 백성이 승리한다. 그들은 남성들과 이스라엘 남성들을 유혹했던 여성들을 모두 죽인다. 그들은 남자아이도 모두 죽인다(그들은 남자아이들이 성장해서 자녀를 낳고 군인이 되기를 원하지 않았을 것이다). 그것은 끔찍하지만, 그들은 처녀들과 여자아이들은 전리품으로서 군인들과 나머지 공동체 사이에 나눠 갖는다.

그런데 하나님은 개입하여 그것을 중단시키시지 않는다.

하나님이 가나안 족속을 진멸하신 것이 선하고 정당하다고 생각하는 사람은 하나님이 처녀인 여성과 여자아이들을 전쟁의 전리품으로 취급하신 것에 대해서도 같은 식으로 주장해야 한다. 나는 우리가 그렇게까지 주장하기를 원하지 않는다고 생각한다.

요약하자면 하나님이 왜 가나안 족속을 골라 그들을 진멸하셨는가? 가나안 족속을 다른 모든 사람으로부터 구별한 요소, 즉 그들이 진멸될 "만했던" 이유는 그들의 비도덕성이 아니라 그들이 하나님이 이스라엘 백성에게 주시기로 약속하신 땅을 점유한 비도덕적인 사람들(다른 사람들도 마찬가지로 비도덕적이다)이라는 사실이었다. 가나안 족속을 살려두면 그 땅을 오염시키고 하나님께 대한 이스라엘의 헌신을 위협할 것이다.

* * * *

그것이 실상이고 그 사실을 피해 갈 수는 없다. 이런 이야기를 다른 종교 텍스트에서 읽는다면 우리는 그것을 대량 학살, 인종 청소, 야만적인 행동이라고 부를 것이다. 이 점은 아주 단순하다.

나는 이 유비를 사용하는 것을 미뤄뒀지만 (그들의 문화와 종교에 의해 정의된) 한 그룹의 사람들을 진멸하고, 그들의 땅과 재산을 차지하고, 그 사람들은 불순하고 더럽고 죽어도 마땅하기 때문에 하나님이 당신에게 그 일을 하라고 말씀하셨다고 주장함으로써 그것을 정당화하는 짓을 최근 역사에서 목격했다.

지난 100년 동안 이념적으로 추동된 가장 잘 알려진 대량 학살 여섯 건—아르메니아, 유대인 대학살, 소비에트 기근, 캄보디아, 르완다, 다르푸르—에서 죽은 사람이 약 1,070만 명(양키 스타디움의 가장자리까지 200번 꽉 찰 수 있는 숫자다)에서 2,740만 명(뉴욕과 뉴저지의 인구를 합한 숫자다)으로 추산된다. 사람들 대다수가 이런 일은 잘못이라는 것을 안다. 그것이 성경에 기록되어 있더라도 말이다.

만족스럽지 않은 많은 답변이 존재한다. 나는 그 답변들이 비뚤어졌고, 가치가 있는 것이 아니라 옹호하기에는 더 많은 스트레스를 야기한다고 생각한다. 이제 어떻게 앞으로 나아갈 것인가가 문제다.

하나님을 값싸게 곤경에서 벗어나게 하지 않으면서 (J. R. R. 톨킨의 "가운데 땅" 시리즈에 등장하는) 발록과 같이 보이게 만들지 않으면서 가나안 족속의 진멸에 관해 생각하는 더 나은 방법이 있는가?(톨킨의 팬이 아닌 사람들은 구글을 검색해 보라)

그런 방법이 있다. 그러나 당신은 스낵이나 다른 것, 아마도 물을 부어 먹는 식품을 원할지도 모른다. 우리는 다음 부분에서 이 문제를 다룰 것이다.

그것은 부족 문화를 반영한다

앞으로 나아가기 위해 우리는 가나안 족속의 문제를 다른 각도에서 그리고 아마도 아주 새로운 각도에서 볼 필요가 있다. 그것은 하나님은 결코 이스라엘 백성에게 가나안 족속을 죽이라고 말씀하시지 않았는데, 이스라엘 백성이 하나님이 자기들에게 가나안 족속을 죽이라고 말씀하셨다고 믿었다는 것이다.

이것은 가망이 있는 시작으로 보이지 않을 수도 있다. 그리고 독자 중 일부는 실내에서 어느 정도 걸으면서 마음을 다스린 후에 이 책을 읽을 필요가 있을 것이다. 그러나 그 견해에 기회를 줘보라. 내가 성경에서 불쾌하다고 생각하는 부분을 무시하고 있는 것이 아니다. 내가 무엇을 유지하고 무엇을 버릴지 자의적으로 선택하고 있는 것이 아니다. 정말이다.

나는 성경의 **고대의 음성**을 존중하며 그 고대의 음성이 무엇을 말하고 있는지 이해하려고 노력하고, **그다음에**(오직 그다음에만) 어떻게 할 것인지에 관해 최선을 다해 결정한다. "하나님을 곤경에서 벗어나게" 하는 해법이 모두 실패하는 이유는 그 해법들이 고대의 문제들이 아니라 현대의 문제들을 질문하기 때문이다.

성경의 고대 음성을 듣는다는 것은 가나안 족속 진멸이 **왜** 구약성경에 수록되어 있으며 그것이 당시에 어떻게 들렸을지를 묻는 것을 의미한다.

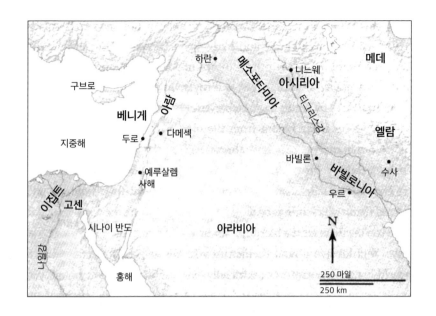

이런 질문들에 답변하기 위해서는 우리가 성경 밖으로 나와 성경의 세계 안으로 들어갈 필요가 있다. 그렇게 하면 우리가 성경을 존중한다는 것이 성경이 하나님에 관해 말하는 내용이나 이스라엘의 과거를 모두 인정한다는 것을 의미하지는 않는다. 그렇게 한다고 해도 성경이 무너지지 않을 것이고 하나님도 무너지시지 않을 것이다. 우리도 무너지지 않아야 한다.

이스라엘 백성은 하나님이 선택하신 백성이지만 그들이 하늘에서 떨어진 것은 아니었다. 이스라엘 백성은 고대 세계의 땅에서 작은 무리의 부족들과 유목민들에서 시작하여 더 오래되고 더 큰 초강대국들—동쪽의 바빌로니아, 북쪽의 아시리아, 남쪽의 이집트—로 둘러싸인 나라가 되었다.

이 나라들은 신생 이스라엘이 무대에 등장하여 그들의 땅에 정착하기 시작했을 때(성경과 고고학적 증거를 토대로 판단할 때 아마도 기원전 13세기나 그 이후였을 것이다) 이미 고대의 관습들과 그들 자신의 이야기를 지니고 1,000년에서 2,000년 동안 존재하고 있었다.

이스라엘이 그 안에서 발흥한 좀 더 오래된 가나안 땅의 원주민 문화는 말할 것도 없고 이스라엘과 이웃한 초강대국들의 좀 더 오래된 문화들은 이스라엘 문화가 형성되는 데 도움이 되었다. "형성되었다"는 말을 통해 내가 의미하는 바는 단순히 다른 문화들에 대한 값싼 모방이 아니다. 이스라엘은 자체의 독특한 믿음들과 관습들을 지닌 자체의 나라였다.

그럼에도 이스라엘 문화의 많은 부분이 우리가 다른 곳에서 보는 문화와 매우 유사해 보인다. 이스라엘의 법률 시스템, 예배 관습, 왕권 개념, 시문학, 여성과 노예에 대한 태도, 우주가 어떻게 창조되었는가에 관한 아이디어 등은 의심할 나위 없이 그 문화의 시간과 공간에 의해 형성되었다. 말하자면 이스라엘 문화는 인간의 역사에 존재하는 다른 모든 문화와 마찬가지 방식으로 좀 더 큰 문화적 환경의 일부로서 발달했다.

심지어 이스라엘 자신의 언어인 히브리어조차 고대의 언어 계통수(language tree)의 작은 가지로서 좀 더 오래된 아시리아어, 바빌로니아어, 가나안어 가지들로부터 늦게 핀 꽃이었다. 이스라엘은 거의 모든 측면에서 "최근에 태어난 야곱", 그 시대의 아이, 훨씬 나이 많은 형제자매들을 둔 매우 어린 아이였다.

이스라엘 백성은 또한 그들의 이웃들과 그들 주위의 세상에 대한 부족적인 관점을 공유했는데 이 점은 우리를 다음과 같은 요점으로 이끈다. "우리는 좋은 사람들이고 너희들은 모두 나쁜 사람들이다. 우리는 너희와 너희의 신들과 너희의 이상한 방식들을 미워한다. 너희는 우리를 위협하고 우리는 너희를 불신한다. 우리는 이익이 된다면 조약을 맺을 것이고 때때로 우호적으로 될 수도 있다. 그러나 기본적으로 너희는 적이다. 우리가 충분히 크고 강해지면, 그리고 우리의 신이 우리에게 호의를 베풀면 우리가 너희를 침략할 것이다. 너희는 '우리'가 아니라 '그들'이다. 너희의 등을 조심하라."

고대 세계에서 신들의 축복을 받아 땅을 차지하고 적들을 패배시키는 것은 오늘날 뉴잉글랜드의 던킨도너츠 가게만큼이나 흔했다. 그리고 가나안 족속 진멸 이야기가 보여주는 바와 같이 이스라엘 백성은 모든 면에서 우리가 지적할 수 있는 다른 모든 고대 문화와 마찬가지로 그 정신 구조를 지니고 있었다.

이스라엘의 동쪽 바로 옆 이웃 중 하나인 모압(65쪽의 지도를 보라)에서 나온 기원전 9세기의 석비는 구약성경에 기록된 가나안 족속의 진멸이 고대의 정신 구조에 잘 들어맞는다는 것을 보여준다. 이 석비에 모압 왕 메사가 이스라엘을 원정한 뜻깊은―설사 자랑하며 과장한다고 하더라도 말이다―기록이 새겨져 있다.

이스라엘 백성이 한동안 모압을 지배했는데 메사는 그 이유가 이스라엘의 힘과는 **아무 관계가 없고**(물론 관계가 없을 것이다. 왜 관계가 있다고 생각하겠는가?) 자기의 신 그모스가 모압에게 화가 났기 때문이라고 말한다(바로 그거다). 외국인들이 그들을 침략하도록 허용한 것은 그모스의 처벌이었다. 모압이 쇠락했을 때도 모압의 신이 여전히 통제하고 있다.

그러나 이제 그모스와 모압 사이에 모든 것이 바로잡혔고 메사에게 모압의 성읍들에 다니며 **그모스에 대한 제물로 모든 이스라엘 백성을 죽이고 그들의 정당한 소유인 땅을 되찾으라**는 격려가 주어진다. 메사가 느보에 갔을 때 그는 성읍 전체를 "금지령에 두었다(put to the ban)." 즉 그모스에 대한 헌신의 행동으로서 그 성읍의 인구 7,000명을 **모두** 죽였다.

이 이야기가 우리가 성경에서 읽은 것과 비슷하게 들린다고 생각하는가? 나도 그렇게 생각한다. 메사와 모세(그리고 훗날 여호수아) 모두 그들의 신으로부터 그들이 자기들에게 속한다고 믿은 땅을 침략하여 그들의 신에 대한 헌신과 순종의 행동으로서 전체 인구를 "금지령에 두라"는 말을 듣는다. 히브리어와 모압어는 매우 유사한 언어이며 그들은 이 금지령에 같은 단어를 사용하기까지 한다(그 단어는 **헤렘** [cherem]인데, 후음인 "ch"가 "Bach"[바흐]에서처럼 발음된다. 당신은 이 단어로 당신의 친구들과 경쟁자, 그리고 새로 가입한 3루수를 감동시킬 수도 있다).

당신의 신에 의해 지시받은 대로 모든 사람과 모든 것을 "금지령에 두지" 않으면 이스라엘의 하나님을 포함해서 당신의 신이 격분하게 된다. 여리고를 정복한 직후에 하나님은 이스라엘의 다음번 전투인 아이 성 전투에서 이스라엘로부터 등을 돌리신다. 이스라엘 백성은 패주하고 곧 하나님이 왜 그분의 손을 거두셨는지를 배운다.

아간이라는 사람이 아이 성에 대한 "금지령"을 지키지 않았다. 즉 그는 자기를 위해 몇 가지 물건을 챙겼다. 이것이 하나님을 격분하시게 했고, 가나안 땅 전역에 대한 이스라엘의 승리의 여정은 그 분노를 가라앉힘으로써만 계속될 터였다. 그것은 아간과 그의 온 가족을 처형하는 것을 의미했다. 인과응보다. 아간은 자신이 위반한 금지령의 대상이 되었다.

이스라엘은 고대의 부족이었고 고대의 부족으로서 생각하고 행동했다. 그러나 그것을 안다고 해서 우리의 문제가 해결되는 것은 아니다. 그것은 우리가 이스라엘의 하나님이 다른 이름을 지닌 다른 모든 신과 똑같은 문제를 갖고 계셨다고 생각하게 할 뿐이다. 하나님은 왜 그 시스템을 받아들이는 대신 이 모든 야만적인 부족 사회의 불합리한 요소를 다른 방향으로 취하시지 않는가?

우리가 그 점을 알아보기 전에 또 다른 요인을 고려할 필요가 있는데 그것은 힘이 드는 작업이 될 수도 있다.

나는 당신에게 [음식이 딱딱하니] 물을 부어 먹으라고 말했다.

답변들을 캐내기

성서 고고학자들은 성경이 묘사하는 가나안 정복은 일어나지 않았다고 확신한다. 그들에 따르면 이스라엘 군대에 의한 외부로부터의 대규모 침입도 없었고 하나님이 명령하신 대로의 가나안 족속 진멸도 없었다.

이 정보는 파이프들이 터져서 당신의 거실로 떨어져 내리는 것 같이 느껴질 수도 있겠지만 그곳에 머물러 있으라. 그것이 예기치 않은 좋은 소식으로 마무리될지도 모른다.

우선, 나는 고고학자들이 말하는 장단에 맞춰 춤추지 않는다. 당신도 그래서는 안 된다. "내 친한 친구 몇 명은 고고학자들이다." 그러나 많은 학자와 마찬가지로 그들이 항상 옳은 것은 아니며, 그들은 서로 동의하지 않고, 그들도 다른 모든 인간과 마찬가지로 맹점을 갖고 있을 수 있으며, 선정적으로 표현된 "발견들"이 인터넷에 넘쳐난다("모세가 첫 번째 유월절에 사용했던 포크를 발견했다!"). 몇몇 고고학자는 자기의 이론을 보호하기 위해 예쁜 람보를 구해오기도 하는데 그것은 과대 선전에 추가될 뿐이다. 더욱이 이스라엘의 과거에 관한 많은 부분이 애매하거나 신비에 가려져 있고 아마도 고고학을 통해 복구될 수 없을 것이다.

그러나 고고학자들은 모래놀이 통에서 놀고 있는 아이들이 아니며 확실히 바보들이 아니다. 이스라엘의 과거를 모두 밝혀낼 수는 없을지라도 그들은 훈련을 받았고 경험이 있는 학자들이며 훌륭한 학자들은 자기의 한계들을 안다.

고고학자들은 어떤 도시가 외부의 침입자들에 의해 폭력적으로 파괴되었는지와 새로운 그룹에 속한 사람들이 거주지를 차지했는지를 말해 줄 수 있다. 전투와 도시의 파괴는 (성읍이 불태워졌을 경우) 검댕, 무기, 깨진 그릇, 인간의 뼈 같은 고고학적 흔적들을 남긴다. 성경이 이스라엘 백성이 가나안 땅에 들어갔다고 묘사하는 것과 같은 대규모 이주는 모종의 문화적 격변을 야기할 것이고, 고고학자들로 하여금 그것을 파내 종신 교수직을 얻도록 도움을 줄 두꺼운 책을 쓸 수 있는 고고학적 유물을 남길 것이다.

여호수아서에 가나안의 성읍 서른한 개(요단강 건너편에 네 개의 성읍이 더 있다)가 열거되어 있음을 기억하는가? 민수기, 여호수아서, 사사기에 따르면 성읍 열여섯 개가 파괴되었다. 이 열여섯 개 성읍 중 두세 개 또는 네 개는 여호수아와 그의 군대가 가나안 땅을 헤집고 다닐 무렵(다윗왕 시대의 약 200년 전인 기원전 13세기)에 폭력적으로 파괴된 표지들을 보여준다. 그것이 전부다.

요단강 동쪽 모압의 다른 성읍들은 당시에 사람이 살고 있던 것처럼 보이지도 않는다.

우리는 또한 성경에서 열두 개 성읍은 싸우지 않고 취해졌다는 것을 발견한다. 그러나 고고학적 발견에 따르면 당시에 이 열두 개 성읍 중 일곱 개 성읍에만 사람이 살고 있었다. 그리고 성경이 파괴되지 않았다고 말하는 이 열두 개 성읍 중 세 개는 파괴의 표지들을 보여준다.

달리 말하자면 고고학과 성경의 이야기는 잘 조화되지 않는다.

여호수아서에서 완전히 파괴될 성읍 중 첫 번째 성읍인 여리고는 가장 유명한 예다. 당시에 여리고에 거주하던 사람의 수가 매우 적었을 뿐만 아니라 그곳에는 도시를 방어하기 위한 대규모 성벽도 없었다. 이는 "여리고 성벽"이 무너졌다는 성경의 이야기에 문제가 있음을 의미한다. 적어도 그것이 100년간의 발굴이 우리에게 보여준 내용이다.

우리가 여호수아서에서 읽은 내용과 가장 잘 부합하는 두 도시는 벧엘과 하솔이고 세 번째 도시는 아마도 드빌일 것이다. 또 다른 도시 라기스도 파괴되었지만, 그것은 아마도 여호수아서에 묘사된 정복 후 오래 뒤인 약 100년 후에 일어났을 것이다(65쪽의 지도를 보라).

고고학적으로 말하자면 누가 그 도시들의 파괴에 책임이 있었는지를 확실히 알 방법은 없지만, 아무것도 "외부인들이 이곳에 왔다"고 말하지 않는다. 이 파괴들은 가나안 땅 내부의 작은 충돌들에 더 가까워 보인다.

고고학적 관점에서 이스라엘의 시작은 신비다. 따라서 우리는 이스라엘이 언제 어떻게 시작되었는지에 대해 독단적일 수 없다. 그러나 궁극적으로 "이스라엘"이라고 불리게 된 나라가 점진적으로 그리고 비교적 평화롭게 무대에 등장한 것으로 보인다.

이스라엘 백성은 아마도 원래는 여러 그룹으로 구성되었을 것이다. 이들은 가나안의 토착민들과 유목민들 및 (남쪽으로는) 이집트와 (북쪽으로는) 히타이트의 쇠락이 이 지역에 남긴 힘의 공백 시기에 이 지역으로 유입된 사람들이었을 가능성이 있다. 그렇다면 벧엘과 하솔에서 일어난 파괴는 외부로부터의 가나안 "정복"의 증거가 아니다.

그렇다면 성경의 정복 이야기는 어디서 왔는가? 좋은 질문이다. 그리고 성경학자의 세계에 들어온 것을 환영한다(완전한 회원이 되려면 신분증과 암호 해독 반지가 필요하겠지만 말이다). 시간이 지나 이스라엘이 나라가 되었을 때(기원전 1000년 이후) 앞선 시기의 이런 작은 충돌들에 관한 이야기들이 커져 옛적에 이스라엘이 가나안 족속과 벌인 전쟁들에 관한 이야기로 과장된 것으로 보인다. 이 이야기들은 아마도 몇백 년 전에 무슨 일이 일어났는가에 관해서보다 훗날 (이스라엘의 왕들이 다스리던 시기에) 이스라엘이 그 땅의 원래 주민들과 충돌한 것에 관해 좀 더 많이 이야기해 줄 것이다. 우리가 메사 왕의 사례에서 본 것과 같은 유사한 과장들의 존재는 이 견해를 뒷받침한다.

그 정확한 설명이 완전히 올바르지는 않을 수도 있지만, 그것은 우리가 고집해야 할 유일한 입장이 아니며 우리는 열린 마음을 유지할 필요가 있다. 그러나 그것은 현재 우리가 알고 있는 바에 비추어 합리적인 설명이다. 그러나 사람들 대다수는 성경에 기록된 사건들은 실제로 일어난 일이 아니라고 확신한다.

그리고 그 점은 "하나님이 어떻게 모든 가나안 사람을 죽이실 수 있었는가?"라는 질문을 참으로 다른 측면에서 보게 만든다.

하나님은 그 일을 하시지 않았다.

하나님은 자신의 자녀들이 그 이야기를 말하게 하신다

당신이 내게 묻는다면—내가 이 책을 쓰고 있고 내가 원하는 것을 할 수
있기 때문에 당신은 내게 물어야 한다—나는 가나안 족속의 진멸이 일어
나지 않았다는 것은 좋은 소식이라고 말할 것이다. "하나님이 어떻게 그
런 일을 하라고 명령하실 수 있었는가?" 그분은 그렇게 명령하시지 않았
다. 이스라엘 백성이 하나님이 명령하셨다고 말했을 뿐이다. 문제가 해결
되었다.

하지만 사실은 문제가 해결된 것이 아니다. 또 다른 큰 문제가 대두된
다. 이스라엘 백성은 왜 하나님에 관해 사실이 아닌 이야기를 쓰는가? 그
리고 오늘날 우리가 거짓말을 지어내는 거룩한 성경을 어떻게 대해야 하
는가? 몇몇 사람이 그런 질문을 할 수도 있다.

그것은 좋은 질문이다. 사실 그것은 매우 좋은 질문이어서 우리는 다
음 장 전부를 이스라엘 백성이 과거에 대해 어떻게 썼는지에 대해 할애할
것이다.

그러나 나는 지금으로서는 고대 이스라엘 백성이 고대의 부족이었다
는 점만 말하고 그것에 관해 계속 언급하지는 않을 것이다(하지만 사실은 계
속 말하고 있다). 그들은 세상과 그들의 하나님을 부족의 관점에서 보았다.
그들은 자기 부족의 과거에 관해 말했고, 적들을 죽이고 그들의 땅을 차
지한 것 등 그들이 한 일을 가치 있게 여겼던 그들 부족의 전사-신에 의해

전쟁으로 인도되었다. 이것이 바로 그들이 그들의 시간에 그들의 방식으로 그들의 하나님과 연결된 방법이다.

나는 하나님이 어떤 집단을 진멸하고 그들의 땅을 다른 사람들에게 준다는 생각보다는 성경이 고대의 이야기를 말한다는 생각에 문제를 훨씬 덜 느낀다.

우리가 무엇을 하든 이스라엘 백성이 "친절하고", 날마다 성경을 읽고, 당신이 교회에 초대할 수 있고, 당신 딸의 결혼 상대로 인정할 수 있고, 공화당에 투표하고, 하이브리드 자동차를 운전하는 사람들이었다고 상상하지는 말자. 우리는 성경을 하나님에 관해 어떻게 생각할지에 관한 영원한 대본 또는 영원한 고정물로 보는 등 성경에 잘못된 기대를 부과할 때가 아니라, 성경의 저자들이 무엇을 했고 왜 그렇게 했는지를 이해하려고 노력할 때 성경의 이야기들을 가장 잘 존중한다.

그러나 이것은 훨씬 더 심오한 문제를 제기한다. 나는 몇몇 사람은 내가 빨리 본론으로 들어가기를 원한다고 생각한다. 우리가 상상할 수 있는 어떤 신비한 방식으로 하나님이 성경의 배후에 계신다면, 즉 성경이 하나님의 거룩한 말씀이라면 그리고 우리가 성경에서 하나님을 만나게 되어 있다면 하나님은 왜 자신이 부족 신이 아니심에도 불구하고 주로 부족 신의 역할을 하시는 것으로 묘사되도록 허용하시는가?

그분은 결국 하나님이다. 그분이 왜 폭력적이고 부족적인 관점에서 쓰인 성경을 통해 일하시는가? 하나님이 왜 이야기를 쓰는 사람들을 멈추게 하시지 않았는가? "미안하지만 아니다. 들어보라. 모두 부족적인 관점에서 쓰였구나. 너희는 그렇게 풀어냈지만 우리는 그런 식으로 하지 않는다. 너희는 리처드 도킨스가 이것으로 얼마나 많은 문제를 일으킬지 전혀 모르는구나. 게다가 예수가 '너희의 적들을 죽이고 그들의 땅을 차지하라'는 명령을 폐지할 것이다. 그 문제를 피하는 것이 상책이다."

하나님이 그 체계 안에서 일하시는 대신 그것을 허용하시지 않을 수도 있었다. 그러셨더라면 이스라엘 백성이 아무도 보지 못했고 모든 사람을 깜짝 놀라게 했을 다른 이야기를 쓸 수 있었을 것이다. 내가 하나님이라면 나는 그런 종류의 고대의 글쓰기를 승인했을 것이다.

그러나 나는 하나님이 아니며 하나님의 머리 안으로 들어가려고 하기를 포기한다. 그리고 다른 사람들도 그러기를 바란다. 하지만 나는 성경을 펴서 읽을 때마다 내게 일리가 있어 보이는 무언가를 발견하는데 그것은 나를 깜짝 놀라게 만드는 신비다. 성경은 속속들이 특정한 장소와 시간에 사는 실제 인간의 제한된 관점에서 말해진 하나님의 이야기다.

이스라엘 백성이 하나님을 강한 전사로 묘사할지 말지를 토론했던 것이 아니다. 그들은 달리 선택할 수 없었다. 그것이 바로 그렇게 묘사된 방식이었고 그들의 문화적 언어였다. 저자들이 그들의 문화 밖으로 나가서 말하는 새로운 방식을 창안했더라면 그들의 이야기가 다른 사람들에게는 이해되지 않았을 것이다.

말하자면 "하나님이 자기의 자녀들에게 그 이야기를 하도록 하셨기" 때문에 성경이 그런 식으로 보인다.

아이들은 세상을 그들의 제한된 관점에서 본다. 초등학교 2학년인 소녀가 엄마가 종일 무엇을 하는지에 대해 학급에서 발표할 수 있을 것이다. 그 아이는 자기의 관점에서 엄마가 사랑과 헌신에 토대하여 무엇을 하는지에 대해 말할 것이다. 그 아이는 무의식적으로 그리고 자신의 나이에 적합한 방식으로 자기 엄마의 하루를 가족과 가족 안에서 엄마의 역할에 대한 자기의 관점을 통해 여과할 것이다. 그 아이가 말하는 내용에는 다소 정확한 부분도 있고 그 아이가 오해하는 부분도 있으며 완전히 틀린 부분도 있을 것이다.

또는 어린 소년들이 학교 운동장에서 자기들의 아빠들에 관해 말한다고 생각해보라. 모든 사람이 자기의 아빠가 최고임을 알도록 요점이 파악되게 만드는 "네 아빠의 이야기를 하는" 방법이 있다.

나는 초등학교 때 친구들에게 내 부친이 제2차 세계대전 후 러시아에서 유망한 학자로서의 경력을 버리고 미국으로 온 엔지니어라고 말한 것을 기억한다. 내 부친은 소총을 다루는 방법도 알았다. 그 이야기에는 "역사적 진실"도 있지만, 당신은 어디를 봐야 할지를 알 필요가 있다. 내 이야기는 내 맥락을 반영했다. 나는 교정에 있는 어린 소년이었고 대체로 별 생각이 없이 이런 이야기들이 어떻게 얘기되어야 하는지에 관한 무언의 문화적 규칙들을 따르고 있었다.

내 부친은 엔지니어가 아니라 블루칼라 기계공이었는데 나는 사실 "엔지니어"나 "기계공"이 무엇인지 몰랐기 때문에 그것들을 혼동했다. 나는 부유한 동네에서 가난한 아이로 성장했다. 내 부친이 훌륭하고 정장을 입은 사람들에 필적할 수 있다고 믿고서 말이다. 그러나 내 부친은 윤활유와 쇳가루 냄새가 나는 파란색 작업복을 입었다. 그리고 유망한 학자로서의 경력을 버리지도 않았다. 내 부친은 중학교에 다닐 때 성적이 좋았고 (그분은 내게 항상 이 점을 상기시켜주기를 좋아했다) 교사가 되기를 원했다. 하지만 스탈린이 내 조부의 농장을 빼앗고 그분을 수용소에 집어넣었다. 제2차 세계대전이 일어나자 내 부친은 전쟁터로 보내졌다. 내 부친은 간신히 고등학교를 졸업했다.

그리고 전쟁에 관해 말하자면 그것은 결코 학교 운동장에서 모든 세부사항을 말할 수 있는 내용이 아니었다. 내 부친은 러시아 편에서 군 복무를 시작했지만, 그곳에서 많은 활동을 하지는 못했다. 그분은 곧 나치에게 포로가 되었는데 러시아어와 독일어 모두에 유창해서 전쟁의 나머지 기간에 통역요원으로 일했다. 메노파 가정에서 성장한 그분은 평화주의자였고 자기가 누군가를 죽였을 수도 있다는 가능성에 관해 말하는 것을 좋아하지 않았다. 나는 내 부친이 소총을 쏘는 것을 한 번 보았다. 그분은 과녁의 한가운데를 맞혔고 상으로 칠면조를 탔다. 아무것도 모르는 나는 그분이 전쟁 때 같은 일을 했다고 생각했다. 나는 부친이 말해주지 않은 틈새를 메웠고 그분은 전쟁 영웅이 되었다.

그리고 나는 내 부친이 **실제로** 했던 영웅적인 일 가운데 학교에 다닐 나이의 소년들에게는 그다지 흥미가 있지 않을 많은 일을 결코 언급하지 않았다. 내 부친은 고단한 작업을 마치고 옷도 갈아입지 않은 채 내 야구 시합을 보러 달려왔다. 그리고 나는 항상 정장 차림으로 일하는 많은 아빠가 결코 아들의 야구 시합을 보러 오지 않는 것 같음을 알아차렸다. 그분은 한밤에 내가 토하는 것을 냅킨으로 받아냈다. 그분은 누추하고 작은 우리 집을 좀 더 나은 곳으로 만들기 위해 몇 년 동안 주말마다 녹초가 되도록 일했다. 내 부모님은 내 누이와 내가 우리의 작은 집에서 우리 자신의 침실을 가질 수 있도록 지하실에 판자를 대 그곳을 자기들의 침실로 사용했다. 그분은 우리 가족의 집과 옷과 자동차와 우리 남매가 대학에 갈 기회를 위해 만족스럽지 않은 직업을 참으며 오랜 시간을 일했다(내 모친도 크게 기여했다).

나이가 들어감에 따라 나는 이 모든 것을 이해하고 명확하게 말할 수 있게 되었다. 그러나 운동장 문화에 젖어있던 어린 소년이었을 적에 내 부친에 관한 좀 더 진실하고 좀 더 큰 그림은 내 레이더 스크린에 잡히지 않았다. 그리고 내가 그 사실을 모두 알았고 사실대로 말했더라면 그것은 나를 망쳤을 것이다. 차라리 내 부친이 인형들을 가지고 놀고 치마를 입는다고 말하는 것이 나았을 것이다. 나는 내 부친이 자랑스러웠고 정말로 내 부친이 최고라고 믿었으며 내 친구들이 그것을 알게 했다. 나는 이야기를 하는 사람이었다.

나는 적어도 성경의 일부는 그런 식으로 작동한다고 생각한다. 이스라엘의 이야기들에서 역사를 보기가 어려울―때로는 불가능할―수 있을지 모르지만 우리는 이 고대의 이스라엘 백성이 하나님을 어떻게 경험했는지에 관한 좋은 그림을 얻을 수 있다.

오늘날 성경을 책임 있게 그리고 존중하는 마음으로 읽는다는 것은 고대 이스라엘 백성이 그들의 방식으로 하나님에 관해 말한 것을 배우고 오래전에 먼 곳에서 쓰인 텍스트들에 낯선 기대들을 부과하지 않는 것을 의미한다.

* * * *

유대인들과 그리스도인들은 수 세기에 걸쳐 하나님에 대한 이 부족적인 묘사를 받아들이고 앞으로 나아가는 법을 배웠다. 하나님에 대한 고대의 부족적인 묘사가 최종적인 말은 아니다.

그리스도인들에 대해 말하자면 폭력으로 땅을 빼앗고 그것을 보유하는 것은 복음의 삶의 방식이 아니다. 그러므로 오늘날 그리스도인들은 이 대목에서 "성경을 따르지" 않고 구약성경에 기록된 하나님에 대한 고대의 부족적인 묘사가 최종적인 말이 되지 **않게** 할 의무가 있다.

이 고대의 저자들은 **모든 시대에 해당하는** 것이 아니라 **그들의 시대에 그들에게 해당하는** 하나님에 대한 적절한 이해를 지니고 있었다. 그리고 그 점을 유념한다면 우리는 우리의 스트레스를 완화하기 위해 세부사항을 얼버무리고 "설명들"을 만들어내는 대신 실제로 이 고대의 음성들을 존중하고 그것들이 무엇을 말하는지를 알 수 있는 좀 더 나은 위치에 있게 될 것이다.

그리고 그리스도인들에게 있어 복음은 언제나 그것을 통해 이스라엘의 이야기들이 읽히는 렌즈였다. 말하자면 그리스도인들에게는 성경이 아니라 예수가 최종적인 말씀이라는 뜻이다.

하나님의 백성의 이야기는 성장해왔는데 우리도 그래야 한다.

이 장이 왜 매우 중요하고 아주 긴가?

나는 가나안 족속의 진멸을 이 책의 첫 번째 큰 문제로 삼고 그것에 많은 시간을 할애했는데 그 이유는 다음과 같다.

첫째, 내가 성경을 읽는 그리스도인들을 최고로 곤란하게 만드는 문제 세 가지를 제시해야 한다면 구약성경에서 하나님이 대량 학살을 명령하시고 승인하시거나 그것을 실행하시는 것을 그 목록에 포함시킬 것이다. 그리고 그 문제가 종종 가장 상위에 위치한다. 신약성경에는 확실히 하나님이 폭력적이신 순간이 존재한다. 예수는 고문당하시고 십자가에서 처형되신다. 그리고 요한계시록에는 엄청난 분노와 폭력이 등장하는데, 그중 한 장면에서는 약 320킬로미터에 달하는 거리에 피가 말의 눈동자 높이까지 흐른다.

그러나 대다수 그리스도인은 예수의 십자가 처형이 그들의 땅을 차지하기 위해 한 집단을 진멸하는 것과는 다르다는 것과 요한계시록은 매우 기묘하고 성경의 모든 책 중 확실히 문자적으로 읽혀서는 안 된다―또는 학자들의 표현을 사용하자면 "고대 묵시 사상의 과장되고 폭력적인 수사에 참여한다"―는 것을 본능적으로 이해한다(예수의 처형이 하나님의 폭력이라는 문제를 제기하기는 하지만 말이다). 그 문장을 외우면 [당신이 멋있어 보일 테니] 사람들이 즉시 당신을 알고 싶어 하고 당신에게 돈을 빌려주기도 할 것이다.

나는 성경을 진지하게 읽는 사람들이 구약성경에 기록된 과도해 보이는 폭력, 특히 가나안 족속의 진멸로 인해 어려움을 겪고 있다—자신과 다른 사람들에게 그것을 방어하기는 더 어렵다—는 것을 발견했다. 현대의 몇몇 무신론자도 가나안 족속 진멸을 성경의 하나님에 대한 신앙이 어리석다는 점을 증명하는 최고의 예로 들고 있다.

우리가 가나안 족속 진멸을 선택한 두 번째 이유는 그것이 구약성경의 다른 많은 부분을 이해하기 위한 핵심 요점—자신, 그들의 세계, 그들의 하나님에 관한 고대 이스라엘의 부족적인 관점이 그들이 글을 쓴 방식에 반영되어 있다는 요점—을 충분히 이해시켜 주기 때문이다. 그것은 좋지도 않고 나쁘지도 않다. 그들이 그저 그런 식으로 썼을 뿐이다. 우리가 그 점을 이해하면 구약성경에 기록된 다른 문제들을 이해하기도 한결 수월해질 것이다.

고대 이스라엘의 방식들이 현대의 독자들에게 언제나 문제를 제기하는 것은 아니다. 우리는 고대 세계의 목축의 모든 뉘앙스를 완전히 이해하지 못하더라도 성경이 하나님을 목자로 묘사하는 은유를 충분히 이해할 수 있다. 미국인 대다수는 영국의 왕족이 결혼하는 장면을 TV에서 본 경우를 제외하고 왕을 섬기거나 목격한 일이 없음에도 하나님이 왕이시라는 말이 무엇을 의미하는지 알 수 있다. 그러나 오늘날 왕들은 고대 부족의 전사 왕들과는 천양지차다. 하지만 당시와 현재 사이를 연결하는 것에 큰 무리가 없으며, 밤에 그것에 관해 생각하느라 실내에서 서성이는 사람은 별로 없다.

그러나 구약성경의 일부는 오늘날의 독자들이 의아하게 생각할 수 있는 불가사의한 요소를 갖고 있다. 특히 성경의 앞부분에서 마치 그것이 대수롭지 않다는 듯이 하나님이 사람들과 문자적으로 들릴 수 있게 말을 주고받으시는 것처럼 말이다.

동물들이 말하는 것도 두 번 등장한다. 뱀이 에덴동산에서 하와에게 말하고, 나귀가 예언자 발람과 길게 말을 주고받는다. 나는 한순간도 고대 이스라엘 백성이 동물이 말할 수 있다고 생각했으리라고 믿지 않는다. 그들은 이야기의 힘을 알았고 이야기를 사용했다. 그 아이디어가 성경이 규칙집이라고 기대하고 있는 사람들에게는 잘 들어맞지 않지만 말이다. 그들은 단순히 성경에 동물이 말했다고 기록되었다면 동물이 실제로 말했을 것이라고 가정한다.

그러나 그들 중 가장 진지한 사람들이라도 누가 "오늘 아침에 하나님이 내게 나타나셨고 우리는 대화를 나눴다. 하나님이 내게 어떻게 그분을 좀 더 잘 섬길 수 있는지에 관한 지침을 주셨다. 이웃집 고양이 렉스는 죽어서 이제 더 이상 껌을 씹지 않게 되어 그의 주인에게 껌 값을 아끼게 해 주었고, 나는 물어보고 싶어 죽을 지경이던 이웃집 고양이의 영원한 운명에 관해 물어볼 수 있었다"라고 말하는 것을 들으면 급히 달아나면서 구급차를 부를 것이다.

계속 진행하자면, 그리고 이 점이 좀 더 적실성이 있을 수도 있는데, 당신은 구약성경이 많은 법률을 포함하고 있음을 알아차렸을 것이다. 법률들은 필요하다. 법률들이 없으면 사회가 기능하지 못한다. 그리고 이스라엘의 법률 중 일부는 우리가 보기에 합당하며 우리의 입에서 자연스럽게 발설되고 그리스도인들에게 조금도 스트레스를 주지 않는다.

그러나 그런 법률들을 어떻게 대해야 할지 또는 하나님이 어떻게 그런 법률들을 제정하실 수 있었는지 알기 어려운 경우들도 있다.

처녀 딸이 유혹을 받으면 유혹한 사람은 반드시 그녀와 결혼하고 그녀의 아버지에게 "처녀의 신부 값"을 지불해야 한다. 고대 세계에서 이 법은 처녀가 아닌 여성이 남편이 없이 지내게 되어 궁핍해지거나 창녀가 되는 것(처녀가 아닌 미혼 여성이 선택할 수 있는 두 가지 주요 선택지였다)으로부터 보호하는 기능을 했다. 그녀의 아버지가 그 결혼을 거절할 수도 있었지만, 그 경우 유혹한 사람은 여전히 그녀의 아버지에게 신부 값을 지불해야 한다. 왜 그런가? 그 딸은 그녀의 아버지의 "재산"이고 손상된 재화이기 때문이다. 하여간 아버지에게 보상금이 주어진다.

그리스도인들이 이해하기 어려운 다른 법률들도 존재한다. 돼지고기나 가재를 먹지 말고, 고집스럽게 반항하는 아들들은 돌로 쳐 죽이라(오케이, 우리가 그것에 공감할 수 있을지도 모른다). 언제, 얼마나 자주, 어떤 이유로, 어떤 동물을 제물로 드려야 할지를 명시하는 제사법 목록은 세금 신고서 작성법을 읽는 것만큼이나 흥미롭다.

이런 법들을 만나서 그것들을 건너뛰거나 그 페이지들을 찢어버리려는 유혹을 받거나 실존의 위기에 빠지거든 고대의 부족 문화는 우리의 문화와 다르다는 것을 기억하라(나는 그 말을 하는 데 싫증이 나지 않는다).

그리고 이 법들이 그것들을 통해 이스라엘이 하나님과 연결된 실제적이고 진지한 수단이었지만, 그것들이 성경에 기록되어 있다고 해서 자동으로 시간을 초월하여 영원한 힘을 가지는 것이 아니라는 점도 기억하라. 그것들이 영원한 힘을 가진다고 생각한다면 이는 성경에 잘못된 기대를 부과하는 처사일 것이다.

유대교는 이 고대의 법률들이 어떻게 새로운 맥락에서 신선한 의미를 가질 **필요가 있는지**를 연구한 그들 나름의 풍성하고 다양한 오랜 역사를 지니고 있다(우리는 6장에서 이에 대해 살펴볼 것이다). 예를 들어 제사법들은 예루살렘의 성전에서만 지켜질 수 있다. 그러나 기원후 70년에 로마인들이 성전을 파괴하고 유대인 다수를 학살한 뒤 유대인들이 그들의 고국에서 달아난 이후 유대교는 그 함의들을 숙고해야 했다.

그리스도인들은 다른 경로를 취했다. 그들은 복음서들과 바울 서신의 배경에 비추어 이 법들을 재평가했다. 복음서들과 바울 서신은 최초의 부활 주일 뒤에 그 법들이 어떻게 작동하는지 또는 취소되는지에 대해 다른 그림을 제공한다. 그리스도인들에게 있어 이 재평가는 **필요한** 사고 과정이다. 그것은 구약성경의 이 부분들을 정크 메일처럼 버리는 무례함을 나타내는 처사가 아니라, 이스라엘의 법들이 고대 시대를 반영하는 것이지 영원한 것이 아니라는 점을 인식하는 처사다(이 점에 관해서는 6장에서 좀 더 논의된다).

성경 저자들의 "과학" 역시 고대의 것이었다. 생물들은 진화된 것이 아니라 옹기장이가 진흙을 빚듯이 하나님이 우리가 보는 동물들을 암수 한 쌍으로 창조하신 산물이라고 묘사된다. 그들에 따르면 세계는 몇천 년 전에 물의 혼돈이 방지된 후 하나님에 의해 편평하게 창조되었다(아마도 둥근 원판 모양이었을 것이다). 땅 위에 모종의 단단한 둥근 천장이 있었는데 그 천장은 기둥들(산들)에 의해 지탱되었고 "위의 물들"을 담고 있었다(그래서 하늘이 파랗게 보였다). 그 모든 것 위에 하나님의 보좌가 있었고, 땅 아래에는 "스올"이라고 불리는 어둡고 형언하기 어려운, 죽은 자들의 거처가 있었다. (우리는 3장에서 고대의 이 우주 지도를 다시 살펴볼 것이다.)

오늘날 우리는 물리적 세계가 성경 저자들 및 다른 모든 고대인이 생각했던 것보다 더 크고 더 오래되었으며 그들이 생각했던 것과 다른 방식으로 작동한다는 것을 안다. 성경 이야기를 현대 과학과 조화시키거나, 성경을 받아들이고 현대 과학을 완전히 거절함으로써 성경에 대한 존중과 하나님에 대한 순종을 보여준다고 생각하는 많은 그리스도인이 이 점에 걸려 넘어진다.

그러나 고대 저자들이 고대의 관점에서 썼다는 것을 받아들인다고 해서 당황하거나 신실하지 않다고 느낄 필요가 없다. 고대 이스라엘 백성이 물리적 세계에 관해 썼을 때 그들은 자기들의 이해에 부합하는 방식으로 하나님에 대한 그들의 신앙을 표현했다. 과학적 관점에서는 그들이 틀렸음을 인정하더라도 그것이 우리를 당혹하게 만들지 않아야 한다. 그 점이 그들의 신앙이나 그것 배후의 하나님을 덜 참된 것으로 만들지 않는다.

그래서 나는 이 장을 이런 식으로 썼다. 우리의 눈앞에 성경의 고대성을 제시하고, 그 고대성을 받아들이는 것이 성경을 탐구하기 위한 **출발점**이라는 점을 이해하고, 성경의 몇몇 어두운 경로를 탐험하는 도전을 받아들이고, 그렇게 함으로써 우리도 어떻게 이스라엘의 이야기를 받아들일 수 있는지 배우기 위해서 말이다.

그것은 바로 이스라엘의 **이야기**다. 가나안 족속의 진멸은 하나님이 하신 어떤 일에 대한 역사적 설명이 아니라 이스라엘의 과거 이야기의 일부다.

그 의미에서 가나안 족속 학살은 단지 설명하기에 당황스러운 도덕적 문제 이상이다. 그것은 긍정적인 가치를 갖고 있다. 그것은 우리가 훨씬 큰 주제를 들여다보는 창이고, 사실상 우리가 성경의 모든 페이지를 직면하고 다음 페이지를 바라보게 하는 창이기 때문이다. 성경 저자들은 과거에 관해 어떻게 말하는가?

누가 그 중요한 순간을 보았는가?

아기 예수

책가든 한쪽에 동사한다

이스라엘의 이야기들

무슨 일이 일어났는가?

예수의 이야기들

출애굽 이야기

3장
하나님은 이야기들을
좋아하신다

동생을 우대한다

물로 무슨 일을 하는 것인가?

신들이 싸울 때

정치 지형도 엿보기

주요 사건 위한 준비

이야기들은 종말적이다

악인은 누구이고 의인은 누구인가

무슨 일이 일어났는가?

영화 "42"는 1947년에 브루클린 다저스팀에서 메이저 리그 야구의 유색인종 장벽을 깨뜨린 재키 로빈슨(Jackie Robinson)의 이야기를 묘사한다. 나는 열광적인 야구팬인데 로빈슨 이야기는 재미있고 감동적이다. 나는 특히 볼 때마다 감동을 주는 한 장면을 그 영화가 어떻게 다루는지를 열심히 보곤 했다. 그것은 다저스 구단주 브랜치 리키(Branch Rickey)가 무엇이 자기의 직을 걸고 그때까지 전적으로 백인의 세계였던 곳에 흑인 선수를 데려오게 했는지를 설명하는 장면이었다.

그 영화에 따르면 로빈슨은 리키에게 왜 그 일을 했는지 여러 번 물어보았지만 시원한 대답을 듣지 못했다. 어느 날 리키는 드디어 로빈슨에게 수십 년 전에 자기가 오하이오 웨슬리언 대학교에서 야구 코치로 일하던 때 있었던 일을 다소 머뭇거리면서 들려줬다. "토미"라 불리는 찰스 토머스(Charles Thomas)는 그 팀의 우수한 선수였지만 온갖 종류의 인종 차별 공격을 받았는데, 그것이 리키를 움직였고 그로 하여금 그 세계에 정의를 실현할 동기를 부여했다.

내 마음은 즉시 내가 기여자 명단에 들어가야 한다고 생각할 정도로 자주 본 켄 번스(Ken Burns)의 권위 있는 PBS 다큐멘터리 프로그램 "야구"(Basenball)가 같은 장면을 묘사하는 곳으로 이동했다. 여기서 우리는 브루클린 다저스의 전설적인 라디오 아나운서였던 레드 바버(Red Barber)

의 눈을 통해 이 에피소드를 본다.

리키는 바버에게 자기가 켄터키에서 열렸던 특정한 경기 뒤에 일어난 일의 이미지로 수십 년 동안 고통을 받아왔다고 털어놓았다. 토머스에게 인종차별주의자의 조롱과 학대가 가해지고 있었다. 그는 자기 호텔의 침대에 앉아서 바닥에 눈물을 떨어뜨리며 마치 피부를 뜯어내기라도 하려는 듯이 손을 문지르고 있었다. "검은 피부가 한스럽다. 검은 피부가 한스러워. 내 피부를 희게 만들 수만 있다면 얼마나 좋을까."

그 일도 충분히 강력했지만 인종 차별적인 남부에서 자란 바버가 수십 년이 지나고 그의 황혼기에 자기가 리키에게 자신의 세상을 변화시킨 데 대해 진 감사의 빚을 인정하는 것을 보는 것은 내게 큰 감동으로 다가왔다. 나는 내 삶에서 그토록 큰 역할을 한 그 경기에 관해 부끄러움을 느끼지만, (진부하게 들리지 않도록 표현하자면) 구속의 이야기와 내가 심한 부정의에 눈을 감지 않겠다는 비전으로 영감을 받기도 했다.

당신도 짐작했겠지만 켄 번스의 버전은 내게 얘기했고 영화 버전은 나를 맥빠지게 했다. 그러나 그것은 내 느낌일 뿐이다. 다른 사람들은 다르게 느꼈을 수도 있을 것이다.

내 요점은 아무튼 어느 쪽도 그것을 완전히 "올바르게" 말하지 않는다는 것이다. 두 버전 모두 1940년대 말에 재키 로빈슨의 삶에서 일어났던 일에 대한 **해석들**이다. 그것들은 이야기들이기 때문에 그 일을 다르게 말한다.

나는 "헨젤과 그레텔"(Hansel and Gretel) 같은 "이야기들"을 의미하는 것이 아니다. 그런 이야기들은 과거를 제시하려고 하지 않는다. 적어도 놀란 다섯 살 아이는 그러기를 바라지 않을 것이다. 나는 단지 "로빈슨 이야기"의 두 버전이 목적 없이 엮인 사실들의 목록 이상임을 의미한다. 그것들은 과거의 조각들을 두 명의 다른 이야기꾼—이 경우에는 극 영화 제작자와 다큐멘터리 제작자—이 영감과 정보를 주기 위해 그 이야기를 전하기 원하는 내러티브 안으로 엮어 넣는다.

그 로빈슨 이야기는 다른 각도에서 이야기될 수도 있었을 것이다. 리키는 아마도 영리한 사업가로서 흑인 선수가 있으면 흑인이 입장권을 구매할 것이고 더 많은 수익을 올려주리라고 생각했을 것이다. 그가 재능이 있는 흑인 선수들을 메이저 리그에 데려온다면 경기 수준이 높아지리라는 것을 인식했을 수도 있다. 흑인 리그 관중들이 수십 년 동안 보았던 것처럼 말이다. 혹자는 다소 냉소적으로 리키는 어떻게 해서든 자기가 중심 무대에 있을 필요가 있었던 완전한 흥행사였다고 덧붙일 수도 있을 것이다. 이 모든 각도는 로빈슨의 이야기를 전하는 적절한 방법일 것이다. 어느 것도 "틀리지" 않을 것이다.

과거의 이야기들이 다른 이유는 이야기하는 사람들이 인간이기 때문이다. 어떤 이야기꾼도 과거에 관해 모두 알지는 못하고 자신의 시간과 장소에 의해 제한을 받으며, 누구도 모든 것의 모든 각도를 보지는 못한다는 사실에 의해서도 제한을 받는다.

이야기들은 이야기꾼들이 그들의 이야기에서 무엇을 "하려고" 의식적으로 노력하는지에 의해서도 달라진다. 그들은 객관적인 관찰자들이 아니며 그런 척하지도 않는다. 그들은 청중에게 뭔가 생각하게 하고 청중을 설득하고 그들에게 영감을 고취할 뭔가를 남기기 위해 과거를 가져와서 종합적으로 제시하는 예술가들이다(사실 나 역시 이 책의 자료를 그리스도인들에게 "규칙집"으로서의 성경은 인간이 만들어낸 것이지 하나님이 의도하셨거나 바라시는 것이 아니라는 점을 보여주기 위한 내 목표에 따라 구성하고 있다. 내 목표가 내가 이 자료를 어떻게 제시하고 조직화하는지를 설명한다).

이야기하는 사람들은 자신의 목적을 위해 과거를 "형성한다." 그들은 무엇을 포함할지, 소재들을 어떤 순서로 배치할지, 시간을 절약하고 절정에 도달하기 위해 어떻게 압축하고 결합할지 등을 결정한다. 그들은 또한 내러티브들을 엮기 위해 대화와 장면들을 만들어낸다. 이야기꾼들은 과거의 많은 부분에 접근할 수 없으므로 그렇게 해야 한다. 그들 자신이 그곳에서 무슨 일이 일어났는지 보고 듣지 않았다.

설사 그들이 그곳에 있었다고 하더라도 과거는 곧 사라진다. 그것은 결코 우리가 재생 버튼을 누르기를 기다리며 "그곳에" 존재하지 않는다. 과거는 우리와 다른 사람들의 기억 속에 조각으로 존재하면서 말해질 이야기 안으로 모여지기를 기다리며 잠자고 있다. 과거를 회상한다는 것은 실제로는 결코 단순한 **기억** 과정이 아니라, (우리 자신이나 다른 사람들의) 분리되어 있고 불완전한 기억들로부터 우리가 자신과 지금 이곳의 세상을 보는 방식에 깊이 영향을 받은 내러티브의 실 안으로 짜인 내러티브를 **창조**하는 것이다.

과거를 단어들 안에 넣으려는 **모든** 시도는 "순수한 역사"가 아니라 과거의 **해석들**이다. 순수한 역사는 존재하지 않는다. 어느 곳에도 말이다.

여기에는 성경도 포함된다.

성경을 쓴 이야기꾼들은 과거, 종종 먼 과거를 "객관적으로" 회상하는 것이 아니라 목적을 가지고 회상한다. 그들은 이해관계를 가지고 있었다. 성경은 **그들의** 이야기들이었다. 그들은 그들의 현재에 의미를 주기 위해, 즉 설득하고 동기를 부여하고 영감을 고취하기 위해 과거의 **내러티브**

들을 짰다.

모든 이야기꾼과 마찬가지로 성경을 쓴 사람들은 자기의 목적을 위해 대화와 인물과 장면들을 만들고 확대하여 과거의 순간들을 매끄럽게 흐르는 이야기로 바꿨다. 그것은 그들이 게을렀거나 비열했기 때문이 아니라 그것이 바로 모든 이야기꾼이 내러티브를 만들어내기 위해 할 필요가 있는 일이기 때문이었다. 그들은 **그들의** 청중을 위해 **그들의** 이야기를 전하기 위한 목적으로 과거를 이동시키고 배열하거나 별개의 순간들을 함께 엮었다.

성경 자체가 성경의 저자들이 바로 그 일을 하고 있었다는 완벽한 증거를 제공한다. 그들은 같은 과거의 사건들을 다른 관점에서 제시한다. 내가 말하는 다름은 매우 큰 차이를 의미한다. 저자들 사이에 큰 장면, 중요한 세부사항, 대화가 다르다.

기독교 신앙의 중심인 예수의 이야기는 사복음서에 나타난 네 개의 다른 관점에서 말해진다. 구약성경에는 이스라엘의 과거에 대한 두 개의 아주 다른 이야기가 존재한다. 때로는 예수와 이스라엘의 이 이야기들이 서로 충돌한다. 그 이야기들은 어느 하나의 많은 부분을 상실함이 없이는 결합되어 하나의 이야기로 만들어질 수 없다. 각각의 이야기는 그 이야기들의 저자가 의도한 바대로 그것 자체로 존재하게 되어 있다.

다른 시기에 다른 장소에 살면서 다른 목적을 가지고 다른 청중에게 쓴 다른 사람들이 다른 버전의 과거를 산출한 것보다 무엇이 더 정상적이겠는가? 아무것도 더 정상적이지 않을 것이다. 그리고 우리는 성경에서 바로 그것을 보고 있다.

정확한 교과서나 과거에 대한 다소 객관적인 회상을 기대하면서 성경을 읽는 사람들은—그들은 하나님이 확실히 다른 방식으로 성경을 기록하시지 않았을 것이기 때문이라고 생각한다—성경을 읽을 때 불편함을 느낀다. 그들은 자기 앞에 놓인 말들을 진지하게 취한다면 성경이 그 기대를 조금도 충족시키지 않는다는 것을 신속하게 알아차릴 것이다.

성경의 특성에 맞지 않는 기대는 스트레스와 불안으로 이어지며 그것은 우리에게 두 가지 선택지를 남긴다. 하나는 실제로 성경에 기록되어 있는 내용에 일치하도록 우리의 기대를 바꾸는 것이고, 다른 하나는 성경을 우리의 틀 안으로 욱여넣을 모종의 방법을 발견하는 것이다.

나는 첫 번째 선택지를 택할 것이다.

성경이 자체의 의제를 정하고 우리가 기대할 권리를 가지고 있는 바를 보여주도록 허용할 때—하나님을 충분히 신뢰하고 성경이 성경 자체가 되도록 할 때—우리는 발견할지도 모르는 것에 대한 두려움을 품고 실제로 그것을 발견하면 충격에 빠지는 일이 없이 하나님의 말씀에 우리 자신을 열게 된다.

성경의 저자들로 하여금 그들이 한 방식으로 과거를 회상하도록 한 요인은 현재—때때로 변동이 심하고 재앙적인 현재—에 하나님을 경험하기 위한 추구였다.

성경을 하나님의 말씀으로 만드는 요인은 혹자가 주장하듯이 성경의 엄격한 역사적 정확성이 아니라 이 이야기들이 단어들 자체를 넘어 가리키는 신성한 경험이다. 순례자들의 이 신앙의 작업과 그들이 어떻게 그 일로 씨름했는지를 지켜보는 것은 하나님을 더 잘 알고 하나님과 더 깊이 교제하려는 우리 자신의 여정을 위한 모델이 된다.

우리가 그 점을 놓친다면, 즉 우리가 성경이 과거에 대한 객관적인 설명이라고 기대한다면 성경에 기록된 이야기들은 영원히 불필요한 좌절의 원천이 될 것이다.

이 일이 일어나는 것을 보기 위해 예수께 묻는 것으로 시작하자. 적어도 그분에 관해 쓴 사람들에게 물어봄으로써 말이다.

예수의 이야기들

그것은 다수의 "이야기들"이다.

　성경은 아주 다른 네 개의 예수 이야기들인 복음서 네 권을 포함한다. 사실 그것들은 서로 아주 달라서 만일 당신이 사복음서가 단순히 역사적 사실들을 보고한다고 생각한다면 심한 두통에 대비해야 할 것이다.

　예수의 생애의 개요는 사복음서 모두에서 비슷하다. 복음서들은 모두 예수의 공생애의 몇몇 초기 에피소드, 제자들을 모으심, 몇몇 가르침, 유대인 지도자들과의 갈등, 그의 체포와 심리와 처형과 부활을 다룬다. 그러나 세부사항에 이르면 당신은 이 네 저자가 왜 같은 말을 하지 않아서 우리를 간혹 잠들지 못하게 했는지 궁금할 것이다.

　결국 우리는 기독교의 이야기의 **바로 그** 핵심인 **예수의 생애**에 관해 말하고 있지 않은가! 그 점을 똑바로 해둬야 하지 않는가?

　그러나 우리는 복음서 저자 각자가 예수의 이야기를 자신의 방식으로 말하는 것을 발견한다. 그래서 우리는 "마태**에 따른** 복음" 등이라고 말한다. 바로 "**~에 따른**"이라는 표현이 모든 것을 말해준다.

　다른 시기에 다른 장소에서 살았던 저자들이 예수가 살았던 때로부터 수십 년 뒤에 다른 이유로 썼기 때문에 복음서들에 차이가 존재한다. 각각의 저자는 자기들이 수신 대상으로 삼은 공동체의 신앙을 포착한, 자기 나름의 예수의 초상을 만들어냈다.

복음서들은 또한 익명으로 쓰였고 복음서들에 부착된 이름들은 초기 교회의 전통에서 나왔다. 어느 것도 직접 목격한 사람이 쓴 것이 아닐 가능성이 있다. 저자들은 구두로 돌아다니던 예수의 이야기들에 의존했는데 그 구전들은 아마도 목격자들이 본 내용으로 거슬러 올라갈 것이다.

복음서 저자들은 또한 확실히 서로 의존했다. 적어도 첫 세 복음서인 마태복음과 마가복음 그리고 누가복음 저자들은 말이다. 예를 들어 마가복음의 대부분(약 90퍼센트)이 마태복음에서 발견되는 반면, 누가복음은 마가복음의 약 50퍼센트만 수록한다. 마태복음과 누가복음 모두 마가복음을 사용하지만 다르게 사용한다.

그리고 (만일 당신이 통계를 좋아한다면) 마태복음과 누가복음은 마가복음을 그림에서 빼내는 방식으로 서로 연결된다. 마태복음과 누가복음이 서로 공유하지만 마가복음에서는 찾아볼 수 없는 이야기가 25퍼센트 정도 된다.

그 정도면 충분한 수치다. 마태복음, 마가복음, 누가복음이 서로 어떻게 의존하는지를 탐구하는 것은 "미트 더 프레스"(Meet the Press) 프로그램을 "스타워즈"(Star Wars) 영화처럼 보이게 만들 만큼 흥미로운 학술서적이 다룰 주제다. 그러나 아무도 이 세 복음서의 저자들이 어느 정도 서로를 참조했음을 의심하지 않는다.

그리고 나는 마태복음과 마가복음과 누가복음이 어느 정도 **확실히 의식적으로** 연결되어 있지만, 복음서 저자들 각각은 또한 무엇이든 예수의 이야기를 자신의 독특한 방식으로 말하는 데 **확실히** 아무 문제를 느끼지 않았다는 점을 강조하고자 한다.

나는 잠시 시간을 가지고 이 점을 곰곰이 숙고해볼 가치가 있다고 생각한다.

마태복음과 누가복음은 (많은 학자가 동의하듯이) 마가복음을 토대로 사용했지만 마가복음에 기록된 예수의 이야기에 자유롭게 덧붙이고 그것을 조정함으로써 자신의 버전을 만들었다. 그리고 마태복음과 누가복음에 겹치는 부분이 있다는 사실은 그들 중 한 명이 다른 복음서를 사용하여 자신의 목적에 맞도록 변경을 가했음을 의미한다. 누가복음은 심지어 서두에서 "많은" 사람이 예수에 대한 자신의 설명을 기록했으며, 누가가 자기의 버전을 만들기 위해 많은 정보를 걸렀다고 언급한다.

그것은 성경 저자들에게 "역사를 쓰는" 것이 무엇을 의미했는지에 대해 우리에게 뭔가를 말해준다. 현대적인 의미에서 과거를 "올바로" 기록하는 것은 높은 우선순위가 아니었다. 사복음서 모두 역사에 연결되어 있지만, 각각의 복음서는 **이 복음서들의 저자들이 예수를 어떻게 보았는지**, 그들이 예수에 관해 무엇을 믿었는지, 그들과 그들의 공동체들에 무엇이 중요했는지에 대해 우리에게 많은 것을 말해주기도 한다. 어디서 역사가 끝나고 창의적인 글쓰기가 시작하는지 판단하기는 어려우며 성서학자들은 그 점에 관해 갑론을박을 벌인다(일반적으로는 정중하게 그렇게 하지만 때로는 무장하고 공격적으로 그렇게 한다).

그다음에 요한복음이 있는데 요한은 다른 복음서 저자들과 다르다. 요한의 예수 이야기는 다른 이야기들과 하도 조화가 되지 않아서 때로는 그가 어떻게 같은 사람에 관해 얘기하고 있는지 알기 어렵다.

그는 다른 복음서들이 포함하는 대부분의 일들(예수의 세례, 예수가 광야에서 유혹을 받은 일, 비유들, 축귀, 가난한 사람들에 대한 관심 등)을 빠뜨리고 다른 복음서들에서는 발견되지 않는 긴 연설들과 일화들(예수가 창조 때 하나님과 함께 계셨다는 진술, 예수가 아버지와 "하나"라고 주장하셨다는 진술, 물로 포도주를 만드신 일, 그의 친구 나사로를 다시 살리신 일, 십자가 처형 전에 "다락방"에서 드린 자기 제자들을 위한 긴 기도 등)을 덧붙인다. 마태복음과 마가복음 및 누가복음에서 예수의 기본적인 교육 방법은 비유들을 사용하는 것인 반면, 요한복음에서 예수는 결코 비유로 가르치시지 않는다.

예수가 성전에 가셔서 상들을 뒤엎으시고 채찍을 만들어 모든 사람을 쫓아내신 이야기는 요한의 예수 이야기에서 독특한 부분이다. 솔직히 말해서 예수가 이런 일을 좀 더 자주 하셨거나 마차 추격 장면 같은 것도 기록되었더라면, 좀 더 많은 아이가 성경을 읽을 것이다. 하지만 곁길로 빠지지 말기로 하자.

요한복음은 다른 세 복음서와 조화되지 않는다. 요한은 다른 세 복음서에는 등장하지 않는 대화를 수록할 뿐만 아니라 그 장면을 예수의 이야기에서 완전히 다른 시점인 예수의 공생애의 시작, 즉 예수가 가나의 혼인 잔치에서 물을 포도주로 변화시키신(다른 복음서들은 이 일을 언급하지 않는다) 사건 바로 뒤에 위치시킨다. 마태복음과 마가복음 및 누가복음에서 이 장면은 그의 생애의 거의 끝인 그의 십자가 처형 며칠 전에 위치한다.

그 점에 관해 독단적일 수는 없지만, 마태복음과 마가복음 및 누가복음이 요한복음보다 역사적 흐름을 따르고 있을 가능성이 더 크다. 성전에서 소란을 피우신 일이 그의 공생애 초기에 일어난 일이었다면 그가 공인으로서 그렇게 오래 활동하시지 못했을 것이다. 성전에 뛰어 들어가 상들을 뒤엎는 것은 경찰서에서 "폭탄이 있다"고 소리지르거나 백악관 잔디밭에서 미국의 국기를 불태우는 것만큼이나 문제를 자초하는 행동이다. 그러면 많은 부정적인 주의를 끌게 될 텐데 마태복음과 마가복음 및 누가복음에서 바로 그 일이 일어난다. 예수는 며칠 후 체포되어 처형되신다.

요한은 고의로 과거를 형성하고 있는데 그 점에 대해 변명하지 않는다. 그는 이 성전 일화를 자신의 예수 이야기의 시작 부분으로 옮기고 종교 지도자들과의 대화를 수록하여 분량을 늘린다. 그가 왜 그렇게 했는가? 요한은 예수의 신적 권위가 종교 지도자들의 권위보다 크다는 것을 다른 세 복음서 저자들보다 더 강조하기 때문이다. 그것은 요한의 의제의 일부이고 따라서 그는 그 점을 강조하기 위해 과거를 형성한다.

요한이 이렇게 사건이 발생한 시점을 옮긴다는 사실이 그의 복음서가 조잡한 작품이고 다른 세 복음서가 좀 더 "정확하기" 때문에 더 낫다는 것을 의미하지는 않는다. 어떤 복음서도 그런 식으로 판단될 수 없다. 사복음서 모두 심지어 아래의 단락들에서 설명되는 몇몇 기본적인 일화들에 이르기까지 예수의 생애를 형성하여 제시한 작품들이다.

아기 예수

예수의 탄생 이야기들은 우리가 복음서 저자들이 과거를 어떻게 형성하는지를 생각해 볼 좋은 기회다.

초심자들을 위해 일러두자면 마가복음과 요한복음은 마치 탄생 이야기들이 없어도 되는 세부사항이기라도 한 것처럼 그 이야기를 언급하지도 않는다. 그러나 마태복음과 누가복음은 예수의 탄생이 큰 사건이라고 생각한다. 이 대목에서 내가 큰 사건이라는 표현을 통해 의미하는 바는 하나님의 성령이 마리아에게 "임하시고" 예수가 요셉의 도움 없이 태어나시는 모든 부분을 의미한다.

예수에게 인간 아버지가 없다는 점은 언급해야 할 중요한 세부사항인 것으로 보인다. 당신은 복음서 저자라면 이 내용을 반드시 수록했어야 했다고 생각할 것이다. 그러나 마가복음과 요한복음은 이 내용을 기록하지 않는데 많은 독자가 그 점에 관해 의아하다고 생각했다. 예수 이야기의 이 부분이 아직 그들의 귀에 들리지 않았던 것일까? 아니면 마태와 누가가 혁신자라서 예수 이야기에 다른 저자들은 덧붙이지 않은 뭔가를 추가한 것일까?

우리는 이 대목에서 이 문제를 해결하지 않을 것이다. 그리고 그럴 필요도 없다. 내가 말하고자 하는 핵심은 복음서 네 권 중 두 권에 이 일화가 기록되지 않았다는 사실은 그들의 예수 이야기들이 심지어 핵심적인 세부사항들에서조차 상당히 다르다는 것과 그 차이들은 실제적이고 심오하며 무시되지 말고 존중될 필요가 있다는 것에 대한 중요한 표지라는 점이다.

마태복음과 누가복음의 탄생 이야기들의 세부사항은 성탄절 주간에 며칠씩 종일 연습하여 아동 노동법을 위반하는(나는 이 대목에서 딴 길로 새고 있다) "크리스마스 연극"에 참여해본 적이 있는 부모나 아이들에게 익숙한 내용일 것이다. 마태복음과 누가복음이 탄생 이야기를 포함하고 있지만, 그것들의 버전들은 매우 달라서 당신은 순진한 독자가 두 복음서가 다른 두 출생을 이야기하고 있다고 결론짓더라도 비난할 수 없을 것이다.

동방 박사들("현자들"로도 알려졌다)이 별을 따라와 아기 예수를 방문한 부분은 마태복음에만 등장한다. 헤롯왕이 예수를 죽이기 위해 모든 남자 아기를 죽이는 부분도 마찬가지인데, 이 부분은 결코 크리스마스 연극에 사용되지 않는다. (만일 당신의 교회가 열 살 아이에게 칼을 주기로 결정한다면 내게 이메일을 보내 달라. 그러면 나는 내 일정을 조정해서 그 혼란을 보러 가겠다.) 그 위협을 벗어나기 위해 아기 예수와 그의 부모가 이집트로 피하는 부분도 마태복음에만 등장한다.

누가는 왜 이 장면들을 수록하지 않는가? 그 장면들은 누가가 시간을 할애할 가치가 없었는가? 누가가 그것들에 관해 몰랐는가? 마태가 자기만의 정보의 원천을 사용했는가?

학자들은 많은 부분에 의견의 일치를 보이지 않지만, 대다수 학자는 마태가 자신의 이야기를 형성하기 위해 이 장면들의 일부를 지어냈으리라고 생각한다. 수백만 광년 떨어진 별이 실제로 움직이다가 지구상의 특정한 집 위에 멈출 수 없거니와, 우리가 지구에서 볼 때 별들이 그러는 것처럼 보이지도 않는다. 헤롯이 아이들을 학살한 것도 당시의 다른 어떤 고대 자료에서도 언급되지 않는데 그 점 역시 그 일이 실제로 일어났는지에 대해 어느 정도 의심을 자아낸다.

그렇다면 마태가 거짓말쟁이인가? 우리가 그렇게 생각해야 하는가? 우리가 마태를 복음서 저자들이 사용하지 않은 기준을 통해 다른 복음서 저자들과 비교할 때만 그렇게 생각할 수 있다.

마태의 복음서 묘사는 그의 목적에 봉사한다. 그는 예수에 대한 자신의 복음서의 이미지를 **모세와 출애굽 이야기**를 상기시키는 방식으로 제시한다. 따라서 길을 안내하는 별은 이스라엘 백성이 홍해를 안전하게 건너도록 안내했던 불기둥과 유사하다. 아이들을 죽이라는 헤롯의 칙령은 남자 유아들을 나일강에 던지라는 파라오의 칙령 및 아기 모세의 탈출과 비슷하다. 예수가 유아 때 이집트에 내려가셨다가 고향으로 돌아오신 것은 모세와 훗날 이스라엘이 이집트로 갔다가 이집트에서 나온 여정을 반영한다.

우리는 뒤에서 마태복음이 예수와 모세를 연결하는 것을 다시 살펴볼 것이다. 이 대목에서 우리는 다른 질문에 초점을 맞출 필요가 있다. 마태복음이 우리가 그 단어를 이해하는 대로의 역사를 보고하고 있는가? 이 모든 일이 일어났는가? 나는 열린 마음을 유지하기 위해 최선을 다하지만, 대다수 학자와 마찬가지로 이 경우 그렇지 않았다고 생각한다. 그리고 질문을 그런 식으로 표현하는 것은 중요하다고 보일지 몰라도 우리가 마태가 무슨 일을 하고 있는지 이해하는 데 도움이 되지 않을 것이다.

마태는 의도적으로 그리고 창의적으로 예수를 모세와 연결하는데, 이것이 마태가 예수를 이스라엘의 역사와 밀접하게 연결하는 방법이다. 그는 예수를 "모세 2.0" 버전으로 만듦으로써 자기의 독자들에게 예수가 이스라엘의 역사에서 멀리 떨어져 이해되어서는 안 되고 하나님이 이스라엘의 이야기를 모세가 **아니라** 예수를 통해 절정 단계로 가져가시는 것으로 이해될 필요가 있다고 말하고 있다.

천사들이 예수의 탄생을 목자들에게 알려주는 부분("찰리 브라운 크리스마스"[A Charlie Brown Christmas]에 등장하는 라이너스를 생각해보라)은 누가복음에만 나온다. 마리아의 친척 엘리사벳에게 세례 요한의 탄생을 알려주는 장면과 마리아가 엘리사벳의 임신 사실을 확인하기 위해 그녀를 방문하는 장면도 마찬가지다. 마찬가지로 누가복음에서는 천사가 마리아에게 그녀가 예수를 임신할 것이라고 알려주는 반면 마태복음에서는 요셉이 그 메시지를 받는다.

누가가 이 장면들을 만들어냈든 아니면 그 장면들이 전승이었는데 모종의 이유로 누가만 기록했든 간에, 누가는 마태와 마찬가지로 예수의 이야기를 형성하고 있다. 비록 다르게 형성하고 있지만 말이다.

누가복음의 예수는 시작부터 "제왕적"이다. "좋은 소식"이자 "평화"를 가져오는, 하늘로부터의 예수 탄생 포고는 예수 탄생 당시에 로마인들이 아우구스투스 황제의 탄생에 관해 말했던 방식을 반향한다. 누가의 탄생 이야기는 카이사르가 아니라 예수가 세상의 왕이시라고 묘사하고 있다.

자신의 기적적인 임신에 관해 하나님께 드린 마리아의 찬송은 다윗의 이야기를 알았던 사람들에게 매우 익숙하게 들렸을 것이다. 구약성경에서 아이가 없던 한나는 기적적으로 아들 사무엘을 낳았는데 그는 성인이 된 후 다윗을 왕으로 기름 붓게 된다. 하나님께 감사드리는 한나의 노래는 다윗이 왕으로 다스릴 때 하나님이 교만한 자를 낮추시고 천하고 겸손한 자를 높이실 때를 예견한다. 마리아는 똑같은 이유로 자신의 태에 있는 아이로 인해 하나님을 찬양한다.

한나와 마리아를 짝지은 것은 누가가 "예수를 생각할 때는 다윗을 생각하라"고 말하는 방식이다. 예수는 이스라엘의 정당한 왕인 다윗의 귀환이다.

우리는 6장에서 이 탄생 이야기들, 특히 누가의 탄생 이야기를 다른 각도에서 살펴볼 것이다. 이 대목에서는 누가와 마태가 두 개의 매우 다른 탄생 이야기들을 만들어냈다는 것을 알 필요가 있다. 나는 혹자는 성경 저자들이 자신이 적절하다고 생각하는 대로 예수의 생애 일부를 덧붙이거나 변경하거나 만들어냈다고 생각하기를 어려워할 수도 있다는 것을 이해하지만, 그것을 다른 방식으로 생각해보라.

예수의 생애 이야기 중 가장 큰 사건인 부활 후 약 40년이 지나 그들이 복음서를 썼을 때쯤에는 처음에는 완전히 파악되지 않았던 예수의 삶의 모든 측면의 위대성이 자체의 의미를 지니기 시작했을 것이다. 아마도 시간이 지나면서 복음서 저자들은 자기들이 이해하게 된 **진정한** 예수를 제시하기 위해 회고적으로 길을 안내하는 별들과 천사의 합창 장면을 만들어야 **했을 것이다.**

내가 **진정한** 예수라는 표현을 통해 의미하는 바는 사복음서 중 어느 하나가 예수를 좀 더 올바로 제시한다는 뜻도 아니고 그것들을 섞어서 만든 예수가 말하고 행한 것의 혼합물이 진정한 예수의 모습이라는 뜻도 아니다. 실제로 교회사의 매우 초기인 기원후 2세기에 타티아노스(Tatian)라는 신학자가 복음서 네 권을 하나의 수퍼 복음서 안으로 결합하면 좋을 수도 있다고 생각했다. 무슨 일이 일어났을까? 그는 그 일을 해내기 위해 복음서들 사이의 모순을 해소하고 사건들의 순서를 재배열하고 일반적으로 복음서가 네 개라는 개념을 지웠다.

타이타노스의 작품은 한동안 몇몇 장소에서 인기를 누렸지만, 인기는 오래 가지 않았다. 좀 더 현명한 사람들이 우세했다. 사복음서 모두 그것들 자체로 존중되어야 했다. 하나님이 갈라놓으신 것을 아무도 합치지 말아야 한다.

우리가 무슨 일이 "실제로" 일어났고 무슨 일이 일어나지 않았는지를 가려내고 실제로 일어난 일을 "진정한" 예수의 모습이라고 부르고자 하는 것은 매우 비합리적인 추구일 뿐만 아니라 요점을 놓치는 처사이기도 하다.

그리스도인들은 신앙을 통해 진정한 예수는 전체 이야기의 예수, 즉 부활하신 예수라고 믿는다. 그 예수는 갈릴리와 갈릴리 주변에서 예수와 동행한다고 해서 이해되지 않았고, 그 방법으로 이해될 수도 없었다. 예수가 자기의 일을 계속 수행하라고 선택하신 제자들 자신이 큰 그림에 대해 전혀 갈피를 잡지 못했다.

진정한 예수는 그의 부활 이후 예수가 누구셨고 그가 어떤 일을 하셨는지에 대한 좀 더 넓은 함의가 좀 더 잘 파악되고 난 후에야 참으로 이해될 수 있다. 그것이 바로 복음서 저자들이 각자의 방식으로 우리에게 제시하는 예수다.

그것이 내 요점이다. 하지만 나는 얼핏 생각나는 대로 말하고 있을 뿐이다. 당신이 그것을 납득하지 못하겠거든 그것을 옆으로 제쳐 두고 다른 방식으로 생각해보라. 우리는 모두 자신이 가장 좋다고 생각하는 방식으로 조각들을 자유롭게 모을 수 있다. 이 대목에서 좀 더 큰 요점은 예수의 탄생 이야기들은 이야기들이 진행되는 방식으로 전개된다는 것이다. 우리는 그것을 없애기를 바랄 수 없다.

우리는 예수의 생애의 다른 끝에서도 예수에 대한 다양한 묘사를 만난다.

누가 그 중요한 순간을 보았는가?

복음서 저자들은 예수 이야기의 끝, 즉 부활의 날 아침에 일어난 일을 매우 다르게 보고한다. 복음서 저자들은 그 이야기에서 절정이자 핵심적인 순간인 예수가 무덤에서 걸어 나오시는 순간조차 다르게 기록한다.

마태만 로마 군인들이 아무도 예수의 시신을 훔쳐 예수가 부활했다는 말을 지어내지 못하도록 무덤을 지키라는 명령을 받았다고 기록한다. 예수가 부활하신 후 유대인의 지도자들이 그 군인들에게 돈을 주고 자기들이 잠들었을 때 예수의 시신을 도둑맞았다고 말하게 했다는 내용이 기록되어 있다. 마태복음에만 등장하는 이 이야기는 마태복음의 여러 곳에 등장하는 다른 일화들에서처럼 믿지 않는 유대인의 지도자들에 대한 혹평으로 지어진 것처럼 보인다.

그리고 누가 무덤에 와서 그것이 비어 있음을 발견하는가? 마태에 따르면 그들은 막달라 마리아와 다른 마리아(예수의 어머니였을 가능성이 있다)였는데, 지진이 발생하고 한 천사가 그들에게 무슨 일이 일어났는지 말해준다. 이어서 예수가 그 두 여인에게 나타나시고 그들은 달려가 제자들에게 말한다.

누가복음에서는 예수의 시신에 향품을 바르려고 무덤에 모인 여인들, 즉 막달라 마리아와 요안나와 예수의 어머니 마리아와 "다른 여인들"이다. 그들은 한 천사를 보는 것이 아니라 두 사람(나는 천사들이라고 생각한다)을 만나는데 그들은 그 여인들에게 무슨 일이 일어났는지 말해준다. 그러나 지진은 일어나지 않는다. 그들이 달려가 다른 제자들에게 말하자 베드로는 무덤으로 달려가 직접 본다. 나중에야 예수가 동시에 모든 제자에게 나타나신다.

마가복음에는 두 개의(아마도 더 많은) 결말이 있는데 그 점은 문제를 복잡하게 만든다. 원래의 좀 더 짧은 결말이 있고 (아마도) 2세기에 (아마도) 다른 세 복음서와 좀 더 유사하게 보이도록 만들기 위해 덧붙여진 좀 더 긴 결말이 있다.

좀 더 짧은 결말에서는 막달라 마리아와 야고보의 어머니 마리아와 살로메가 예수의 시신에 향품을 바르기 위해 무덤에 간다. 무덤 입구를 막았던 돌이 굴려져 있고 한 "청년"(두 명이 아니라 한 명)이 그곳에 앉아 있다가 그들에게 무슨 일이 일어났는지 말해준다. 그들은 놀라 달아나고 아무에게도 말하지 않는다(후대에 덧붙여진 것일 수 있는 부분에서는 그들이 베드로와 다른 사람들에게 말하지만 말이다). 이것이 끝이다.

마가복음의 좀 더 긴 결말은 시간을 다소 거슬러 올라가는데 이제 예수가 막달라 마리아에게만 나타나신다. 그녀는 다른 사람들에게 말하지만, 그들은 예수가 자기들에게 직접 나타나시기 시작할 때까지 믿지 않는다. 예수는 (누가복음에서처럼) 길에서 두 사람에게 나타나시고 그 후에 (마태복음에서처럼) 제자들에게 "온 천하에 다니며 만민에게 복음을 전파하라"라고 위임하신다. 이 부분들을 덧붙인 사람이 누가복음과 마태복음을 참조한 것으로 보인다.

요한의 이야기는 또 다르다. 막달라 마리아가 무덤에 혼자 가서 돌아와 베드로와 "그 다른 제자"(요한)에게 말한다. 이 두 사람은 무덤에 달려간다. 저자는 "그 다른 제자"가 무덤에 먼저 가서 "보고 믿었다"는 것을 우리에게 말해줄 필요를 느낀다. 그럼에도 제자들은 일반적으로 무슨 일이 일어나고 있는지 갈피를 잡지 못하고 있는 것으로 보인다. 그들에게 무슨 일이 일어났는지 말해주는 천사나 청년/두 사람도 등장하지 않고 그저 무덤이 비었을 뿐이다. 이때 예수가 막달라 마리아에게 나타나시는데 그녀는 처음에는 예수를 알아보지 못한다. 다음에 예수는 단단한 벽을 통과해 나타나서 제자들을 놀라게 하신다. 그들은 자기들의 생명도 위험해지지 않을지 두려워하고 있었다.

요한복음도 자기가 직접 보지 않는 한 예수가 살아계신다는 것을 믿지 않으려고 하는 "의심하는 도마"를 포함하여 좀 더 많은 출현을 기록한다.

이 이야기는 학자들이 요한복음이 다른 복음서들보다 늦게, 즉 예수의 생애로부터 약 60년 후에 쓰였을 가능성이 있다고 생각하는 많은 이유 중 하나다. 도마가 예수가 육신으로 자기 앞에 서 계신다는 것을 확신한 후 예수는 "너는 나를 본 고로 믿느냐? **보지 못하고 믿는 자들은 복되도다**"라고 말씀하신다. 예수를 알았던 이전 세대들이 죽어가고 있었다. 요한은 아마도 설립 세대에서 떨어진 세대에 신앙을 격려하기 위해 이 말들을 덧붙였을 것이다.

우리가 성경이 역사를 "올바로" 기록한 책이라는 입장을 고수하면, 복음서들은 곤란한 문제가 된다. 그리고 성경이 이름에 합당한 가치가 있으려면 역사를 올바로 기록**해야만 한다**는 주장의 함의들을 생각해보라. 복음서들을 읽어보라. 그것들은 확실히 예수에 대한 매우 다른 그림들을 제시한다. 하나님이 성경을 믿는 그리스도인들이 가질 "필요가 있는" 메모를 가지고 계시지 않았는가?

또는 하나님은 하나의 깔끔하고 정확한 버전의 이야기를 의도하셨는데 잠시 한눈을 파셨고 복음서 저자들이 정신이 나가서 지금 우리가 그 혼란을 수습해야 하는 처지에 놓였는가? (그리고 보니 페이스북에서 본 만화 하나가 생각나는데, 그 만화에서 예수는 많은 무리에게 가르치시면서 자신은 "이것에 관한 네 개의 버전이 돌아다니는 것을 좋아하지" 않으니 주의를 기울이라고 말씀하신다. 페이스북은 우리에게 많은 것을 가르쳐 준다.)

잘못된 가정으로 시작하는 것은 실제로는 다른 뭔가를 원함으로써 성경의 가치를 떨어뜨린다. 그러나 하나님은 일반적인 경로를 통해 일하시는 습관이 있는 것으로 보이는데, 복음서 저자들은 당시의 이야기꾼들 및 모든 시대의 일반적인 이야기꾼들과 마찬가지 방식으로 글을 썼다. 즉 그들은 자신의 관점을 제시했다. 아마도 이것은 해결되거나 회피되어야 할 문제가 아니라 하나님이 어떻게 일을 진행하시는지에 대한 더 많은 증거일 것이다.

복음서들은 기독교 역사에서 거듭 반복되어온 교훈—예수 추종자들은 언제나 그들이 있는 곳에서 예수를 보고 만나며 그 결과 예수를 다르게 경험할 것이다—의 모델이다.

그리고 아마도 하나님은 그것에 대해 괘념치 않으실 것이다. 사실 하나님은 이미 예수 시대보다 오래전에 그런 방식으로 행동하셨다.

이스라엘의 이야기들

신약성경이 네 개의 예수 이야기들을 포함하는 것과 마찬가지로 구약성경은 이스라엘의 왕정 시대에 대한 두 개의 이야기를 포함한다. 이스라엘의 왕정 시대는 최초의(그리고 불운한) 왕 사울(기원전 약 1100년경)부터 기원전 586년에 바빌로니아인들이 수도 예루살렘을 약탈해서 왕정이 끝날 때까지 약 600년에 달한다.

그 이야기의 이른 버전은 사무엘서(사무엘상하)와 열왕기(열왕기상하)에서 발견된다. 두 번째 버전은 역대기(역대상하)에서 발견되는데 역대기는 기독교의 성경에서 열왕기하 바로 뒤에 이어진다. 그런 배치는 독자들에게 커다란 장애물로 작용한다.

사무엘서와 열왕기에 기록된 긴 이야기들을 통독해본 적이 있다면 당신은 충실한 사람이다. 밖에 나가 당신에게 뭔가 좋은 것을 사 주라. 그러나 역대상의 페이지를 넘기면 당신은 아마도 바쁘고 대뇌피질이 활발히 작동하는 여느 사람과 마찬가지로 그것을 건너뛸 것이다. 역대기는 여기서 무엇을 말하려고 하는가? 당신은 이 내용을 조금 전에 사무엘서와 열왕기에서 읽었다. 그것은 같은 스테이크를 두 번 씹는 것과 마찬가지다.

아무도 당신을 비난하지 않는다. 나도 확실히 당신을 나무라지 않는다. 나는 아마도 예수 시대 이전의 초기 성경 편집자들을 비난할 것이다.

역대기는 원래 구약성경의 끝은 아니라 해도 끝부분에 있었고 유대교의 성경에서는 여전히 그 자리에 위치한다. 그러나 일찍이 몇몇 편집자들(그들은 당시에도 좋은 글쓰기에 방해가 되었다)*이 역대기를 사무엘과 열왕기 바로 뒤에 두자는 영리한 생각을 했다. 이는 아마도 비슷한 책들을 함께 모으기 위함이었을 것이다. 초기 그리스도인들은 그 순서를 따랐는데 이 불쌍한 책들은 이후 주목을 받기 위해 애썼다. 역대기가 당시에 "남은 일들"이라는 제목으로 알려졌다는 사실이 사람들이 그 책을 읽도록 격려하지 않았다(그리스어로 그것은 **파랄레이포메논**[paraleipomenon]이다. 만일 당신이 당신의 아이들에게 성경에 나오는 단어처럼 들리는 이름을 지어주려고 한다면 역대기가 최고의 선택일 것이다).

나는 역대기를 열왕기 뒤에 둔 것은 변명할 수 없는 얼간이 짓이라고 생각하며 하나님이 이 편집자에게 사후에 그의 영광에 들어가기 전에 모종의 일시적인 벌을 주셔야 한다고 생각한다. 『레프트비하인드』(*Left Behind*) 시리즈 전체를 1년 동안 틀린 순서로 계속 읽게 하는 것 같은 벌 말이다.

그 폭언을 양해해주기 바란다. 그러나 유감스럽게도 역대기는 사무엘서와 열왕기에서 남은 것을 모아 둔 것이 아니다. **그것은 이스라엘의 과거에 대해 다른 관점을 제시할 목적으로 의도적으로 기록되었다.** 그 불쌍한 책은 사무엘서와 열왕기의 귀찮은 동생으로 다뤄질 것이 아니라 자체의 관점에서 읽힐 것을 강력하게 요구하고 있다.

그리고 우리가 역대기에 주의를 기울이면 이스라엘의 과거 이야기꾼

---

* 여러분이 읽고 있는 **이** 책의 편집자들은 이 경향에 대한 탁월한 예외라는 점은 말할 필요도 없다. 나는 결코, 백만 년에 한 번이라도, 그리고 내 변호사의 조언하에 반대로 주장하는 일은 꿈도 꾸지 않을 것이다.

들이 과거를 어떻게 기록했는지에 대해 특별훈련을 받게 될 것이다.

그 이야기들은 다른 시기에 다른 질문에 답하기 위해 쓰였기 때문에 다르다.

사무엘서와 열왕기는 이스라엘 백성이 (기원전 6세기에) 바빌로니아에 있을 때 쓰였고 아마도 그들이 본토에 귀환했을 때(기원전 6세기말에서 5세기 사이에) 편집되고 업데이트되었을 것이다. 이 저자에게 절실한 질문은 "우리는 무슨 일이 있더라도 하나님이 우리와 함께하시리라고 생각했는데 우리가 어떻게 바빌로니아에 유배되었는가? 우리가 무슨 짓을 했기에 그런 대우를 받아 마땅했는가?"였다. 그들은 일어난 일에 대해 이해하려고 했다.

역대기는 약 200년 뒤인 기원후 4세기의 어느 때에 이스라엘 백성이 그 땅에서 여러 세대를 산 뒤에 쓰였다. 그 저자의 질문은 "우리가 이런 일을 당해도 마땅할 무슨 짓을 했는가?"가 아니라 "이 모든 일이 일어나고 난 후에도 우리가 여전히 하나님의 백성인가? 하나님이 오셔서 이 혼란을 고치실 것인가? 우리의 미래는 어떤 모습일까? 우리에게 미래가 **있는가?**"였다.

이 두 의제는 은하수 여러 개의 거리만큼이나 동떨어져 있으며 그것들은 이스라엘의 왕정에 대해 **심오하게** 다른 두 개의 이야기를 낳았다.

두 버전은 이스라엘이 사울, 다윗, 솔로몬으로 이어지는 통일된 왕국으로 시작했다는 데 동의한다. 그러나 솔로몬의 통치 후 기원전 930년경에 (열왕기상에 기록된 바와 같이) 그 나라에 노동 및 세금에 관한 정치적 분쟁이 있었고 북왕국과 남왕국으로 나뉘었다. 그 후 북왕국은 여러 이름으로 일컬어졌는데 가장 흔한 것은 (혼란스럽게도) "이스라엘"과 북왕국을 구성한 주요 지파의 이름인 "에브라임"이었다. 남왕국은 남쪽의 주요 지파의 이름인 "유다"로 불렸다.

궁극적으로 북왕국은 기원전 722년에 강력한 아시리아인들이 수도 사마리아를 장악하고 인구의 많은 부분을 아시리아로 옮겼을 때 종말을 맞이하게 된다. 남왕국 유다는 기원전 586년에 바빌로니아인들이 예루살렘과 성전을 파괴하고 인구의 많은 부분을 바빌로니아로 끌고 갈 때까지 136년을 더 존속했다.

내 요점은 북쪽과 남쪽 각각의 왕국은 자체의 왕의 계통을 갖고 있었다는 것이다. 열왕기 저자는 그것들을 모두 다루지만 역대기 저자는 북쪽 왕들을 그의 역사에서 빠뜨린다.

그가 [자기가 북왕국에 대한 서술을 빠뜨렸다는 것을] 아무도 알아차리지 못하리라고 생각했는가? 그가 자기의 마감 시한을 맞추기 위해 서둘렀는가? 아니다. 그는 남왕국의 왕들, **자신의** 백성인 바빌로니아에 유배되었다 **돌아온** 사람들의 왕국에만 초점을 맞춘다. 그가 자신의 버전을 썼을 당시에 북왕국은 이미 기억에서 멀어졌고 약 300년 전에 아시리아인들에 의해 무대에서 사라졌다. 유다가 남은 전부였고 중요한 전부였다.

따라서 차이에 관해 말하자면 우리는 역대기는 그림에서 절반을 빠뜨린다고 말할 수 있는데, 그것은 매우 선택적으로 이야기하는 것이다. 그것은 미국의 남부 지방 사람들이 미국의 이야기를 전하면서 메이슨-딕슨 선 북쪽에 대해서는 언급하지 않는 것과 비슷하다.

그리고 역대기와 사무엘서/열왕기가 동일한 토대를 다룰 때조차 우리는 거의 언제나 다른 관점을 접한다. 예를 들어 두 버전 모두 예언자 나단이 다윗왕을 만나(이 대목에서 이스라엘은 아직 통일된 나라다) 그에게 하나님이 절대적으로 그의 편이라는 좋은 소식을 전하는 장면을 수록하고 있다.

사무엘하에 따르면 하나님이 다윗에게 다음과 같이 약속하신다.

네 집과 네 나라가 내 앞에서 영원히 보전되고 네 왕위가 영원히 견고하리라.

그것은 다윗의 아들 솔로몬으로 시작하는 다윗 왕가가 아주 오랫동안(그 것이 히브리어에서 "영원히"가 의미하는 바다. 그 단어는 "영원무궁"[eternity]을 의미하지 않는다) 계속 끊어지지 않으리라는 것을 의미한다.

역대상 저자는 나단이 다음과 같이 말했다고 기록한다.

내가 영원히 그를 내 집과 내 나라에 세우리니 그의 왕위가 영원히 견고하리라.

사무엘하에서 **다윗의**("너의") 왕조였던 것이 역대상에서는 **하나님의**("나의") 왕조가 된다.

당신은 "그것이 뭐가 그리 중요한가? 나단이 **네** 왕위라고 말했는지 **내** 왕위라고 말했는지가 정말 중요한가?"라고 생각할지도 모른다. 그렇다. 그것은 중요하다.

사무엘하의 저자에게는 다윗의 아들 솔로몬을 통한 계통이 끊어지지 않고 아직 존재했다. 그래서 "네(다윗의) 왕위가 영원히 견고하리라"라고 말한다. 그러나 역대상이 쓰일 무렵에는 그 끊어지지 않은 계통이 여러 세대 전에 사라졌다. 우리는 유다 사람들이 다윗의 계통이 오래전에 끊어졌다는 사실이 이제 하나님이 참으로 자기들을 포기하셨다는 표지인지 궁금해했으리라고 상상할 수 있다.

그러나 역대기 저자는 다음과 같이 말한다. "아니다. 너희가 보듯이 그것은 사실 다윗의 왕조가 아니다. 물론 우리는 어려운 시기를 겪어왔다. 우리는 여전히 다윗의 자손이 예루살렘에서 그의 정당한 왕위에 앉은 것을 보지 못하고 있고 그 일이 일어나기를 기다릴 수도 없다. 그러나 우리는 그것에 관해 낙심하거나 참으로 큰 그림에 대한 초점을 잃지 말아야 한다. 결국 그것은 사실 **하나님의** 왕위이고 때가 되면 하나님이 그 일을 하실 것이다."

이 작은 혼란을 수습하고 두 버전이 나단의 말을 같은 방식으로 보고하게 만들기 위해 에너지를 쓰는 것은 무익할 뿐만 아니라(제발 그 말들을 읽기만 하라) 이 대목에서 배울 중요한 교훈을 놓치기도 하는 처사다. 나단의 예언은 한 구절에서 큰 그림을 보여주는 작은 예일 뿐이다. 이 이야기들은 우리에게 역사를 "있는 그대로" 보여주는 것이 아니라 저자들이 보는 역사, 좀 더 낫게 말하자면 저자들이 그들의 독자들(이제 우리를 포함한다)이 보기를 원하는 역사를 제시한다.

그들이 속이려고 하거나 칠칠치 못한 것이 아니었다. 그것은 현대의 역사 기록 규칙에 근거한 현대의 사고다. 이 두 성경 저자는 그들의 **현재** 상황이 그것을 요구했기 때문에 과거를 형성했다. 즉 어느 정도 과거를 **창조했다**.

이 저자들에게는 과거가 **현재의 필요에 봉사한다**고도 말할 수 있을 것이다.

그리고 나도 지금 그렇게 말하고 있다.

과거는 현재에 봉사한다

다윗과 그의 아들 솔로몬의 이야기를 자세히 살펴보면 우리는 두 저자가 그들의 현재의 필요에 봉사하기 위해 다윗과 솔로몬의 생애를 거의 반대 방향으로 이야기했다는 것을 알게 된다.

사무엘하에 기록된 다윗의 생애는 "제리 스프링거 쇼" 아웃테이크(촬영되었으나 최종 편집에서 사용되지 않은 필름)처럼 보인다. 그는 위대한 왕이지만—나는 이것을 어떻게 표현해야 할지 모르겠다—명예로운 군인 우리아를 전방에 배치해 전사하게 한다. 다윗은 자기의 아이를 잉태한 우리아의 아내 밧세바와의 불륜을 숨길 필요가 있었다.

그 꼼수에 대해 다윗은 비싼 대가를 치른다. 그 아이는 다윗의 기도에도 불구하고 태어난 지 이레 만에 죽고 다윗은 여생 동안 정치적 불안에 직면하게 된다.

다윗이 늙고 죽을 때가 다가오자 그는 그와 밧세바 사이에서 태어난 두 번째 아들인 솔로몬을 후계자로 선택해서 솔로몬에게 왕위를 넘겨주려고 한다. 이로 인해 다윗의 아들 중 하나로서 솔로몬의 배다른 형인 아도니야가 반란을 일으킨다. 그는 솔로몬의 형이기 때문에 정당한 후계자였다. 아도니야는 자신의 것을 차지하려고 하며 다윗은 중대한 정치적 책략과 모략을 통해 아도니야를 내쫓고 솔로몬을 자신의 자리에 앉힌다. 다윗이 죽은 뒤 아도니야는 다시 왕위 찬탈을 시도하고 참으로 불행한 정치적 혼란의 와중에서 솔로몬의 장군 브나야에게 죽임을 당한다.

사태가 정리된 뒤 솔로몬은 결국 평화롭게 통치한다. 특히 그는 성전을 건축하는데 이는 하나님이 (우리가 위에서 보았던 나단의 예언에서) 다윗은 성전을 건축하지 못하고 솔로몬이 건축할 것이라고 명시적으로 말씀하셨기 때문이다.

역대상 저자는 이 모든 불쾌한 사건을 무시하고 산뜻하고 고통이 없는 버전의 다윗의 생애를 형성한다. 그는 밧세바와 관련된 사건 및 솔로몬에게 권력이 이양되는 과정에서 발생한 정치적 음모(다른 저자는 깊은 관심을 가지고 이 부분을 기록한다)를 모두 빼낸다. 왕위 쟁탈을 위한 투쟁이 기록되지 않고 다윗이 단순히 솔로몬에게 왕관을 넘겨준다. "아들아, 받아라."

이 저자는 또한 여덟 장에 이르는 매우 긴 부분을 덧붙여—지어냈다고 하는 편이 더 나을 것이다—성전 건축에서 다윗에게 중요한 역할을 부여하는데, 이는 앞의 이야기와 명백히 모순된다. 다윗이 실제로 성전을 "건축"하지는 않지만 그는 성전이 조직화되게 하고 기금을 조달하여 성전이 최고의 재료로 만들어지게 하는 등 솔로몬을 위해 미리 모든 것을 갖춘다.

솔로몬이 실제 성전 건축을 했을지 몰라도 다윗이 어려운 일을 다 한 후 그것을 솔로몬에게 물려주었다. 통제하고 까다로운 아버지가 대학을 졸업한 아들을 위해 직장 인터뷰를 주선하고 자동차 대출을 받고 아파트를 구해서 "아들의 것"이 되게 하는 것처럼 말이다.

다윗과 솔로몬에 대한 이 두 묘사는 경미한 몇몇 세부사항만 다르고 "기본적으로 같은" 이야기가 아니다. 그것들은 이스라엘 왕정 창립기의 왕들에 대해 조화될 수 없을 정도로 다른 이야기 두 개를 말한다. 왜 그런가? 각각의 저자가 **자신의** 시대에 말했기 때문이다.

사무엘서와 열왕기의 저자는 정치적 혼란 및 심지어 다윗처럼 중요한 인물의 개인적 약점도 주저하지 않고 강조한다. 그에게는 이스라엘과 유다의 왕들에게 큰 결함이 있다. 그는 북쪽과 남쪽 왕들의 이야기를 모두 말하며 거의 모든 왕에 관해 매우 나쁜 점 한 가지를 들춰낸다.

이 저자에게는 나쁜 리더십이 이스라엘이 북왕국과 남왕국으로 갈라지고 양쪽 주민 모두 포로로 잡혀가게 된 **바로 그** 이유다. 그의 이야기는 그들이 왜 외국 땅에 포로로 끌려갔는지를 설명한다. 그것은 하나님이 정의로우시고 그들은 벌을 받아 마땅하기 때문이다.

역대기 저자는 이스라엘의 과거에 대해 완전히 다른 이야기를 형성한다. 두 이야기를 양말을 맞추듯이 맞추는 것은 불가능하다. 한쪽은 무릎 높이의 양말이고 다른 한쪽은 일반적인 높이의 양말인 셈이다. 좀 더 오래된 이야기에서 중요한 문제가 있던 왕들이 좀 더 새로운 이야기에서는 미덕과 성결의 모델이 되는데, 약점이 기록되지 않은 다윗이 가장 중요한 예다.

새롭고 개선된 다윗은 이 저자의 현재 목적에 봉사한다. 그는 자기의 독자들에게 신앙을 지키라고 격려하고 영감을 고취하기를 원한다. 따라서 그는 독자들에게 그들이 하나님의 다음번 조치를 기다리다 보면 어느 날 다시 의로운 왕이 등장할지도 모른다는 장래의 비전을 준다.

그것을 다른 식으로 표현해 보자. 역대기의 다윗과 솔로몬은 약점이 없는 왕이 내부의 정치적 저항이 없이 그들을 다시 정치적 독립으로 이끌 **미래의 청사진**이다. 그리고 이 저자가 만들어 낸 다윗과 성전 부분은 충전물이나 예술적 장식이 아니었다. 그것은 자신의 백성에게 그들의 재건된 성전과 도래할 왕이 그 성전을 확실히 돌볼 책임의 중요성을 각인시키기 위한 격려 연설이었다.

이 이야기들이 설교라고 생각해보라. 사무엘서와 열왕기는 좀 더 진정제에 가깝고, 역대기는 미래를 위한 비전을 던져 준다. 두 저자 모두 자신의 요점을 전달하기 위해 역사를 형성한다.

* * * *

이스라엘의 이야기의 다른 두 버전을 나란히 보려면 어느 정도 익숙해질 필요가 있다. 대학생들이 역사 보고서를 이렇게 자유롭게 쓰면 그들은 F를 받고 보고서를 다시 써야 할 것이다. 출판사들이 링컨의 생애나 남북전쟁 중의 남부에 관해 이런 식의 책을 펴낸다면 그들은 존속할 수 없을 것이다. 우리 현대인은 누군가가 요점을 강조하기 위해 과거를 비틀거나 형성하면 그것을 좋아하지 않는다.

하지만 우리의 성경은 바로 그 일을 한다. 평범한 사람이 보기에 성경은 이스라엘의 과거에 대한 매우 다른 관점을 나란히 둔다.

성경의 역사가들은 그 단어의 고대적 의미에서 역사가들이었다. 우리는 "실제로 무슨 일이 일어났는가? 사실을 똑바로 알아보자"라고 묻는다. 나도 스스로 같은 질문을 한다. 그리고 우리는 사실 2장에서 가나안 정복에 관해 이야기할 때 그 경로를 취했다. 그러나 이것은 고대의 과거 회상 방법이 아니었다.

성경이 우리의 방식과 다르게 과거를 제시하는 것에 대해 조바심을 내면서 성경이 일리가 있게 만들기 위해 차이를 완화하는 것은 우리가 깊이 간직하고 있는(무의식적일 가능성이 있다), 성경이 우리의 다른 기대에 따라 기록**되었어야 한다**는 잘못된 시각을 드러낸다.

이스라엘의 이야기들을 현대 역사 기술의 틀 안에 욱여넣으면 성경이 완전히 넌센스로 보일 뿐만 아니라 성경이 우리 자신의 영적 여정에 관해 우리에게 모델이 되는 것도 흐려진다.

그 여정에서 가장 중요한 점은 단순히 우리가 어디―승리 또는 비극―에 있었는가가 아니라 우리가 지금 어디에서 하나님과 함께하고 있는가다. 위대한 모든 영적 지도자는 바로 지금 어떻게 사느냐가 하나님과 누리는 생생한 친교에 핵심이라고 말할 것이다. 한가한 사변이 주도하는 과거의 기억이나 미래가 아니라 현재 이 순간이 하나님의 현존이 발견되는 곳이다.

우리는 의심할 나위 없이 우리의 과거의 "산물"이다. 그러나 마치 우리의 과거가 우리의 삶의 대본을 시멘트에 쓰기라도 한 것처럼 영원히 그런 것은 아니다. 우리는 복음서 저자들과 이스라엘 이야기들의 저자들이 그랬던 것처럼 과거를 어떻게 읽을 것인가와 지금 무엇을 받아들이기를 원하는가를 선택한다. 우리는 과거를 우리가 누구인가와 하나님과의 관계에서 무엇이 되기를 바라는가 안으로 적응시키고 변혁시킨다.

과거는 현재를 알려주지만, 현재에 봉사하기도 한다. 현재가 과거에 봉사하면 우리가 향수에 젖어 좋았던 과거를 그리워하게 되는데, 이것은 감정적·영적 역기능을 낳는 확실한 방법이다.

우리가 성경에서 발견하는 다양한 과거의 이야기들은 해결되어야 할 문제가 아니다. 그것들은 우리에게 현재의 영적 긴급성에 대한 모델이 된다.

예수의 이야기들과 이스라엘이 왕국에서 유배로 전락한 음울한 이야기들은 또 다른 목적에 봉사한다. 그것들은 전체로서 성경이 과거를 어떻게 다루는지에 대한 창이다.

성경 저자들이 과거에 대해 말하는 **곳마다** 우리는 그들이 과거를 형성하고 있다는 것도 예상해야 한다.

이 아이디어에 편안해질수록 우리는 역사에 관해 성경의 좀 더 논란이 되는 부분 중 하나—아주 오랜 과거의 이스라엘의 이야기들, 아주 오래전의 이스라엘의 기원들—를 읽을 때 좀 더 나은 위치에 서게 될 것이다.

주요 사건을 위한 준비

궁극적으로 유배의 위기로 끝난 이스라엘 왕들의 다소 음울한 이야기는 당신이 사무엘서와 열왕기에 기록된 이전 버전을 읽든 역대기에 기록된 후대의 버전을 읽든 간에 지루하고 반복적인 것처럼 보일 수도 있다. 이 모든 이름은 똑같은 것처럼 들린다. 여호야김과 여호야긴이라고? 진담인가? 요아스(Jehoash)와 여호아하스(Jehoahaz)라는 왕들은 어떤가? 이 이름들이 시대의 풍조였는가 아니면 그들의 어머니들이 신경을 쓰지 않은 것인가? 그리고 거의 모든 왕이 똑같은 실수(거짓 신들을 섬김)를 저지르고 우리가 예상할 수 있는 결과(하나님이 화를 내신다)를 가져온다.

그러나 어느 것도 당신을 속이지 못하게 하라. 이스라엘 왕들의 곤경이 **이스라엘 이야기의 본질이자 핵심**이다.

왜 그런가? 그 이유는 다음과 같다.

구약성경 서른아홉 권 중 서른네 권이 이스라엘 이야기의 줄거리—창조(창세기 1장)부터 포로 귀환까지의 내러티브—를 다룬다. (다른 다섯 권—욥기, 시편, 잠언, 전도서, 아가—은 그 줄거리에 기여하지 않는다. 따라서 나는 이 대목에서 그것들을 포함하지 않을 것이다.)

이 서른네 권 중 스물일곱 권이 왕정, 유배, 귀환을 다룬다. 그 책들은—기독교 성경의 순서대로 언급하자면—룻기, 사무엘상하, 열왕기상하, 에스라와 느헤미야(바빌로니아로부터의 귀환), 에스더(기원전 5세기에 페르시아 제국에 살던 어느 유대인 여성의 에피소드), 예언서 열여섯 권 전부(가장 이른 시기의 예언서는 기원전 8세기에 북왕국의 멸망으로 이어진 사건들을 다룬다), 그리고 예레미야애가(기원전 586년에 예루살렘이 멸망한 것에 대한 탄식)다.

수학적으로 계산해보면 내러티브 구약성경 서른네 권 중 스물일곱 권(= 80퍼센트)이 이스라엘 왕정의 어떤 측면과 그 결과를 다룬다. 장(chapter)을 기준으로 계산해보면 구약성경에 기록된 내러티브 장들 중 67퍼센트가 그것을 다룬다. 어느 방식으로 계산하든 간에 이것은 참으로 "큰" 비중이며 매우 중요한 부분이다.

내러티브 책 서른네 권 중 다른 일곱 권은 구약성경의 첫 일곱 권으로서 그 책들은 오경(모세의 책 또는 토라로도 알려진 창세기, 출애굽기, 레위기, 민수기, 신명기)과 여호수아서 및 사사기다. 이 책들은 성경에서 가장 잘 알려진 이야기 중 몇 가지인 창조, 홍수, 조상 아브라함, 출애굽, 시내산, 가나안 정복, (강력한 삼손 같은) 사사들을 포함한다. 이 첫 일곱 권은 이스라엘의 오랜 과거의 이야기들인데, 그것은 때때로 "기원 이야기들"이라고 불린다.

그 책들은 오락이나 과거에 관한 한가한 호기심 때문에 존재하지 않는다(그리고 확실히 아이들에게 성경을 가르치기 위한 소재로 존재하지도 않는다). 그 책들은 사물이 어떻게 생겨났는지와 사물이 왜 현재의 모습대로 존재하는지를 설명하며, 가장 중요한 점으로서 **이스라엘이 어떻게 자기의 땅을 지닌 왕국이 되었는지**를 설명한다.

달리 말하자면 첫 일곱 권은 원시시대부터 시작해서 우리를 다른 스물일곱 권의 입구로 데려간다. 즉 이스라엘 왕국이라는 주요 사건을 위한 준비인 셈이다.

내가 말하는 내용을 따라잡기 위해 이스라엘의 기원 이야기들이 미래에 주어질 것이라고 약속된 땅인 가나안 땅을 얼마나 자주 언급하는지 생각해보라.

창세기 초반에서 아브라함을 만나자마자 우리는 하나님이 아브라함에게 자신이 장차 그의 후손에게 주시려고 하는 넓은 땅에 관해 말씀하시는 것을 듣는다. 하나님이 훗날 이스라엘을 이집트에서 끄집어내시는데, 그것은 그들이 어디든 자유롭게 갈 수 있도록 하시기 위함이 아니라 그들을 아브라함에게 약속하신 땅으로 데려가시기 위함이었다. 그러고 나서 하나님이 시내산에서 이스라엘에게 명령하시는데, 그 명령은 아무렇게나 기분 내키는 대로 말하는 명령이 아니라 그들이 약속된 땅에 들어가면 어떻게 살고 하나님을 어떻게 예배해야 하는지에 관한 지시다. 오경은 이렇게 끝난다.

여호수아서에서 하나님은 오래전에 아브라함에게 약속된 땅을 빼앗기 위해 이스라엘 백성 곁에서 싸우신다. 사사기에서 우리는 약속된 땅에 정착하는 처음의 혼돈된 단계에 서게 된다. 아브라함에게 주어진 약속으로 시작하는 이스라엘의 긴 여정은 나라의 수도에 왕이 즉위할 때 마무리된다. 그때 이스라엘이 완전히 태어난다.

이스라엘의 기원 이야기들은 구약성경의 핵심적인 내용인 자신의 땅을 지닌 나라로서의 이스라엘 이야기에 대한 방대한 서론이다.

다른 측면에서 살펴보자. 왕정 시대는 구약성경에 기록된 이스라엘 내러티브의 핵심일 뿐만 아니라 이스라엘의 거대한 내러티브가 **쓰인 시기**이기도 하다.

성서학자들은 방대한 히브리어 연구, 입체 안경 사용, 비밀 모임, 심야 모임 등을 포함한 수백 년의 지루한 작업을 통해 이 결론에 도달했다.

여기서 그것들을 모두 다루자면 보통 사람 대다수는 올림픽 싱크로나이즈드 수영 예선 준결승 중계방송을 시청할 때보다 빨리 잠이 들 것이고 그러면 우리가 이 모든 것의 요점에 도달하지 못하게 될 것이다.

그러나 상식적인 관점에서 볼 때 이스라엘 백성이 "우리가 누구인가?"에 관한 이야기를 기록했을 가능성이 가장 큰 시기가 언제였겠는가? 광야에서 방랑하는 가족들과 부족들의 느슨한 연합체였을 때 기록했겠는가? 아마 그러지 않았을 것이다. 그들이 그 땅에 정착하고 나서 한숨을 돌리고 숙고할 기회가 있었을 때, 즉 그들이 말할 가치가 있는 이야기와 그것을 말하기를 원할 "나라에 대한 인식"을 지니게 된 후 자기들의 이야기를 썼을 가능성이 좀 더 클 것이다.

유배의 위기 가운데 끝나는 왕권에 초점을 맞추는 이스라엘의 이야기는 아마도 이스라엘이 나라로 확립되고 그 나라가 위기에 직면하기 전까지는 완성되지 않았을 것이다.

이스라엘 백성은 그들의 이야기를 수백 년에 걸쳐 여러 단계로 썼을 가능성이 크다. 그 과정은 그들이 그 땅에 정착했을 때, 특히 다윗의 시대 후 오래 지나지 않아 시작되었다. 그리고 그 과정은 이스라엘 나라의 상태가 점점 더 나빠지고, 음울한 상태를 지나 희망이 없는 지경에 이르렀을 때 가속화되었다.

첫 번째 위기는 앞서 언급된 바와 같이 아시리아가 기원전 722년에 북왕국의 수도 사마리아를 함락하고 이스라엘 백성을 포로로 잡아간 사건이었다. 두 번째 위기는 바빌로니아 유배(기원전 586-539년) 기간이었는데 그때 하나님은 남아 있는 "선민"에게 완전히 등을 돌리셨다. 하나님은 그들의 성전이 파괴되도록 허용하셨고, 그들에게서 땅을 빼앗으셨으며, 그들이 외국 땅으로 끌려가도록 허용하셨다. 남왕국 유다가 **위기**에 빠졌다.

땅과 성전을 상실한 것은 하나님의 현존을 상실한 것을 의미했다. 사실상 이스라엘은 존재하지 않게 되었다. 대예언서―예레미야서, 에스겔서, 이사야서의 대부분―를 포함한 예언서들의 대부분은 특히 이 기간을 다룬다.

당신에게 자신의 이야기를 들려주도록 동기를 부여하는 요인으로서 위기만 한 것은 없다. 당신이 위기 상황에 놓여 있다면(만일 당신이 위기에 빠진 적이 한 번도 없다면 당신의 맥박을 점검해보라), 당신은 조만간 자신의 이야기를 하고 싶어질 것이다. 당신은 일기를 쓰거나, 심리 치료사를 찾아가거나, 친구에게 전화를 걸거나, 지원자 그룹을 찾아갈 것이다. 우리는 우리의 상황을 이해하고 이 상황에서 어떻게 해야 할지를 알기 위해 그 상황에 관해 얘기한다.

일찍이 이스라엘 백성이 최초로 나라를 이루기 시작했을 때 그들은 나라로서의 자신을 좀 더 의식하게 되었고 자기들의 이야기를 하기 시작했다. 결국 모든 것이 무너져내린 듯이 보였을 때 그들은 태곳적부터 그리고 그들의 시작부터 자기들의 이야기 **전체를 말해야 했다**. 그리고 그들은 자신의 과거를 자기들이 현재를 헤쳐나가는 데 도움이 되도록 구성했다.

한 가지가 더 있지만 우선 우리가 명심해야 할 두 가지를 요약해보자. (1) 이스라엘 왕정의 음울한 이야기가 **구약성경의 핵심**이며 기원 이야기들은 그 주된 이야기에 대한 서론이다. (2) 이스라엘의 기원 이야기들은 왕정 이야기들과 마찬가지로 이스라엘 백성이 그것을 쓸 준비가 되었을 때인 **왕정과 유배기에 쓰였다**.

이제 세 번째 명심해야 할 내용은 다음과 같다. (3) 이스라엘의 왕들과 유배의 이야기들은 구약성경의 책들 중 **역사적으로 가장 잘 검증될 수 있는** 이야기이기도 하다. 이 말이 무슨 뜻이고 당신이 왜 이 말에 신경을 써야 하는가?

사무엘서/열왕기와 역대기는 이스라엘의 과거를 다르게 제시하지만, 그 책들은 여전히 구체적이고 검증할 수 있는 과거의 순간들을 다룬다. 이스라엘의 왕정에 관한 성경 이야기들이 아시리아, 바빌로니아, 페르시아 같은 다른 나라들에서 작성된 역사적 기록들과 잘 조화되기 때문에 우리는 이것을 안다(고고학에 만세삼창을 부르자). 이 점에 관해 좀 더 알고 싶은 독자는 이 책의 끝에 수록된 역사와 고고학에 관한 참고 문헌을 보라.

사무엘서와 열왕기는 저자가 이스라엘의 왕정 시기 또는 그때로부터 그리 멀지 않은 시기에 살았으므로 역사와 잘 연결된다. 그 에피소드들은 백성의 마음속에서 생생했으며 그들은 그 문제들을 다뤄야 했다. 화자는 심지어 "이스라엘 왕들의 연대기"처럼 완전히 관료적으로 들리는 공식적인 왕실 기록도 사용했다. 역대기의 저자는 이런 기록들과 다른 자료들도 언급한다. 우리가 살펴본 바와 같이 그는 사무엘서와 열왕기를 자기가 적절하다고 생각하는 대로 수정하기는 했지만, 그 책들도 사용했다.

이스라엘 왕정의 이야기들은 사건들 자체와 좀 더 가까운 시기에 쓰였고, 왕들과 전투들에 관한 기사들이 포함된 좀 더 "일반적인" 역사처럼 느껴지는데, 그것들의 많은 부분이 고고학 데이터를 통해 검증된다.

그러나 우리가 이스라엘의 기원 이야기들—왕정 시기 이전과 특히 이스라엘의 이야기의 좀 더 오랜 과거인 이스라엘의 기원—을 살펴보면 고고학은 이상하게도 침묵하거나 모호하거나 종종 양립하지 않는다(우리가 앞 장에서 가나안 정복에 관해 보았듯이 말이다).

기원 이야기들의 저자들은 수백 년 뒤에 살았기 때문에 그 이야기들은 과거 이야기에 덜 연결된다. 그 저자들은 아직도 사람들의 기억 속에 남아 있는 최근의 사건들을 반영한 것이 아니다. 그들은 구전으로만 존재하는 고대의 이야기들을 사용해서 그런 이야기들의 본을 따르고, 그것들을 엮어 이스라엘의 **전체** 이야기를 구성할 필요가 있었다.

여기까지 도달하기 위해 우리가 상당한 지면을 할애했는데 이 모든 내용의 요점은 다음과 같다. 만일 이스라엘의 이야기를 기록한 사람들이 다윗과 솔로몬의 이야기들 같은 가까운 과거를 취해 그 이야기들을 **현재**에 대해 말하기 위해 창의적으로 형성했다면, 우리는 그들이 똑같은 창의력과 **현재**의 정신으로 **먼** 과거를 형성했다고 확신할 수 있다.

이스라엘의 기원 이야기들은 풍부한 의미를 지니고 있으며 여러 각도에서 바라볼 가치가 있다. 그러나 우리는 평소에 별로 생각해보지 않았고 현재가 과거에 관한 이야기를 어떻게 형성하는지를 보여주는 한 가지 각도를 취할 것이다. 당신이 그것을 보게 되면 당신이 어떻게 그것을 놓쳤는지 의아하게 생각할 것이다.

이스라엘의 기원 이야기들, 특히 창세기를 읽으면 당신은 **앞으로 주의를 끌게 될 내용에 관한 예고**, 훗날 약속된 땅에서 이스라엘의 삶에 무슨 일이 일어날지에 관한 의도적인 배경이 내장되어 있음을 알아차릴 것이다. 이스라엘 **국가**의 이야기(왕정과 그 이후)에 익숙할수록 당신은 이스라엘의 **기원** 이야기들을 읽을 때 이 이야기들이 더 **낯익다**고 생각할 것이다.

이 점을 다른 방식으로 말해보자. 태곳적(이스라엘의 기원) 이야기들은 의도적으로 현재(위기로 끝난 왕정 시기)를 반향하도록 쓰였다. 말하기의 방식에서는 그 현재가 지금 말해지고 있는 좀 더 심원한 이야기다.

정치 지형도 엿보기

성경 저자들의 "현재"가 기원 이야기들에서 어떻게 여겨지는가? 우선, 이미 창세기의 앞부분인 기원 이야기에서 이스라엘 국가의 전체적인 정치 지형도가 제시된다.

우리가 이 책의 2장에서 본 바와 같이 가나안 족속들이 노아 이야기와 훗날 아브라함 이야기에서 이미 저주를 받았고 아무짝에도 쓸모가 없는 죄인들의 무리라고 소개된다. 가나안 족속들에 대한 이스라엘의 평가를 정당화하기 위해 그 땅의 원주민에 대한 이스라엘의 훗날의 적의가 고대 때에 기원을 둔 것으로 언급된다.

기원전 586년에 성전을 파괴하고 유다 족속을 포로로 잡아간 바빌로니아인들 역시 창세기의 앞 장들에 두 번 등장한다.

바벨탑 이야기는 모두가 같은 언어를 말하는 지상의 모든 사람이 시날 평지—즉 바빌론—에 모인 일에 관한 이야기다. 그들은 그곳에서 예배하기 위해 계단들을 통해 하늘로 이어지는, 잘 알려진 고대의 피라미드 모양의 구조물인 지구라트를 건설할 생각이었다. 그들이 하늘에 접근할 수 있다고 생각하는 교만 때문에 하나님이 내려오셔서 그들의 언어를 혼잡하게 만드시고 그들을 온 땅에 흩어 놓으신다.

꼴 좋다, 바빌론 사람들이여. 땅의 사람들 사이에 혼동을 일으키다니! 참 잘하는 짓이다.

이 이야기는 남왕국을 포로로 잡아간 바빌로니아인들을 처음부터 나쁜 자들이라고 설정한다. 이는 가나안 족속이 홍수 이야기에서 받는 것과 똑같은 대우다.

다소 눈에 띄지 않기는 하지만 바빌로니아인들은 창세기의 첫 장에도 나타난다. 19세기 말에 고고학자들이 우주의 창조에 관한 단락을 포함하는 (「에누마 엘리시」로 알려진) 바빌로니아의 이야기를 발견했는데, 그것은 창세기 1장에 기록된 창조 이야기와 비슷했다. 예를 들어 "물"은 둘로 갈라져 "패배한" 혼돈을 나타내며, 머리 위의 장애물이 하늘 위에 있는 혼돈의 물들을 [아래로 내려오지 못하게] 저지한다. 그리고 인간은 최고의 업적으로서 맨 나중에 창조된다.

바빌로니아 문화는 이스라엘 문화보다 훨씬 오래되었으며, 따라서 이스라엘 백성이 바빌로니아인들의 이야기를 모델 삼아 자신의 창조 이야기를 만들어냈는데 바빌로니아인들의 이야기를 베낀 것이 아니라 더 나은 이야기를 만들었다. 이스라엘의 창조 이야기는—아마 바빌로니아인들의 손에 유배당하고 있는 시기에 쓰였음에도—이스라엘의 하나님은 **참된** 창조주이시기 때문에 그분이 바빌로니아의 모든 신보다 뛰어나시다는 선언이었다. 바빌로니아인들과 그들의 신들은 그들의 자리에 놓였다. (「에누마 엘리시」에 대해서는 잠시 뒤에 살펴볼 것이다.)

그 이야기는 가나안 족속들과 바빌로니아인들을 다룬다. 그다음에 이스라엘의 동쪽 이웃인 모압 족속과 암몬 족속이 등장한다. 우리는 창세기에 기록된 소돔과 고모라 이야기에서 그들의 기원에 대해 읽는다. 아브라함의 조카인 롯이 소돔에 살고 있는데 천사적인 존재인 방문자들이 소돔의 사악함 때문에 그 성읍을 파괴하기 위해 왔을 때 그들은 아브라함에게 약속한 대로 우선 롯과 그의 가족을 구한다.

그러나 롯이 동굴에서 두 딸과 함께 살 때 딸들이 롯을 취하게 만들었고 딸들은 롯을 통해 임신하게 된다. 그 딸들은 각각 롯에게 아들을 낳아주는데 작은딸의 아들은 모압이고 큰딸의 아들은 암몬이다.

나는 이 대목에서 이 이야기는 이스라엘의 동쪽 이웃들에 대한 칭찬이 아니라고 말하려 한다. 전투와 국경 분쟁 및 기타 불쾌한 일들이 훗날 국가들로서의 그들의 관계의 특징을 이루는데, 이러한 훗날의 긴장들이 심원한 과거에 뿌리를 두고 있다.

다음에는 이스라엘의 다른 동쪽 이웃인 에돔이 등장하는데 그들은 이스라엘의 기원 이야기에서 야곱의 형 에서에 뿌리를 두고 있다. 야곱은 아브라함의 손자인데 훗날 "이스라엘"로 이름이 바뀌게 된다. 에돔 족속의 조상 에서는 거친 산 사람, 사냥꾼으로 묘사되는데 그는 뜨거운 죽 한 그릇에 동생 야곱/이스라엘에게 자신의 장자권을 파는 어리석은 사람이다. 에돔, 즉 에서는 멍청이다.

그러나 에서는 야곱의 쌍둥이 형제이기도 한데, 그 점은 훗날 에돔과 이스라엘이라는 두 나라가 갖게 될 특정한 관계를 미리 보여준다. 다윗은 모압과 암몬은 다스리지 않는 반면, 에돔은 다스린다(에돔 족속은 다윗의 "종들"이라고 불린다). 훗날 에돔 족속은 솔로몬에게 반역하고 독립을 쟁취하는데 이 점은 창세기에서 에서의 아버지 이삭이 그에게 "[너는] 네 아우를 섬길 것이며 네가 매임을 벗을 때에는 그 멍에를 네 목에서 떨쳐버리리라"라고 말할 때 예견된다.

요약하자면 이스라엘의 훗날의 정치적 실재들이 기원 이야기들에 스며든다. 이스라엘의 조연들(이스마엘 족속, 블레셋 족속, 아람 족속 같은 다른 족속들을 포함하지만 이들에 대해서는 이 대목에서 다루지 않을 것이다)이 소개되고 **이미 평가된다.**

그 점은 이 이야기들이 현재를 설명하려는 의도였다는 것을 역설한다.

물론 이스라엘의 정치 지도에서 **중심**은 이스라엘 자체인데, 그들의 훗날의 삶이 이르게는 아브라함의 이야기에서 예견된다. 아브라함이 처음 등장하는 때는 그가 바빌론에서 가나안 땅으로 이주하는 장면에서다. 이스라엘 백성은 훗날 바빌로니아 유배 후 본국에 돌아갈 때 같은 여정을 되풀이할 것이다.

그리고 아브라함과 사라가 가나안에 정착하자마자 **기근**이 발생하고 그들은 살아남기 위해 **이집트로 가야** 했다. 그들이 이집트에 체류하는 동안 **재앙**이 파라오에게 임한다(그것은 파라오가 사라를 아내로 취했기 때문인데, 아브라함이 자기 생명을 구하기 위해 사라가 자기 누이라며 그녀를 넘겨줬기 때문에 이는 순전히 아브라함의 잘못이다. 누가 성경이 아이들을 위한 책이라고 말했는가?) 파라오는 아브라함을 **불러** 이집트를 떠나라고 명령하고 그 거래가 원활하게 이루어지도록 그에게 온갖 재물을 준다.

아브라함이 이집트로 갔다가 집으로 돌아온 일도 이스라엘의 출애굽 이야기를 반향한다. 족장 야곱/이스라엘이 **기근** 때문에 아들들과 함께 이집트로 이주한다. 노예살이 기간 후 이집트인들에게 재앙이 임하고 이스라엘인들은 해를 당하지 않는다. 아브라함이 소환되었던 것처럼 모세가 파라오 앞에 **소환되어** 이집트를 떠나라는 말을 듣고 **상당히 많은 은과 금과 옷을 가지고 떠난다.**

하나님은 아브라함과 "영원한" 언약—무슨 일이 일어나든 하나님이 그것을 지키시겠다는 엄숙한 합의—을 맺으신다(이 언약은 할례로 표명된다). 하나님은 훗날 다윗과도 영원한 언약을 맺으실 터였다. 다윗이 아브라함 같은 고대의 인물에 연결되었다는 사실은 다윗에게 큰 명예를 주고, 확신이 필요한 사람들에게 그의 왕권에 대한 좀 더 강력한 신임장을 준다.

이스라엘의 조상들과 왕정의 정치적 현실 사이의 부분적인 중복은 우연이 아니다. 창세기는 구약성경의 중심인 그 땅에서의 이스라엘의 삶을 예견한다.

그리고 뛰어난 오경의 저자/편집자는 또 다른 각도에서 같은 요점을 제시한다.

동생을 우대한다

이스라엘의 기원 이야기들을 통틀어 하나님에게는 형보다 동생을 우대하시는 예기치 않은 습관이 있다. 이스라엘을 포함한 고대 문화와 지구상에 출현했던 대다수 문화에서 장자들에게는 특권이 있었다. 그들은 왕위를 계승하고, 부를 상속받고, 아버지의 트럭을 물려받고, 가장 큰 침실에서 자고, 대학 등록금을 지원받는 등의 특권을 누린다. 그러나 이스라엘의 이야기는 이런 경향에 역행한다.

이미 창세기의 앞부분에서 하나님은 동생인 아벨의 제사를 형인 가인의 제사보다 선호하신다. 그 이야기는 왜 아벨이 총애받았는지를 밝히지 않는다. 그 이유는 독자에게 알려지지 않았다. 그러나 우리는 가인이 화가 나 아벨을 죽이는 이야기를 읽는다. 왜 이 이야기가 기록되었는가? 왜 이 대목에 기록되어 있는가? 우리가 계속 읽어나가다 이 대목에 창세기와 이스라엘의 전체 역사에 흐르는 패턴―신비하게도 동생이 형보다 우대를 받는다―이 새겨져 있다는 것을 알기 전에는 그것이 명확하지 않다.

하나님이 그렇게 하라고 명령하셔서 아브라함의 맏아들 이스마엘이 쫓겨나고 둘째 아들 이삭이 우대를 받는다. 이삭의 맏아들 에서의 장자권과 축복은 그의 동생 야곱에게 돌아가는데, 야곱은 머지않아 "이스라엘"로 개명되고 이스라엘의 열두 족장이 될 열두 아들을 낳는다.

멋진 채색옷으로 유명한 요셉은 야곱의 열한 아들 중 막내아들이지만 결국 이집트에서 파라오의 오른팔 격인 인물로서 자기의 형들을 다스리게 된다. 다음번 차례는 모세다. 이스라엘을 이집트에서 구원하기 위해 하나님이 선택하신 모세는 그의 오른팔 격 인물인 아론의 동생이다.

이스라엘의 태곳적 이야기들에 동생이 형을 앞지르는 양상이 편만하다. 이스라엘이 국가를 형성한 시기의 이야기에 이르면 그 양상이 당신의 면전에서 전개되며, 사라지지 않을 것이다.

다윗왕―골리앗을 죽인 사람이자 이스라엘의 모든 왕 중에서 가장 위대한 왕―은 그의 형제 중 막내로서 이스라엘의 왕이 될 가능성이 가장 작은 사람이지만, 그가 바로 하나님이 예기치 않게 선택하신 인물이다. 다윗의 아들 솔로몬은 왕위 계승 규칙에 따라 다음번 왕이 될 장자가 아니다. 그러나 솔로몬도 하나님이 그의 이복형 아도니야 대신 예루살렘의 왕좌에 앉도록 선택하신 인물이다.

그 후 이스라엘 국가가 북왕국과 남왕국으로 갈라진 뒤 살아남아 유배에서 돌아오고 그 땅을 다시 차지한 쪽은 둘 중 "어린" 남왕국이다.

이 점은 매우 중요하다.

남왕국은 유다와 베냐민 지파로 구성되었다. 창세기에 따르면 그들의 조상들은 야곱/이스라엘의 맏아들이 아니었다. 유다(남왕국은 그의 이름으로 불렸다)는 야곱의 넷째 아들로서 야곱의 첫 번째 아내인 레아의 아들이었다. 베냐민은 야곱이 사랑하는 아내인 라헬의 아들이었고 야곱의 열두 아들 중 막내였다.

이스라엘은 그들 사이의 심각한 정치적 긴장 때문에 북왕국과 남왕국으로 갈라졌다. 그리고 그들은 갈라진 뒤 수십 년 동안 서로 전쟁을 벌였다. 창세기에 기록된 이야기들에서도 형제들은 서로 사이가 좋지 않다.

가인이 아벨을 죽이고, 이스마엘은 광야에 남겨져 죽을 뻔하고, 에서는 야곱을 죽이기를 원하며, 요셉의 형들은 요셉을 구덩이에 던지고 나중에는 그를 노예로 판다.

이스라엘 국가는 국가적인 차원에서 "경쟁하는 형제"다.

경쟁에서 이긴 남왕국이 **유배의 위기의 여파로 이스라엘의 이야기를 편집하고 구성했다**는 사실 속으로 들어가 보자.

이스라엘의 먼 과거에 동생이 경쟁에서 이기는 형제 사이의 경쟁 이야기들은 우연히 분열 왕국의 이야기와 비슷하게 보이도록 "일어난" 것이 아니다. "동생"인 남왕국 유다가 그들의 긴 드라마와 궁극적인 승리의 대본을 썼고 그것을 이스라엘의 태곳적 이야기들 안으로 들여왔다.

이스라엘의 기원 이야기들과 하나님이 동생을 우대하시는 것은 왜 "동생"인 남왕국이 바빌로니아의 유배에서 생존한 반면, "형"인(그리고 더 크고 강력한) 북왕국이 150년 전에 아시리아인들에 의해 역사의 뒤안길로 사라졌는지를 설명하기 위해 쓰였다.

이스라엘의 기원 이야기들에 (그 단어의 현대의 의미에서) 어떤 역사가 놓여 있는지—이스라엘인들이 실제로 아브라함을 조상으로 둔 확대 가족으로 시작했는지 등—는 학자들 사이에 논쟁의 대상이 되고 있지만 우리가 이 대목에서 모든 세부사항을 살펴볼 필요는 없다. 내가 말하고자 하는 요점은 태곳적 이스라엘의 이야기들은 "그때 무슨 일이 일어났는지를 말하기" 위해 쓰이지 않았다는 것이다. 그 이야기들은 현재를 설명하기 위해 쓰였다. 과거는 현재에 대해 말하기 위해 형성된다. **태곳적** 이스라엘의 이야기—성경 전체에서 가장 낯익은 이야기 중 하나—역시 현재를 설명하기 위해 형성된다.

아담, 그대는 누구인가?

아담과 하와라는 최초의 부부, 금지된 나무에 열린 금지된 열매 한 입, 말하는 뱀, 고생할 운명. 많은 사람이 성경의 시작 부분의 이야기에 등장하는 이 순간들을 알고 있다. 그러나 이 이야기가 창세기에 기록된 다른 이야기들처럼 어떻게 훗날 이스라엘의 삶을 예견하는지는 그다지 잘 알려지지 않았다.

실제로 아담의 이야기는 처음부터 끝까지 이스라엘의 전체 이야기를 예견한다.

아담이 성경에 등장하는 최초의 인간이라고 가정하는 사람이 많지만, 창세기 1장에 따르면 인간은 이미 창조의 여섯 번째 날에 창조되었다. 창세기 2장에서는 하나님이 "흙으로"(땅의 먼지로) 아담을 지으셨다고 말한다.

창세기 1장에서 이미 인간이 창조되었다면 하나님이 창세기 2장에서 창조하신 이 아담은 최초의 인간으로 보이지 않는다. 그렇다면 그는 누구인가? 아담은 창세기 2-3장에 기록된 이스라엘의 전체 이야기다.

아담은 하나님에 의해 창조되어 하나님의 거처인 에덴동산이라는 비옥한 땅에 놓인다. 이곳은 하나님의 재산이기 때문에 하나님이 규칙을 만드신다. 하나님은 아담에게 한 가지 명확한 명령을 내리신다. "아담아, 네가 원하는 것은 무엇이든 실컷 먹어라. 그러나 **선과 악을 알게 하는 나무**

의 열매는 먹지 말라."

규칙은 단순하다. 아담이 순종하면 그가 낙원에서 살 것이다. 그가 불순종하면 "바로 그날에" 죽을 것이다. 아담과 하와는 금지된 나무의 열매를 먹음으로써 그 명령을 어기지만, 적어도 신체적으로는 그날에 죽지 않는다. 대신 그 이야기는 그들이 동산에서 쫓겨나─**유배되어**─동산 입구를 지키는 무장한 천사들에 의해 하나님의 땅에 접근이 금지되었다고 말한다.

순종하면 그 땅에 머물지만 불순종하면 추방된다. 이스라엘의 이야기는 똑같은 양상을 따른다.

하나님은 이스라엘 백성을 이집트의 노예살이라는 치욕에서 구하신 후(말하자면 흙으로 지으신 후) 그들을 "젖과 꿀"이 흐르는 비옥한 땅 가나안에 두신다. 하나님은 아담에게 하셨던 것과 마찬가지로 규칙을 정하신다. 하나님은 이스라엘에게 따라야 할 명령, 곧 시내산에서 모세에게 주어진 율법을 주신다. 이스라엘 백성이 이 율법에 순종하면 그들은 그 땅에서 오래 살고 하나님이 주시는 복을 누릴 것이다. 불순종하면 그들은 가나안에서 쫓겨나 외국 땅으로 유배될 것이다.

여기서도 순종하면 그 땅에 머물고 불순종하면 추방된다.

아담 이야기는 추방이 일종의 "죽음"─영적 죽음, 하나님의 현존으로부터의 분리─이라는 개념을 이용한다. 그것이 아담이 금지된 열매를 먹은 "바로 그날" 실제로 죽지 않고 에덴동산에서 쫓겨난 이유다.

다른 곳에서 구약성경은 가나안 땅이 "생명"의 장소라고 묘사한다. 하나님이 현존하시고 자기 백성에게 복을 가져오신다. 그러나 바빌로니아로의 유배는 "죽음"─하나님의 현존하시는 그 땅에서 멀어져 저주의 장소, 처벌의 장소로 감—이다. 예언자 에스겔은 마른 뼈들로 가득 찬 골짜기가 서서히 근육과 핏줄이 자라 살아나는 오싹한 환상에서 이 점을 멋지게 요약한다. "좀비 아포칼립스 3편"(Zombie Mega-Apocalypse 3)의 대본처럼 들릴 수도 있지만, 그것은 유배 중에 "죽었던" 이스라엘 백성이 그 땅에 귀환할 때 소생하는 것에 대한 생생한 상징이다.

하나님과 함께하는 생명에서 유배의 죽음으로 끝나는 아담의 이야기는 이스라엘 이야기의 축소판이다. 랍비들은 늦어도 중세 때부터 이 점을 알아차렸는데 그들이 그렇게 생각한 데는 충분한 이유가 있었다.

창세기가 "이스라엘"이라는 히브리어 단어는 "하나님과 씨름하다"를 의미한다고 말해준다는 것을 내가 얘기했던가? 앞서 얘기하지 않았다고 하더라도 방금 언급한 셈이다. 왕정 시기 동안 하나님의 명령들에 순종하기 위한 이스라엘의 씨름과 고국 땅 상실에 관한 긴 서사가 이스라엘의 이야기꾼들을 통해 태곳적 이야기 안에 반영되었다.

그렇다면 아담 이야기는 단순히 과거에 관한 이야기가 아니다. 그것은 이스라엘의 현재가 과거—심지어 인간의 드라마 자체가 시작된 과거—안으로 투영된 이야기다.

그러나 이스라엘의 이야기꾼들은 이스라엘의 이야기를 그보다 훨씬 먼 과거로 밀어낼 것이다.

출애굽 이야기

출애굽. 당신은 아마 해마다 부활절에 TV에서 방영되는 "십계" 영화를 보았을 것이다. 불타는 떨불, "내 백성을 가게 하라", 물이 피로 변함, 사람들이 좌우에서 죽음, 찰턴 헤스턴(Charlton Heston)이 허만 먼스터(Herman Munster)의 아내(이본 디 카를로[Yvonne De Carlo])와 결혼하기 위해 앤 백스터(Anne Baxter)와 헤어짐, 홍해가 중간에서 갈라짐, 노예들이 율 브리너(Yul Brynner)의 마수에서 구출됨, 돌판에 율법들이 새겨짐, 에드워드 G. 로빈슨(Edward G. Robinson)이 모든 것을 망침. 네 시간이나 상영되는 그 영화의 주제를 고려해보라. 그것은 이스라엘의 핵심적인 순간 중 하나이자 아마 **가장 중요한** 순간일 것이다. 이집트의 노예 생활로부터 이스라엘이 탄생해 하나님의 인도를 받아 국가를 형성하는 긴 여정을 시작하려 하고 있다.

출애굽 사건은 이스라엘의 역사에서 핵심적인 사건이지만, 지난 100년 이상 그 이야기는 역사적 관점에서 많은 사람에게 큰 골칫거리였는데, 학자가 아니더라도 이 점을 알 수 있다. PBS 방송의 "노바"(Nova) 프로그램이나 "히스토리" 채널 또는 구약성경에 대한 대학교 학부 수준의 개론서를 보라.

현대의 역사가들은 이집트의 자료를 포함하여 어떤 자료도 이 정도 범위의 사건에 대해 암시조차 하지 않는 것을 당혹스럽게 생각한다. 성경에 따르면 성인 남성 60만 명—여성과 아이들을 포함하면 200만 명(볼티모어시의 인구에 해당한다)—으로 구성된 한 무리의 노예들이 이집트에서 나와 자기들의 하나님이 이집트의 군대를 익사시키고 그 제국을 복종시킨 후 행진했다. 그런데 아무도 이 사건에 대해 언급하지 않는다는 것이 이상하지 않은가?

이집트인들은 자기들이 노예들 및 광야에 거하는 그들의 하나님에게 패했음을 인정하는 것이 너무 당황스러워 어떤 기록도 남기지 않았을지도 모른다. 정치적 꼼수는 언제나 선택지 중 하나였지만 말이다. 이 책에 기록된 메사 왕을 기억하는가? "우리가 이스라엘인들에게 패한 이유는 우리의 신이 우리에게 화가 났기 때문이다. (그런 식의 설명이 계속될 것이다.)"

이집트가 이 공공연한 난처함을 감추었다고 하더라도 우리는 다른 나라들이 그 일을 거듭 말했을 것이라고 예상할 것이다. "이리 모여라. 강력한 이집트의 패배 이야기를 들려주겠다. 파라오와 그의 군대가 보잘것없는 노예들과 그들의 강한 신 앞에서 어떻게 겁을 먹었는지를 말이다"라는 식으로 말이다. 그러나 그런 이야기는 아무것도 없다.

역사가들은 또한 나일강 삼각주 어딘가(성경에서 말하는 "고센 땅")에서 많은 이스라엘 노예가 살았던 물리적 흔적을 발견하리라고 예상할 것이다. 그러나 아무것도 발견되지 않았다. 적어도 긍정적인 것은 말이다. 이집트인들이 그들의 기록들에서 "아시아계" 노예 노동을 언급하기는 하지만 그것은 일반적인 용어이며, 그들이 이스라엘 백성이었음을 의미하지는 않는다.

그리고 사람들이 대규모로 40년 동안 광야를 배회했다면 어떤 흔적을 남겼겠지만, 그런 흔적도 전혀 없다. 그리고 그런 광경을 아무도 보지 못했을 것으로 생각되지는 않는다. 고고학자들이 선사 시대의 수렵-채취 생활자들에 관한 증거를 발견했다면 그들에게 3,200년 전에 많은 노예가 광야를 지나 자기들의 새로운 터전인 가나안의 중서부를 채웠다는 **어떤** 증거를 발견하라고 요청하는 것이 지나친 요구인가?

이후 이스라엘의 왕정 이야기들은 이집트의 시삭, 모압의 메사, 아시리아의 산헤립, 바빌로니아의 느부갓네살, 페르시아의 고레스 같은 적대적인 왕들에 대해 언급하는 데 문제를 느끼지 않는다. 그러나 **이스라엘 백성을 노예로 삼고 400년간 다스렸던** 파라오에 대해서는 어떤가? 그에 관해서는 전혀 알 수 없다. 출애굽기는 그를 "이집트에 일어난 새 왕"이라고 소개한다. 저자가 그의 이름을 잊어버렸는가? 그것은 중요하지 않은 세부사항이었는가? 아니면 이것이 우리가 후대의 이야기들과 같은 수준의 역사를 다루고 있는 것이 아니라는 또 다른 암시인가?

나는 출애굽 이야기가 실제로 어느 정도 역사적 근거를 지니고 있다고 생각한다. 그것은 아무것도 없는 데서 꾸며낸 이야기가 아니다. "우리는 노예로 시작했다"로 시작하는 국가의 기원 이야기는 사람들이 깊은 인상을 남기기 위해 지어낼 성싶은 이야기가 아니다. 아마도 훨씬 적은 "아시아계" 노예들—약 수백 명—이 카리스마가 있는 인물의 인도 아래 이집트를 떠나 가나안으로 갔을 것이다. (그리고 "모세"라는 이름은 투트모세["투트"왕]처럼 이집트식 이름으로 보인다.) 시간이 지남에 따라 그 이야기가 여러 세대 동안 계속 다시 말해졌고 장기간에 걸쳐 재형성되어 마침내 우리의 성경에 기록되어 있는 최종 버전이 되었다.

그것은 성서학자들 사이에서 그럴듯한 설명이지만 확실하지는 않다.

나는 열린 마음을 유지하고 있어서 기쁘지만, 한편으로는 알지 못해도 괜찮다는 것을 배웠다. 그러나 우리가 어떻게 하든 출애굽 이야기의 역사적인 문제가 존재하지 않는 척 가장할 수는 없다.

역사로서의 출애굽기에는 어느 정도 도전 과제들이 있다. 그러나 **이야기**로서는 괜찮다. 조심하라. 이야기에는 강력한 효과가 있지만, 우리가 역사적 각도에 초점을 맞춘다면 그 효과를 놓칠 것이다. 이스라엘의 이야기꾼들은 자기들의 백성을 단지 아담에게 연결하고 있을 뿐만 아니라(아담 사건은 매우 먼 과거의 일이지만 말이다), 창조세계 자체와 우주적 영역의 첫 순간, 즉 성경의 첫 장인 창세기 1장에 연결하고 있다.

신들이 싸울 때

출애굽 이야기에 어떤 역사적 배경이 있든 이스라엘의 이야기꾼은 확실히 그것에 비역사적인 옷을 입히기 위해 열심히 노력했다.

몇몇 학자는 그 비역사적인 옷을 신화라고 부르는데, 우리가 "신화"는 "환각 상태에서 만들어낸 어이없는 일들"을 의미하지 않는 것을 기억하는 한 그렇게 불러도 무방하다.

신화들은 고대 때 지금 여기서 발견되는 것이 아니라 태곳적에 신들의 행동 배후에 존재한 실존의 좀 더 높고 좀 더 기본적인 차원에서 발견되는 궁극적 실재를 묘사하는 방법의 일환이었다. "그때 위에서" 일어난 행동들의 여파가 지금 이곳에서 일출, 식물의 발아, 출생 등 우리 주위의 거의 모든 것에 반영된다고 믿어졌다.

달리 말하자면 신화들은 현재의 세상을 하늘의 영역과 영원한 영역에 연결해주는 매우 의미 있는 이야기들이었다.

신화들은 국가의 기원 이야기들에서도 일정한 역할을 한다. "하나의 민족으로서 우리가 누구인가는 궁극적으로 오래전에 신적 영역에서 일어난 행동들에 뿌리를 둔다. 신들이 오래전에 어떤 일을 시작되게 했기 때문에 우리가 이곳에 존재한다."

예를 들어 앞에서 우리는 「에누마 엘리시」(*Enuma Elish*, "위로부터 ~했을 때")라는 바빌로니아의 이야기를 얼핏 살펴보았다. 이 이야기에서 우리는 마르두크(Marduk) 신이 시간이 시작될 때 티아마트(Tiamat)를 죽임으로써 우주적 전투에서 승리한 것에 관해 읽는다. 티아마트는 마르두크의 고조할머니일 뿐만 아니라(가족의 역기능에 관해 말한다) 물의 혼돈에 대한 상징이기도 하다.

마르두크는 티아마트를 둘로 잘라(세로로 길게 그녀의 살을 발라) 혼돈을 거주할 수 있는 장소로 만들었다. 그는 티아마트의 시신의 반쪽으로 위의 물을 저지할 머리 위의 장애물을 만들고 다른 반쪽으로는 아래의 땅을 만들었다. 이 물의 혼돈을 죽이고 거주할 수 있는 세상을 만듦으로써 마르두크는 다른 모든 신 위의 신인 주신으로 인정받았다.

이 대목에서 정치적 측면이 개입한다. 우주적 승리를 얻은 마르두크는 함무라비(Hammurabi)를 고바빌로니아 왕조(기원전 1750년 경)의 왕으로 선택한 신이기도 하다. 이해되었는가? 마르두크가 자기의 백성에 대한 함무라비의 새로운 통치를 선택했기 때문에 함무라비에 대항하는 것은 마르두크 자신에게 대항하는 셈이었다. 마르두크의 승리 이야기가 함무라비 정권을 정당화하고 합법화했다. 우리는 이 우주적 창조의 파급 효과를 국가의 설립에서 볼 수 있다.

이스라엘 백성은 신적 영역에 뿌리를 둔 자신의 국가 설립 내러티브를 갖고 있다. 그것은 우리를 출애굽 이야기로 데려간다(그리고 이 대목에서 당신은 그 영화를 본 것을 잊어버리기를 원할지도 모른다).

하나님이 이집트에 열 가지 재앙을 보내시고 홍해를 가르셔서 이스라엘 백성을 구원하시고 그들이 국가로서 시작하게 하신다. 그러나 이 행동들은 하나님이 파라오를 위협하기 위해 아무렇게나 위력을 행사하신 것이 아니다. 출애굽은 역시 신들 사이의 전투에 뿌리를 둔 이스라엘의 시작 이야기다. 야웨(구약성경에 사용된 하나님의 이름)가 누가 최고인지를 보여주시기 위해 이집트의 신들을 강타하신다.

이스라엘 백성이 이집트에서 파라오의 지배하에 놓여 있는 한 그들은 또한 이집트의 신들의 통제하에 있는 셈이다. 그리고 파라오는 그런 신 중 하나로 여겨졌다. 야웨는 자신의 선민이 다른 신들을 섬기도록 강제되는 것을 허용하지 않으시므로, 전쟁을 벌이시고 그들을 되찾아 오신다. 따라서 파라오가 전혀 들어본 적이 없던 신, 곧 노예가 된 사막 백성의 하나님이 세계적인 초강대국의 영토 안으로 진격해 들어오셔서 그 나라의 "강력한" 신들을 압도하신다. 마치 무하마드 알리(Muhammad Ali)가 학교 운동장의 불량배를 혼내주듯이 말이다.

"신적 전투"라는 신화적 주제를 놓친다면 우리는 출애굽 이야기의 드라마와 에너지를 놓치게 된다.

야웨는 모세와 파라오 사이의 첫 번째 대면부터 이집트의 신들을 희롱하기 시작하신다. 모세가 자기 지팡이를 파라오 앞에 던지자 그 지팡이가 뱀이 된다. 코브라는 이집트의 힘의 상징이었다. 그래서 파라오들은 자기들을 코브라(또는 1980년대의 머리띠)처럼 보이게 하는 재미있는 모자를 썼다. 자기들 나름의 신적 힘을 갖춘 파라오의 신성한 참모들은 씩 웃으며 힘들이지 않고 같은 일을 해낸다. 그러나 모세의 지팡이가 파라오의 뱀들을 삼킨다.

그 상징은 모세를 뒷받침하시는 하나님이 이집트를 뒷받침하는 신들보다 위대하시다는 것을 역설한다. 모세와 파라오 사이의 첫 번째 대면에서 우리는 이미 이 모든 장면이 어떻게 전개될지를 알게 된다.

그다음에 열 가지 재앙이 일어난다. 첫 번째 재앙은 나일강과 이집트의 모든 물 근원을 피로 바꾼다. 나일강은 이집트의 존재의 원천이었고 신으로 숭배되었다. 나일강이 피로 변한 것은 단지 "참으로 이상한" 일이기만 한 것이 아니었다. 그것은 그 신의 패배를 상징했다. 야웨는 그들의 신에 의해 보호된다고 생각된 이집트의 생명의 원천을 죽음의 원천으로 바꾸실 수 있다.

두 번째 재앙은 개구리들이 이집트 전역에 증식하게 만든다. 모든 것을 통제한다고 생각되었던 풍요의 여신 헤케트(Heqet)는 개구리의 머리를 한 것으로 묘사되었다.

아홉 번째 재앙으로 건너뛰자면, 야웨는 해를 어두워지게 만드신다. 이집트의 최고신이자 파라오의 후견신은 태양신 라(Ra)다(마르두크가 함무라비의 후견신인 것과 비슷하다). 야웨는 그저 자신의 손가락들을 끄떡이시는 것만으로 라가 빛을 내지 못하게 만드시는데, 이것은 이집트의 운명에 상서로운 조짐이 아니다.

이스라엘 백성이 이집트에서 떠나기 전날 밤에 하나님은 이집트인들에게 열 번째이자 마지막 재앙을 보내셔서 이집트 전역에서 처음 난 것들이 모두 죽게 하신다. 하나님은 "이집트의 모든 신에게" 심판을 집행하시겠다고 말씀하심으로써 이 마지막 타격을 선언하신다. 이집트의 죽음의 신은 오시리스(Osiris)다. 오시리스의 세력권에서 죽음을 통제하심으로써 야웨는 오시리스를 제어하시고 자신이 통제하신다.

재앙들은 아무렇게나 재주를 부리는 것이 아니다. 그 재앙들은 이쪽 코너에는 신진 도전자인 이스라엘의 하나님 야웨가 출전하시고, 다른 쪽 코너에는 군림하는 챔피언들인 이집트의 신들이 출전하는 케이지 매치다. 경기는 10라운드까지 진행되는데 각각의 라운드에서 야웨가 확실한 승자시다. 사실 여덟 번째 재앙에서 파라오는 졌다고 말하고 이스라엘 백성을 보내 줄 용의가 있다. 그러나 야웨가 "파라오의 마음을 굳어지게 하시자" 그는 이스라엘 백성을 보내 주지 않는다. 야웨는 아직 파라오를 다루는 것을 끝내지 않으셨다. 쥐를 데리고 노는 고양이가 쥐를 살려둔 채 계속 놀 듯이 말이다.

홍해를 갈라지게 함으로써 최후의 일격이 가해진다. 하나님이 바다를 둘로 가르시고 바닥이 드러나게 하신다. 이스라엘 백성이 자유를 향해 행진하고 새로운 **국가**가 태어나지만, 이 대목에 들어있는 상징을 우리가

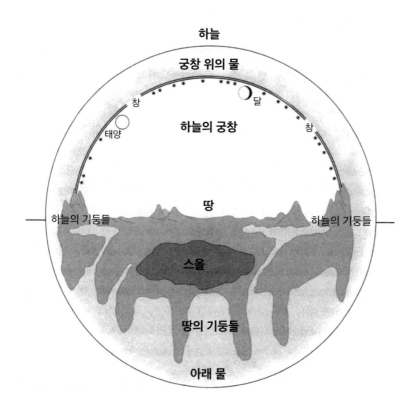

놓치지 않아야 한다. 이스라엘 국가의 탄생 이야기는 창세기 1장에 기록된 6일 창조 이야기를 반향한다.

하나님이 창조를 시작하시기 전에 "어둠이 깊음의 표면을 덮었다." "깊음"은 우리가 「에누마 엘리시」에서 본 바와 같이(그곳에서 어둠은 티아마트로 의인화된다) 구약성경에서 원시의 혼돈의 물을 가리키는 방식이다.

첫째 날 빛을 창조하신 후 하나님은 깊음으로 주의를 돌리신다. 둘째 날 하나님은 **깊음을 둘로 나누시고** 그것을 갈라놓으셔서 "궁창 위의" 물들과 아래의 물들을 형성하신다. 궁창은 말하자면 우리가 "하늘"이나 "대기"로 부를 공기 주머니를 만들어낸다.

셋째 날 하나님은 아래의 물, 즉 지구 전체를 덮은 방대한 물에 시선을 고정하신다. 그분은 그것을 나누어서 밑의 마른 땅이 드러나게 하시는데, 출애굽기에서 홍해가 갈라진 것이 바로 이렇게 묘사된다. 하나님은 물을 한 번이 아니라 두 번 갈라지게 하심으로써 하늘과 대양과 육지를 형성하셨고, 그것들은 후에 공중 생물과 바다 생물 및 인간을 포함한 육지 생물로 채워진다.

이스라엘의 이야기꾼들은 그들의 국가의 기원(출애굽), 그들의 백성의 창조를 전쟁하는 신들과 혼돈의 물들이 둘로 갈라진 것의 관점에서 묘사한다. 즉 "지금 이곳에서" 우주 창조 때의 "그때 위에서"를 재현한다. 우주를 창조하시기 위해 혼돈을 길들이셨던 하나님이 이스라엘을 창조하시기 위해 파라오와 그의 신들도 길들이신다.

두 이야기 모두에서 물이 등장하는데, 물은 세 번째 이야기에서도 등장할 것이다.

물로 무슨 일을 하는 것인가?

성경에는 하나님 및 물과 관련하여 신비한 이야기가 하나 더 등장하는데 그것은 노아와 홍수 이야기다. 이스라엘의 이야기꾼들은 창조, 노아, 출애굽을 뚜렷하게 연결한다.

출애굽과 마찬가지로 홍수 이야기의 배후에도 역사가 놓여 있다. 지질학적 발견에 의존하는 많은 학자가 기원전 2,900년 경에 메소포타미아에서 발생한 큰 홍수가 고대 세계에 퍼진 많은 홍수 이야기의 배경이라고 믿는데, 그중에는 다윗왕이 등장했을 때 이미 약 2,000년이나 된 이야기들도 있었다.

이 이야기들은 모두 그 홍수가 신적 처벌이었다는 믿음을 반영한다. 학자들이 「아트라하시스 서사시」(주인공의 이름을 따라 그렇게 불린다)라고 부르는, 메소포타미아 버전의 유명한 이야기에서 홍수는 인간이 너무 시끄럽게 해서 신들을 쉬지 못하게 한 데 대한 신적 처벌이었다. 성경의 홍수 이야기는 판이한 접근법을 취한다. 우리는 성경의 홍수 이야기가 지나치다고 생각할지 모르지만, 이스라엘 백성은 잠을 빼앗겨 심술이 난 신들에게 비난을 돌리지 않았다. 인간의 사악함과 악이 문제였다.

이 대목에서 내 요점은 홍수 이야기가 역사에 뿌리를 두고 있기는 하지만 온통 신화의 옷을 입고 있다는 것이다. 홍수는 통제를 벗어난 폭우가 아니었다. 창세기 1장에서 하나님이 만드신 창조세계가 파괴되었다. 창조

세계가 창조되기 이전으로 되돌아갔다. 질서가 무너져 무질서한 상태로 되었다.

둘째 날 창조되어 혼돈의 "위의 물"을 억제했던 하늘의 궁창에 "창들"이 있었다(174쪽의 그림을 보라). 홍수는 하나님이 이 창들을 여셔서 "위의 물들"이 쏟아져 내리게 하신 결과다. 그리고 "깊음의 샘들"이 열려 "아래의 물들"이 뿜어져 나왔다. 창조 때 분리되었던 물들이 위와 아래 양쪽에서 나와 합쳐져 창조세계를 파괴하고 우주를 창조 전의 원래의 혼돈 상태로 되돌렸다.

노아 시대 때 하나님 편에 있지 않던 사람들(노아와 그의 가족을 제외한 모든 사람)이 물에 빠져 죽었다. 갈라졌던 홍해가 다시 합쳐졌을 때 하나님의 적인 이집트인들이 익사한 것처럼 말이다. 이는 말하자면 홍수가 소규모로 재현된 사건이다.

노아와 그의 가족은 하나님이 방주를 짓고 타르 비슷한 방수 물질인 역청을 바르라고 하신 말씀대로 방주를 지어 목숨을 구한다. 이 대목에 사용된 히브리어를 약간 살펴보자면 방주에 해당하는 단어는 **테바**(*tevah*)인데, 그 단어가 구약성경의 다른 곳에서는 모세 이야기에 딱 한 번 등장한다.

남자 아기들을 모두 나일강물에 던져 죽이라는 파라오의 칙령을 피하고자 모세의 누이는 그를 가라앉지 않도록 방수 처리한 바구니(**테바**, *tevah*)에 넣어둔다.

하나님이 노아가 방주 안에서 물의 시련을 안전하게 통과할 수 있게 하신 것처럼 모세 역시 "방주" 안에서 나일강물 위에 안전하게 떠 있었다. 얼마 뒤 이스라엘의 모든 백성이 마른 땅 위로 홍해를 건널 때 물의 시련을 안전하게 통과하게 된다.

나는 이 대목에서 우리가 많은 이슈를 다루고 있으며(언어유희가 의도된다), 이스라엘의 고대의 사고방식에 열린 마음으로 성경을 읽는다는 것이 어려운 작업임을 안다. 그것은 의문의 여지가 없다.

그러나 시간을 들여 그렇게 할 가치가 있다.

세 이야기―창조, 노아, 출애굽―모두에서 하나님이 물을 완전히 통제하신다. 물이 억제될 때는 생명이 있다. 물이 방류되면 하나님의 적들에게는 파멸이 있지만, 하나님의 백성에게는 안전과 새로운 시작이 있다.

그런데 우리가 왜 이 모든 것을 말하고 있는가? 왜 출애굽, 창조 이야기, 홍수, 역기능적인 바빌로니아의 신적 가족들에 대해 살펴보는가? 그것이 우리에게 이스라엘의 이야기꾼들이 무슨 일을 하고 있었는지를 이해하도록 도움을 주기 때문이다.

상기하자면 성경의 저자들은 왕정이 시작된 때부터 바빌로니아에서 귀환하고 오랜 뒤까지의 시기에 글을 썼다. 그들은 자기들의 기원 이야기, 그들의 "국가 창조"를 오래전보다 오래전인 태곳적 시간, 시간 전의 시간인 우주 창조 때의 이야기들에 뿌리를 두게 했다.

백성으로서의 이스라엘의 창조는 우주를 창조하신 바로 그 하나님의 수중에 있었다. 우주적인 적인 깊음의 혼돈의 물을 길들이신 하나님이 이스라엘의 창조 때 그들의 적인 이집트인들과 그들을 뒷받침한 신들도 무력하게 하셨다.

옛적의 강하신 하나님이 여전히 이스라엘과 함께하신다. 하나님의 선민으로서 이스라엘의 실존이 태곳적 시간과 신적인 영역 안에 쓰인다.

나는 성경에 대해 특정한 기대―성경은 신화를 피하고 우리가 그 용어를 이해하고 있는 대로의 역사를 말해줘야 한다는 식의 기대—를 하는 독자들은 이런 식의 사고에 익숙해지기가 어렵다는 것을 이해한다. 그러나 특히 우리가 이스라엘의 심원한 과거의 이야기들을 읽을 때 우리의 관점이 성경이 어떻게 말해야 하는지를 결정하지 않도록 특별히 주의할 필요가 있다.

내가 앞서 얘기한 바와 같이 하나님이 그분의 자녀들에게 **그들이** 이해하고 **그들에게** 의미가 있는 방식으로 포장하여 말하게 하셨을 때 출애굽 이야기 같은 이야기가 쓰였다.

이 이야기들은 고대의 이야기들이다. 이스라엘 백성이 창조 때 궁극적으로 혼돈을 길들이신 존재로서의 하나님에 관해 말한다는 것은 대담한 믿음의 진술이었다. 이제 다른 나라들의 어떤 신도 그 위치를 유지할 수 없게 되었다. 그리고 이 하나님이 나타나셔서 그들의 조상들을 이집트에서 빼내시기 위해 좀 더 작은 버전의 그 행동을 수행하신다. 침례교도인 내 친구들은 "그것은 설교할 소재가 되겠다"라고 말하곤 했다. 오늘날에는 그렇지 않을지도 모르지만, 당시에는 확실히 그랬다.

분열된 왕국과 바빌로니아로의 유배라는 위기의 그늘 속에서 살고 있던 고대 이스라엘의 이야기꾼들에게 있어 이 모든 것이 의미하는 바는 다음과 같다. "시간이 생기기 전부터 존재하신 태곳적의 강하신 창조주, '그때 위에' 계시던 하나님이 지금 여기서 우리 편이시기 때문에 우리가 여전히 이곳에 있다."

그것은 이스라엘의 신앙의 요약이다. 이것이 이스라엘의 이야기다.

이야기들은 효과적이다

역사는 기독교 신앙에 매우 중요하다. 하나님에 관해 그리스도인들이 믿는 내용은—특히 예수에 관해서는—하나님이 실제로 나타나셔서 뭔가를 행하신 시공간의 사건들에 뿌리를 두고 있다(비록 우리가 그것을 어떻게 설명해야 할지 모르더라도 말이다). 따라서 성경이 이러저러한 일이 일어났다고 말할 때 기본적인 반응은 그것을 역사로서 액면 그대로 받아들이는 것이다.

그러나 성경 자체가 문제를 복잡하게 만든다. 성경의 저자들은 단순히 과거를 일어난 그대로 보고한 것이 아니라 의식적으로 형성했다.

현대의 역사 연구도 "성경은 우리가 아는 방식의 역사여야 한다"는 아이디어에 항상 도움이 된 것은 아니었다. 이스라엘의 핵심적인 순간들인 출애굽과 가나안 정복조차 이야기로서의 경향을 띠고 있고 현대의 역사로부터는 벗어난다.

"성경이 일어났다고 말하는 것들이 실제로 일어났는가?"는 여러 세기 동안 그리스도인들에게 성가시고 곤혹스러운 질문이었으며, 지금도 몇몇 사람이 신앙과 거리를 두거나 신앙을 버리는 중요한 이유다.

그 질문은 사라지지 않을 것이다. 그래서 우리는 이 장에서 역사의 문제를 다른 각도에서 보는 데 어느 정도 시간을 할애할 필요가 있다. (당신은 이 장이 앞 장보다 길다는 것을 알아차렸을 것이다. 지금부터는 좀 더 나아지리라고 약속한다. 정말이다.)

성경과 역사의 문제에는 극단적인 견해 차이가 존재한다. 한쪽 극단에는 드디어 우리가 성경은 거짓말이고 성경을 극복할 수 있다는 것을 알게 되었노라고 흥분하는 사람이 있다. 다른 쪽 극단에는 그런 "공격"으로부터 성경을 보호하기 위해 전면적이고 필사적으로 방어하면서, 달리 말하는 사람들에게 단호하고 조금도 양보하지 않는 사람들이 있다.

그런 극단적인 차이를 보이는 문제에서 어려운 문제들을 평화롭고 조용하게 생각해볼 공간을 마련하는 일은 어려울 수도 있다. 사려 깊게 질문하는 사람들은 종종 어디서도 입지를 확보하지 못하고 양측 **모두**로부터 적대적인 공격을 받는다.

나는 양측 **모두**—"이제 우리는 성경이 거짓말투성이라는 것을 안다"는 측과 "성경이 하나님의 말씀이려면 역사적으로 정확해야 한다"는 측—"성경"이라고 불릴 가치가 있는 책이라면 역사를 "올바로" 기술해야 한다는 잘못된 가정에서 시작하기 때문에 틀렸다고 생각한다.

이들이 "역사를 올바로" 기술한다는 것은 무엇을 의미하는가? 그들은 현대 서구인들이 역사가 의미한다고 생각하는 것—사실들을 일어난 그대로 보고하고 윤색이나 정교화를 최소화하는 것—을 의미한다. 양측은 성경에 대한 그릇된 기대를 지니고 시작한다. 그들이 공개적으로 그렇게 말하든 말하지 않든, 그리고 심지어 자기가 무슨 일을 하는지 깨닫든 깨닫지 못하든 간에 말이다. 그들은 자신을 같은 곤경에 밀어 넣고서 여러 세대 동안 상대방을 비난해왔다.

기독교의 경로를 따라 여행하는 신앙인으로서 나는 성경을 성경이 의도하는 바대로 받아들이기 위해 최선을 다하기를 원한다. 나는 가급적

성경이 어떻게 말하는지를 지켜보고 성경〔

는지를 이해하기 위해 노력하기를 원한다. 나는 내 기대를 고대 텍스트노

서의 성경과 정렬시키고 신앙의 도전을 받아들이기—사안들이 어떠해야

한다고 내가 생각하는 것들을 내려놓고 하나님께 복종하기—를 원한다.

아이러니가 존재한다. 좀 더 보수적인 기독교 진영에서 "역사책"으로

서의 성경을 열정적으로 방어하는 것은 의도는 좋지만 참으로 하나님께

복종하는 행동이 아니다. 그것은 하나님을 우리에게 복종시키려는 처사

다.

성경은 하나님을 우리와 비슷하게 보이게 만드는 것의 가장 극단적

인 형태를 우상숭배라고 부른다.

나는 오랫동안 "이야기를 하는 것"이 "역사를 쓰는 것"보다 성경이

과거를 다루는 방식을 이해하는 좀 더 나은 방법이라고 점점 더 확신하게

되었다. 이 확신은 지적인 측면과 영적인 측면 모두에 해당하는데 그 여정

은 내가 신학교 학생이었을 때 시작되었다. 그때 나는 성경을 보호하기 위

한 한 가지 방법으로서였지만, 사복음서 안과 이스라엘의 두 이야기 안에

차이가 있다는 사실을 알게 되었다. 나의 박사 과정에서 고고학 및 고대의

다른 문제들을 연구한 것이 내가 이 방향으로 한층 더 나아가게 했다.

"하나님이 왜 이 일을 이런 식으로 하시는가?"와 "이 성경이 하나님

에 관해 우리에게 무엇을 말하는가?"처럼 그동안 나를 인도한 질문들은

신앙에 의해 견인되었다. 내게 이런 질문들에 대한 최종적인 대답이 있는

것은 아니지만 내게는 하나님이 이야기들을 좋아하신다는 점이 좀 더 분

명해졌다.

이야기들은 효과적이다. 이야기들은 힘이 있다. 이야기들은 통계수

치니 뉴스보다나 교과서보다 우리에게 더 큰 감동을 준다. 우리가 무엇이 우리의 주의를 끌고 좀 더 계속되기를 바라게 만드는지에 대해 생각해보기만 하면 된다. 우리가 너무 빨리 끝나기를 원하지 않는 책, 영화, TV 시리즈나 고통스럽든 즐겁든 간에 어느 정도 깊이 있고, 개인적이고, 변혁시키는 경험에 관해 말하는 이야기가 그렇게 하지 않는가?

그런데 성경은 광대한 이야기다. 성경은 우리를 만나고 우리에게 성경을 따라 우리 밖의 세상에 동참하라고 초대하며, 그 과정에서 우리가 자신과 하나님을 다르게 볼 수 있게 해준다. 아마도 그것이 최종 결과일 것이다. 성경 이야기는 우리가 있는 지점에서 우리를 만나 우리의 무장을 해제하고 우리가 자신과 하나님을 보는 방식을 바꾼다.

성경은 그 변화를 회개라고 부른다. 아마도 이야기들은 회개가 가장 잘 일어나는 곳일 것이다. 나는 성경의 이야기꾼들이 내 말에 동의하리라고 생각한다.

* * * *

우리는 구약성경에 기록된 하나님의 폭력의 주요 예로서 가나안 족속의 대량 학살을 살펴봄으로써 이 책을 시작했다. 그 문제를 다룬 목적은 현대적 의미에서의 "역사가들"로서가 아닌 이야기꾼들로서 성경의 저자들이 과거에 대해 어떻게 말하는지에 대해 뭔가를 알기 위함이었다.

이번 장에서 우리는 성경의 이야기꾼들이 과거를 어떻게 형성했는지를 좀 더 자세하게 살펴보았다. 비교적 최근의 역사에 관해 쓸 때조차 그들은 그들의 현재를 향해 말하기 위해 주저하지 않고 과거를 덧붙이거나 바꾸거나 심지어 뒤엎었다. 이 점이 작동하고 있는 것을 우리가 볼 수 있는 가장 명확한 장소 중 하나는 이 장을 시작할 때 우리가 있었던 지점, 곧 매우 다른 방식으로 묘사된 과거의 같은 사건들이 서로 나란히 배치된 지점인데, 그곳은 바로 구약성경에 기록된 이스라엘의 왕정 이야기와 신약성경에 기록된 예수 이야기다.

서로 다른 이 묘사들은 우리가 이스라엘의 저자들이 과거 일반을 어떻게 묘사하는지를 볼 수 있는 창이다.

성경은 과거에 관해 말할 때 여러 음성을 포함한다. 이제 우리는 성경의 다른 곳에 나타나는 여러 음성을 살펴볼 것이다. 여기서 내가 말하는 다른 곳은 당신이 어디를 보든 성경의 여러 곳을 의미하는데, 심지어 우리가 성경이 조화를 이루리라고 생각하는 곳, 즉 하나님이 어떤 분이시고 하나님께 순종한다는 것이 무엇을 의미하는지에 대해 말하는 곳도 포함한다.

그곳에서조차 성경은 우리의 기대대로 말하지 않는다. 그리고 특히 그런 곳에서 성경에 대한 매뉴얼 접근법은 전혀 효과가 없다.

오히려 하나님은 우리에게 익숙한 환경을 떠나 밖에 나가 탐험하라고 도전하신다. 그것이 높은 언덕을 오르고 깊은 계곡을 내려가야 함을 의미하더라도 말이다.

성경을 통해 아이들을 양육하기

하나님이 율법을 제정하신다

"네가 무엇을 하라고 말하기를 내가 원했드라면 나는 그렇게 했을 것이다"

하나님은 평균적인 사람처럼 보이신다

4장

하나님은 왜 마음을
굳히시지 않는가?

"제발 내게 성경을 인용하지 마라. 나는 하나님이다."

성경 저자들이 죽는데

여러 하나님이 존재하는가?

성경을 통해 아이들을 양육하기

(그것은 효과적이지 않다)

열 살짜리 딸이 아빠에게(흐느낀다): 아빠(훌쩍), 아빠가 제일 좋아하는 머그 잔을 깨뜨려서 미안해요(훌쩍). 아빠가 그걸 얼마나 좋아하는지 알아요. 나 는 참 얼간이에요(훌쩍 훌쩍).

아빠가 딸에게: 애야, 그건 머그잔일 뿐이야. 그것에 관해서는 걱정하지 말아 라. 다치지는 않았니?

열세 살짜리 아들이 아빠에게(화가 나서): 잠깐만요. 내가 지난주에 아빠의 허접한 스테이플러를 망가뜨렸더니 나더러 그 값을 물어내라고 했잖아요.

아빠가 아들에게: 네 동생은 자기가 우둔하고 서투르다고 생각하면서 힘든 시간을 보내고 있는데, 그 애는 내게 머그잔보다 의미가 크단다. 하지만 너 는 지난주에 못을 박으려고 내 스테이플러를 사용한 것처럼 내 도구들을 함부로 대하는 습관이 있다. 이제 네가 책임감을 배워야 할 때다.

아빠가 세 살짜리 아들에 관해 엄마에게: 그 아이가 손에 칼을 들고 있어! 빨 리 그것을 빼앗아! 아이가 자기를 찌르기 전에 말이야!

아빠가 열두 살짜리 아들에게: 내게 그 회전 톱을 건네 다오. 하지만 조심해 라. 반드시 플러그를 뽑고 톱날에 덮개를 씌워라.

아빠가 스물다섯 살짜리 아들에게: 톱날이 무디구나. 그 참나무를 베기 전에 예리하고 좋은 새것으로 바꿔야겠다.

아빠가 여덟 살짜리 딸에게: 알았다, 소다수 한 잔을 더 마셔도 되지만 더 이상은 안 된다.

아빠가 열네 살짜리 딸에게: 알았다, 하지만 내 포도주 한 모금만 마셔야 한다.

아빠가 스물한 살짜리 딸에게: 화이트 러시안 칵테일을 추천한다. 하지만 바텐더에게 보드카를 아끼지 말라고 말해라.

* * * *

그들―우리의 첫 아이와 함께 우리를 집으로 보낸 간호사들―은 우리에게 말해주지 않았다. 아무런 육아계획도 없고 조언해줄 어른들이나 이런 문제들을 어떻게 제기하는가에 관한 소책자도 없는 우리에게 말이다. 그들은 "두 사람의 로맨틱한 저녁 식사"(두 사람만의 마지막 식사라고도 알려졌다), 병원 로고가 박힌 티셔츠 두 벌, 과일 바구니, 자원봉사자 노인들이 뜨개질한 아기 모자를 주고 우리의 등을 토닥인 후 우리를 쫓아냈다.

나는 지금도 우리가 떠날 때 그들이 능글맞게 웃었던 것을 기억한다. 그것은 우리가 어떤 일을 겪을지를 아는 웃음이었다. 당시에 나는 그것을 알아차리지 못했다. 나는 그들을 아주 미워한다.

육아는 어렵고 예측 불가능하며, 결과를 보장할 수 있는 대본을 구할 수 없다. 지침과 조언은 많지만 결국 그것은 당신과 당신의 자녀가 감당해야 할 몫이다. 당신이 바른 방향으로 가고 있는지, 계획을 고수할 경우 결과가 좋게 나올지를 알 수 있는 확실한 방법은 없다.

자녀를 날마다 그리고 해마다 일관성이 있게 대하고 각각의 자녀와 각각의 상황을 "똑같이" 다룬다는 것은 이론상으로는 좋게 들리지만, 의도는 좋을지라도 실제 삶에서는 페널티 킥을 차는 축구 선수보다 더 자주 실패한다. 삶에는 우연적인 요소가 다분하고, 자녀들은 다르게 성장하며, 각각의 상황은 독특하다. 삶은 확실한 양육 규칙에 못을 박으려는 우리의 하찮은 시도를 비웃는다.

육아는 즉흥적으로 이뤄지며, 당신이 그것을 할 때마다 점점 더 많이 배워서 점점 더 잘하는 법을 배울 수 있게 해준다. 그것이 당신이 자녀 양육에 관해 필요로 하는 모든 것이다. 이제 당신이 가지고 있는 육아 책들을 모아서 그것들을 묶어 거리에 버려도 무방할 것이다. 마찬가지로 성경을 어떻게 성장할 것인가에 관한 천편일률적인 기독교의 지침서로 읽어서는 영적 성숙이 일어나지 않을 것이다. 우리는 "성경에 의존하여" 매 순간 즉석에서 내리는 구체적이고 중요한 많은 또는 대다수의 결정에 대해 잘 해결된 답변이나 원칙을 구할 수 없다.

성경이 "내게 무엇을 하라고 말하기"를 기다린다면 우리는 침묵 가운데 영원히 기다리면서 어떤 결정도 내리지 못하거나, 나쁜 결정을 성경 구절로 합리화할 수도 있다. 성경 구절들을 셰익스피어(Shakespeare)의 소네트를 참조하여 지붕을 수리하는 식으로 사용하면서 말이다.

오히려 우리가 하나님과 동행하는 여정의 시기와 지점에 따라 우리에게 다가오는 성경의 부분들이 달라진다. 그것은 무방하지만, 성경이 인생에 대한 신속하고 준비된 답변으로 사용되어서는 안 된다. 마치 그 구절을 찾고 나면 원활한 항해를 할 수 있기라도 한 것처럼 말이다.

성경 자체가 우리가 분명한 대답이 있어야 하리라고 생각할 질문들에 대한 분명한 대답을 주는 데 관심을 기울이지 않음으로써 이 점을 명확히 보여준다.

예를 들어 하나님 같은 주제가 그렇다.

하나님이 어떤 분이신지에 대해 성경이 당신에게 명확히 알려줘야 할 것처럼 보인다. 그러나 성경은 그렇게 하지 않는다. 당신이 성경을 읽고 알아내야 한다.

우리가 성경에서 만나는 하나님은 때로는 모든 것을 아시지만 때로는 어찌할 바를 모르시고 사태를 파악하려고 애쓰신다. 하나님이 자신의 방식을 고수하시고 상황을 완전히 통제하실 때도 있지만 누군가가 졸라대면 마음을 바꾸시기도 한다. 그분은 어떤 곳에서는 특정한 율법을 주시고 다른 곳에서는 다른 내용을 요구하는 율법을 제시하신다. 하나님은 어떤 때에는 동정심으로 충만하시지만 다른 때에는 불끈 화를 내신다.

당신은 성경의 하나님이 주택 구입 자금 대출 신청서를 작성하는 것보다 어려운 질문은 하시지 않으리라고 생각할 것이다(내 대출 신청은 4개월이나 소요되어서 나는 대금을 치르느라 애를 먹었다). 하나님이 성경 배후에 계신다면, 하나님은 왜 다섯 가지 항목으로 요약하시거나 흰 종이에 우리가 필요로 하는 모든 것에 대한 명확한 답변을 적어 주시지 않는가? 그렇게 하신다면 우리가 머리를 쥐어뜯을 필요도 없고, 신학자들이 수백 년 동안 논쟁하고 "하나님의 본성"에 관해 1,500쪽짜리 책을 쓸 필요도 없을 텐데 말이다. 하나님 같은 큰 주제에 대해서도 명확한 답변을 주지 않는다면, 성경은 무슨 소용이 있는가?

이 대목에서도 성경이 문제가 아니라 우리가 성경으로부터 그것이 쓰인 목적이 아닌 뭔가를 기대하는 것이 진짜 문제다. 성경은 우리의 모든 질문에 답변하고 우리가 그리스도인의 길을 걸으면서 따라야 할 대본을 적어 둔, 하나님이 우리에게 주신 지침서가 아니다.

우리가 이미 살펴보았듯이 성경은 이야기다. 하나님의 백성의 길고, 다양하고, 부침이 있는 영적 여정의 이야기다. 그리고 1,000년이 넘는 기간에 걸쳐 다양한 사람이 다른 상황에서 다른 이유로 쓴 이야기다. 성경은 평시와 전시, 안전할 때와 유배 때, 이스라엘의 어릴 때와 징벌을 받은 성인기에 쓰였다. 성경은 마이어스-브릭스(Myers-Briggs)의 MBTI 성격 유형이 다른 것은 말할 것도 없고 시간과 지리적으로도 떨어진 제사장, 서기관, 왕들에 의해 쓰였다.

그런 책은 다양한 모든 상황에서 어떻게 믿음의 삶 속으로 성장할 수 있는지에 대해 **말해주는**, 일관성이 있고 천편일률적인 지침서일 수 없을 것이다.

그런 책은 우리에게 믿음의 삶이 어떤 모습인지를 **보여준다**.

다른 모든 좋은 이야기와 마찬가지로 성경은 우리를 성경의 세계 안으로 이끎으로써, 그리고 우리가 여정의 어느 지점에 있든 다른 많은 차원과 연결하도록 초대하고 아울러 성경의 빛을 통해 하나님과 더 가깝게 동행할 수 있도록 자극하여 우리를 좀 더 잘 알도록 초대함으로써 우리를 형성하고 빚어간다.

그것이 바로 성경이 신실한 사람들을 위한 지침 역할을 하는 방법인데, 이야기로 변장한 지시 목록을 줌으로써가 아니라 성경 자체가 이야기라는 사실을 통해 그렇게 한다.

성경의 다양한 음성을 하나의 목소리 안으로 욱여넣으려고 노력하면 우리는 더 이상 성경을 성경에 쓰인 그대로 읽는 것이 아니라, 성경을 왜곡하고 성경이 우리에게 제공하려는 것을 잘라 버리게 된다. 성경은 우리에게 하나님, 우리 자신, 세상, 세상에서 우리의 위치에 대해 이해하면서 살고, 그 이해를 반영하고, 변화되고, 성장하는 영적 여정이라는 똑같은 과정을 걷는 것이 모든 신앙인에게 정상적이라는 것과 그들에게 그렇게 기대된다는 것을 보여준다.

나는 성경에 "우리에게 무엇을 하라고 말해주는" 것이 있다면 그것은 바로 단계적으로 따라야 할 지침으로서가 아니라 다양하고 대본에 없는 영적 삶의 모델로서 존재한다고 생각한다.

"네가 무엇을 하라고 말하기를 내가 원했더라면 나는 그렇게 했을 것이다"

- 하나님의 말씀

성경이 삶의 지침서로서 효과가 없음을 알기 위해 짧은 여행을 해야 한다면, 우리는 이스라엘의 고대 지혜 어록인 잠언을 펼쳐보기만 하면 된다.

잠언의 끝부분에 잠언 두 개가 서로 나란히 기록되어 있는데, 둘 다 지혜 어록이지만 그것들은 정반대의 조언을 제공한다. 그 잠언들은 순진하고 두드러지지 않게 행동하려고 노력하지만, 그것들이 당신을 속이지 못하게 하라.

1. 잠언 26:4: 미련한 자의 어리석은 것을 따라 대답하지 말라. 두렵건대 너도 그와 같을까 하노라.
2. 잠언 26:5: 미련한 자에게는 그의 어리석음을 따라 대답하라. 두렵건대 그가 스스로 지혜롭게 여길까 하노라.

달리 말하자면, (#1) 논쟁을 좋아하는 얼간이와 말을 섞지 말라. 그러지 않으면 네가 그들의 수준으로 전락할 것이다. 다른 한편으로, (#2) 논쟁을 좋아하는 얼간이를 만나거든 개입하여 그에게 자기 분수를 알게 하라.

삶의 상세한 지침으로 활용하고자 성경을 찾아보면 어질어질해질 수도 있다. 어떤 것이 옳은 지침인가? 나는 어떻게 해야 하는가? 성경이여, 나를 그만 괴롭히고 똑바로 말하란 말이야!

그것은 가망 없는 일이다. 잠언은 **지혜**를 가르치기 때문에 독자에게 무엇을 하라고 말해주지 않는다.

지혜는 인생에 대한 **빠른** 답변을 제공하기 위한 열쇠를 발견하기에 관한 것이 아니다. 색인에서 당신이 해결하려고 하는 주제를 찾아 그것이 나와 있는 부분을 보면 되는 식으로 말이다. 지혜는 예측할 수 없고 통제할 수 없는 삶의 번잡함 가운데서 어떻게 실시간으로 스스로 문제들을 해결할 수 있는지를 **배우기**에 관한 것이다.

위의 두 잠언 모두 좋고, 현명하고, 옳다. 문제는 각각의 잠언이 언제 좋고, 현명하고, 옳은가다. 그리고 그 "언제"는 당신이 처해 있는 상황에 의존한다.

직장의 파티에서 모든 것을 아는 체하는 사람에게서 멀어질 필요가 있는 때도 있고, 직원회의에서 누군가의 무지를 드러낼 필요가 있을 때도 있다. 당신이 어떻게 하기로 선택해야 하는지는 다음과 같은 요인들에 의존한다. 당신과 그 사람은 어떤 관계인가? 당신과 그 사람 사이에 어떤 일이 있었는가? 당신의 동료가 모종의 스트레스를 받고 있어서 그것이 지금 그 사람의 행동에 영향을 주고 있는가? 어떤 종류의 피드백이 이 순간에 모든 관련인에게 좀 더 도움이 될 것 같은가?

그 순간에 해야 할 필요가 있는 것들을 미리 대본에 써둘 수 없다는 것이 요점이다. 실제 삶에서는 당신이 결정해야 할 순간까지 기다렸다가 바로 지금 이곳, 이 상황에서, 이 사람에 대해 당신이 최선이라고 생각하는 바를 실행해야 한다.

우리가 잠언에서 본 바와 같이 지혜는 당신에게 무엇을 하라고 말해주지 않는다. 지혜는 장기간에 걸쳐 당신을 형성해서 당신 스스로 생각해야 할 때가 오면 현명한 결정을 내리게 해준다. 지혜는 당신이 필요할 때 스스로 생각할 수 있게 만들어준다.

내 아들이 열 살이었을 때 그 아이는 자기가 "라이언 일병 구하기"(Saving Private Ryan)라는 영화를 봐도 되느냐고 물었다. 그것은 확실히 내가 본 최고의 전쟁 영화인데, 처음 몇 분(노르망디 상륙작전 장면)은 전쟁의 공포를 생생하고 정신이 바짝 들도록 상기시켜 준다.

내 아들의 친구들은 모두 그 영화를 보았고 내 아들도 그 영화를 보기를 원했다. 나는 "네 친구들이 모두 다리에서 뛰어내린다면 너도 뛰어내릴래?"라고 말할 수도 있었다. 그것은 우리가 해마다 적어도 두 번은 사용하도록 국가에서 발표한 표준적인 부모의 답변이다. 그것이 때로는 옳은 답변이지만 항상 옳은 답변인 것은 아니다. 나는 아들과 함께 그 영화를 봐서 아들도 그 영화를 본 자기 친구들의 대열에 합류시켜 주기로 했다. 나는 아들이 그 영화를 볼 준비가 되어 있다고 판단했고 그 판단은 현명한 조치였음이 드러났다.

나는 딸들에게는 그 영화를 보도록 허락하지 않았는데, 그것은 그 아이들이 여자아이들이어서가 아니라 당시에 한 명은 여덟 살이었고 다른 한 명은 다섯 살이었기 때문이었다. 그 아이들을 아는 나는 그들이 너무 어리고, 이렇게 강력하고 감정적인 영화를 그 아이들 앞에 틀어둘 필요가 없다고 판단했다. 그 아이들은 그 정도 수준까지 성숙하지 않았다. 그 "언제"가 내 아들에게는 그 당시였지만 딸들에게는 아직 아니었다. 그리고 그 아이들이 열 살이 된다고 하더라도 열 살짜리 아이들이 모두 똑같은 감정적 상태에 있거나 똑같은 관심을 가지는 것은 아니므로 내 딸들이 자동으로 오빠처럼 그 영화를 볼 수 있게 되리라는 것은 아니었다.

여기까지는 괜찮았다. 하지만 이 일이 있은 지 머지않아 우리는 자녀 양육에 대해 다른 태도를 지닌 친구 부부를 만났다. 나는—주로 내가 말썽을 일으키는 사람이기 때문에—아들에게 "라이언 일병 구하기"를 보도록 허락했다고 말했다. 친구의 아내는 나를 "당신은 형편없는 멍청이다"라는 눈초리로 쳐다보고는 나의 멍청한 양육 조치를 제지하려고 "잠언 22:6을 모르시나 봐요"라고 불쑥 내뱉었다.

나는 (이제 소크라테스 같은 태도로) "그게 무슨 내용인데요?"라고 말했다.

그녀는 (잠언을 인용하며) "마땅히 행할 길을 아이에게 가르치라. 그리하면 늙어도 그것을 떠나지 아니하리라"라고 말했다.

나는 "알겠습니다. 그리고요?"라고 말했다.

그녀는 "그것은 미성년자 관람 불가 영화예요. 아이들은 결코 미성년자 관람 불가 영화를 보면 안 되죠. 당신은 아이들을 옳은 길로 가르치지 않고 있군요"라고 말했다.

나는 "나는 잠언 22:6이 그렇게 말한다고 생각하지 않는데요. 그리고 미성년자 관람 불가 영화가 정확히 무엇이 문제인가요? 미성년자 관람 불가 영화들이 모두 똑같은가요?"라고 말했다.

우리는 한참 동안 이런 식으로 옥신각신했다. 좋은 의도를 지녔고 자녀를 사랑하는 이 엄마는 잠언을 각각의 단계가 계획된 인생의 상세한 대본처럼 취급하고 있었고, 나는 잠언을 윤곽만 알려주고 세부사항은 내가 그 순간에 최선을 다해 채워 넣어야 하는 대략적인 지도로 취급하고 있었다.

나는 아들에게는 "라이언 일병 구하기"를 보도록 **허용하고** 딸들에게는 허용하지 않음으로써 잠언 22:6을 "따르고 있었다"고 생각한다. 이 잠언이 모든 상황에 들어맞는 것은 아니다. 어느 잠언도 그렇지 않다. 놀랍게도 잠언들은 무엇을 할 것인가에 관해서는 실제적인 정보를 별로 제공하지 않는다. 잠언이 언제, 어디서, 누구에게 말하는지에 관한 세부사항을 채우고 특히 어떤 잠언이 효과가 있는지를 우리 스스로 결정해야 한다.

잠언 책은 이런 어록 몇백 개를 수록하고 있으며 결코 지침서로 작동하지 않는다.

예를 들어 당신에게 돈과 관련된 문제가 있어서 하나님이 어떻게 생각하시는지 알기 원하고 있고, 따라서 잠언 책을 참고한다고 가정하자. 당신은 곧 잠언이 그 주제에 관해 많이 말한다는 것을 발견한다. 그런데 두 잠언이 서로 완전히 동의하는 경우는 없다.

한 잠언은 **"부자의 재물은 그의 견고한 성이요 가난한 자의 궁핍은 그의 멸망이니라"**라고 말한다. 이 말은 매우 단순하게 들린다. 부는 성벽이 있는 요새다. 즉 당신을 보호한다. 가난은 당신을 파멸시킨다. 그 말을 믿지 못하겠거든 당신의 신용 점수가 내려갈 때 무슨 일이 일어나는지 보라.

하지만 또 다른 잠언이 있다. 그것은 비슷하게 시작한다. **"부자의 재물은 그의 견고한 성이라."** 하지만 그 잠언은 방향을 완전히 바꿔서 다르게 끝난다. **"그가 높은 성벽같이 여기느니라."** "강한 도시"("요새")에서 사는 것이 전에는 보호였지만 이제는 보호가 아니다. 이제 그것은 당신을 거만하게 만들어서 당신은 성벽이 매우 높아서 아무것도 들어올 수 없으리라고 생각한다.

달리 말하자면, 조심하라. 부는 당신을 파멸로부터 보호할 수 있지만, 교만을 통해 당신에게 파멸을 가져올 수도 있다.

또 다른 잠언은 한 걸음 더 나아간다. **"의인의 수고(삯)는 생명에 이르고 악인의 소득은 죄에 이르느니라."** 이제 가지는 것과 가지지 않는 것이 중립적인 것처럼 보인다. 삯이 당신에게 유익이 될지는 당신이 어떤 사람인가, 즉 "의인"(정의롭고 공정한 사람)인가 또는 "악인"(정의롭지 않고 공정하지 않은 사람)인가에 달렸다.

네 번째 잠언은 다른 각도에서 바라본다. **"자기 재물을 의지하는 자는 패망하려니와 의인은 푸른 잎사귀 같아서 번성하리라."** 부는 전혀 의지할 것이 못 되지만 "의로워지는" 것은 의지할 수 있는 대상이다.

그렇다면 잠언은 부에 관해 뭐라 말하는가? 다른 측면들을 말한다. 그렇다면 하나님은 내가 어떻게 하기를 원하시는가? 그것은 잘못된 질문이다.

각각의 잠언은 상황에 따라 참이며, 그것을 이해하는 것은 우리에게 달렸다. 첫 번째 잠언은 열심히 일하는 사람에게 효과가 있을 수도 있다. 탐욕스러운 TV 설교자들과 납세자의 돈을 이용하여 자기들이 만든 혼란에서 자기들을 구제하는 월가의 대형 은행들은 두 번째, 세 번째, 네 번째 잠언을 들을 필요가 있다. 그것은 상황에 따라 다르다.

잠언에 관한 모든 논의는 다음과 같은 요점을 향한다. **잠언을 전체로서의 성경이 어떻게 작동하는지에 대한 스냅사진으로 생각하라.**

잠언—또는 성경—을 엄격하고 고정된 규칙집으로 취급하는 것은 선택지가 아니다. 우리는 스스로 생각하고 우리가 읽은 내용으로 무엇을 해야 할지 이해해야 한다. 우리는 성경이 우리에게 하나하나 대조해볼 수 있는, 삶에 대한 답변들을 건네주리라고 기대하지 말아야 한다.

성경 저자들이 변덕스러워질 때

잠언들이 우리의 삶의 점들을 연결해주지는 않을지라도 **궁극적으로** 당신이 하나님을 믿을 수 있다는 것 한 가지는 확실하다.

규율과 인내심을 갖고 지혜의 길을 따르면 당신은 적절한 시간에 좋은 위치에 있게 될 것이다. 그 여정이 쉽지 않을 수도 있고 아마도 쉽지 않을 테지만, 그것은 노력할 가치가 있다. 어떤 잠언이 "지혜 있는 자의 교훈은 생명의 샘"이라고 말하듯이 말이다.

성경이 거기서 멈춘다면 좋으련만 성경은 그러지 않는다.

잠언 바로 다음 책은 전도서인데, 이 책은 "참아라. 그것은 궁극적으로 해결될 것이다"라는 분위기와 어울리지지 않는다.

코헬레트(Qohelet)라는 이 책의 주인공은 어찌할 바를 모르고 있다. 살면서 충분히 많은 것을 본 그는 지혜가 시간과 노력의 큰 낭비라고 생각한다. 그는 "지혜가 많으면 번뇌도 많으니 지식을 더하는 자는 근심을 더하느니라"와 "지나치게 의인이 되지도 말며 지나치게 지혜자도 되지 말라. 어찌하여 스스로 패망하게 하겠느냐?" 같은 폭탄을 투하한다.

그는 당황한 것처럼 보인다. 그가 아직 잠언을 읽어보지 않았을 수도 있다. 아니면 그가 잠언을 읽어보기는 했지만 잠언이 그에게 효과가 없었을 수도 있다.

우리의 성경(적어도 기독교의 성경)에서 나란히 위치하는 잠언과 전도서는 성경이 그리스도인의 삶을 위한 지침서가 아니라 씨름해야 할 어떤 것이라는 점을 모호하지 않은 언어로 말해주는 언덕 위의 횃불 같은 책이다.

코헬레트는 성경 전체에서 가장 비관적인 인물이다. 그는 당신이 하나님을 신뢰할 수 없으며, 결국 우리 모두 죽기 때문에 지혜가 실제적인 차이를 만들지 않는다고 말한다.

코헬레트에게는 한마디로 말해서 죽음이 [모든 것을] 삼켜버린다. 죽음은 영원하고 삶은 일시적이기 때문에 궁극적으로 죽음이 이긴다. 잠언이 말하듯이 좀 더 잘 살기 위해 지혜를 추구하는 것은 잔인한 신적 농담이다.

코헬레트에게 내세에 모든 것이 해결되리라고 말하지 말라. 그는 내세가 있다고 확신하지 않는다. 그는 내세를 본 적이 없고 다른 누구도 내세를 본 적이 없다. 우리가 죽는다는 사실이 우리가 아는 전부인데, 설상가상으로 당신이 당신 전에 죽은 사람들을 잊은 것처럼 당신도 신속하게 잊힐 것이다.

이 가운데 특히 마지막 부분은, 당신이 성경에서 발견하는 가장 고무적이지 않은 메시지이지만 그의 말에는 일리가 있다. 오스카상 시상식에서 지난해 시상식 이후 사망한 영화배우조합 회원들에게 묵념하는 부분을 보라. 얼마나 많은 사람이 사라졌는지 주목하라. "맞아, 그녀는 **정말** 죽었지." 당신은 사랑스럽게 기억하는 이름들에 충격을 받는다. 그러나 당신은 채널을 돌리거나 페이스북을 체크하는 순간에 곧바로 그들을 잊는다.

죽은 사람들은 우리의 마음에서 벗어난다. 우리는 매우 신속하게 잊어버린다. 심지어 우리가 사랑하던 사람까지도 말이다. 우리는 궁극적으로 돌아가신 조부모나 부모조차 한 번도 생각하지 않고 여러 날을 보낼 수 있다. 머지않아 그들이 어느 해에 사망했는지 기억하기 어려워질 수도 있다. 아마 조부모의 이름을 기억하려면 몇 초가 소요될 것이다.

당신이 마지막으로 증조부모나 고조부모를 이름으로 기억하고 그들을 위해 하나님께 복을 빈 적이 언제인가?

현재 살아있는 수많은 사람이 어느 날 죽을 텐데 그들의 이름과 얼굴이 남아 있는 우리 중 99.9999퍼센트에게 알려지지 않을 것이다. 그리고 우리는 인간의 역사를 통틀어 죽은 무수한 사람에 대해 이름도 들어보지 못했다.

이 코헬레트는 참으로 재미있는 친구다. 그 점을 상기시켜 줘서 고맙다. 그는 우리의 일상을 망치려고 하는가? 나는 그렇다고 생각한다.

그리고 코헬레트를 가장 낙담시키는 점은―이 점을 주목하라―하나님이 세상을 이렇게 만드셨으니 그것은 모두 하나님의 잘못이라는 것이다. 코헬레트는 "내가 지혜에 대해 신경을 쓰지 않는다고 해도 내 말을 양해해 주시오. 지혜에 신경써봤자 아무 이익이 없소"라고 말한다. 오늘날 우리는 이것을 실존적 신앙의 위기라고 부를 것이다.

교회에 다니는 우리의 친구들이 이 모든 것에 대해 보일 법한 반응과 달리 전도서나 성경의 다른 어떤 책도 코헬레트의 딜레마를 해결하거나 그의 반역적이고 믿음이 없는 이단적 태도를 고치려고 하지 않는다. "불쌍한 코헬레트. 운이 나빴군요. 이제 그것을 극복하고 기운을 내세요. 하나님은 그런 분이 아니랍니다. 당신에게 편안한 잠이 필요할지도 모르겠네요. 매일 아침 성경을 읽고 기도를 해 보셨나요?"

전도서는 그 모든 것을 그대로 놔두고 분투를 존중한다. 긍정적인 유일한 언급은 그 책의 마지막 몇 줄에 나오는 내용이다(많은 학자가 그것은 훗날 편집자에 의해 덧붙여졌다고 생각한다). 그것을 바꿔 말하자면 "삶은 어렵다. 그렇지 않은가? 확실히 그렇지만 아무튼 계속 살아가라"는 것이다.

이 대목에서 요점은 우리에게 하나님에 관해 말해주는 성경에 **하나님에 관해 매우 다른 태도로 접근하는** 두 책이 서로 나란히 수록되어 있다는 것이다.

잠언은 우리가 삶이 우리에게 던지는 모든 것에 대해 참된 지혜를 얻는 방향으로 경로를 취하게 한다. 잠언을 읽은 뒤 당신은 다음과 같이 말할 것이다. "나는 배워야 할 것이 많지만 이것을 할 수 있다. 하나님의 지혜가 나를 인도하고 있다. 나는 날마다 배우고 있고 궁극적으로 그곳에 도달할 것이다."

코헬레트는 하나님께 화가 나 있으며, 나타나셔서 비참한 세상을 올바르게 만드시라고 하나님께 따진다. 그러나 결국 비참한 세상은 계속 그 상태에 머물러 있고 코헬레트는 "그 후로 행복하게 살았다"는 결말에 다다르지 못한다. 전도서를 읽으면 당신은 다음과 같은 태도를 접하게 된다. "모든 사람이 죽으며 삶은 불합리한데 그것은 하나님의 책임이고 나는 하나님을 별로 좋아하지 않는다. 나는 이 여정에서 한 발자국씩 계속 나아갈 수 있을지 자신이 없다. 하지만 나는 아무튼 계속 움직일 것이다." 코헬레트는 절망하고 있으며, 이것을 중세 기독교 신비주의자의 말로 표현하자면 "영혼의 깊은 밤" 가운데 있다.

이 책들이 일치하지는 않지만, 그 책들은 삶에 대한 하나님의 규칙집이 아니기 때문에 그래도 무방하다. 두 책 모두 하나님과 신앙의 삶에 대한 묘사이고, 모두 성경에 수록되어 있다. 그리고 두 책 모두 타당하다.

두 책 모두 우리가 번잡한 믿음의 여정을 터벅터벅 걸어가면서 그것들을 필요로 하는 순간을 기다리고 있다. 당신이 하나님께 질문하고, 포기하려고 하고 있고, 고함칠 필요가 있을 때에는 코헬레트를 참고하라. 그것이 당신의 문제가 아니라 당신이 좀 더 현명하게 살기 위해 노력하는 길 위에 있다면 잠언이 할 말이 많을 것이다.

그리고 어느 쪽이든 하나님이 당신과 함께하신다.

"성경을 규칙집으로 읽는 것"은 이스라엘 자체의 하나님에 대한 믿음의 여정의 깊이와 날것의 실재를 무시한다. 잠언과 전도서의 상황 모두 같은 여정에 있는 사람들의 진정한 경험이기 때문에 성경에 수록되어 있다.

다음에는 욥기를 살펴볼 것이다.

"제발 내게 성경을 인용하지 말라, 나는 하나님이다"

- 하나님이 욥과 그의 친구들에게 하시는 말씀

욥은 한동안 잘 살았다. 그는 하나님 앞에서 순종적으로 살았고, 한 아내의 남편이자 자녀 열 명의 아버지였고, 다른 누구보다 많은 가축과 부를 지녔다. 욥은 가족 모임 후 자녀들이 죄를 지었을까 봐 하나님께 제사를 드렸다. 의인이 존재한다면 그 사람은 바로 욥이었다.

하나님은 어떻게 하시는가? 욥의 등을 두드려 주시는가? 그렇게 하지 않으신다. 그분은 "대적"(아래에 좀 더 자세히 설명된다)이라고만 언급된 천상의 어전회의(아래에 좀 더 자세히 설명된다) 구성원에게 욥을 비참하게 만들도록 허용하신다.

이 "대적"은 욥이 의롭고 정의로운 유일한 이유는 하나님이 가족과 부로 복을 주셔서 욥에게 삶을 너무 쉽게 해 주셨기 때문이라고 주장한다. 달리 말하자면 욥은 하나님을 예배하는 것이 자신에게 이익이 되므로 하나님을 섬긴다는 것이다. 대적은 하나님이 욥에게서 모든 것을 빼앗아 가시면 욥이 피상적으로 하나님을 예배하는 자임이 드러날 것이라고 장담한다. 하나님은 내기를 받아들이시고 그 대적에게 욥을 자기 마음대로 다루되 그의 생명은 살려두라고 말씀하신다.

머지않아 욥의 가축들이 도둑질당하거나 죽임을 당하고 그의 종들도 죽임을 당한다. 바람이 불어 욥의 자녀들 위로 집이 무너져내려 그들을 모두 죽인다. 욥의 머리끝부터 발가락까지 고통스러운 종기가 생긴다. 이 모든 일로 인해 욥은 자기가 모친의 산도를 통과한 날을 저주하는데, 그것은 이해할만하다. 그는 또한 하나님이 도대체 자기에게 무슨 일을 하고 계시는지 궁금해한다.

욥의 친구 세 명이 등장한다. 그들의 의도는 좋았다. 그들은 처음에는 알아볼 수 없을 정도로 엉망이 된 친한 친구의 고통에 애도한다는 표시로 옷을 찢고 머리에 재를 뿌리고서 한마디도 하지 않은 채 7일 밤낮을 보낸다.

7일 뒤 친구 세 명(그 책의 뒤에 네 번째 친구가 등장한다)이 욥에게 말하기 시작하는데, 그것은 일련의 매우 긴 연설 시리즈로 이어진다. 그 연설들에서 친구들은 차례로 말을 하며 욥을 더 비참하게 만든다. 욥을 "도우려는" 그들은 욥이 틀림없이 이 모든 일을 당할 만한 뭔가를 저질렀을 것이라며 욥이 회개하면 하나님이 그의 고통을 덜어주시리라고 말한다. 하나님이 괜히 벌을 주시지 않는다는 것이다.

그러나 욥은 그런 말을 받아들이지 않는다. 그는 줄곧 자기가 무죄라고 주장한다. 그는 아무 잘못도 저지르지 않았는데 하나님이 왜 자기가 그런 고통을 당하게 하시는지 이해할 수 없다.

욥과 그의 친구들은 그 내기에 관해 모르지만, 욥기의 독자들은 그것에 관해 알고 따라서 욥이 무죄라는 것을 안다. 몇 페이지 뒤에 욥의 친구들은 다소 말이 많아지고 그들의 비난으로 욥을 괴롭힌다. 그들은 욥이 자기가 겪고 있는 고통을 당할 만하며 계속 자기를 방어한다는 사실이 문제의 일부라는 생각에서 벗어나지 못한다. 욥은 교만하며, 회개하고 하나님과의 관계를 바로잡을 필요가 있으며 그러면 그의 삶이 정상으로 돌아올 수 있다는 것이다.

욥의 친구들을 너무 나쁘게 생각하지 말라. 그들이 "너는 틀림없이 그런 일을 당해도 마땅한 어떤 짓을 저질렀을 것이다"라는 말을 계속 늘어놓는다고 해서 비열하거나 둔감하거나 비합리적인 것이 아니다. 그런 아이디어는 바로 성경에서 유래한다.

행동에는 결과가 따른다. 아담과 하와는 하나님께 불순종해서 에덴동산에서 쫓겨났다. 이스라엘 백성에게는 토라가 주어졌다. 그들이 순종하면 복을 받을 것이고 불순종하면 저주를 받을 것이다(이 아이디어가 작동하는 것을 보려면 신 27-28장을 훑어보라). 그리고 이스라엘 백성이 유배된 이유는 불순종 때문이었다.

그리고 잠언 책은 "행동에는 결과가 따른다"는 원칙에 관한 책이다. 지혜롭고 순종적인 삶은 하나님이 주시는 복에 이르고 불순종하는 어리석은 삶은 하나님이 내리시는 저주에 이른다.

하나님은 사람들을 그들의 행동에 따라 대우하시는 존재라고 보는 이 성경적 견해를 지닌 욥의 친구들 입장에 서 보라. 그들은 친구인 욥을 방문하여 욥이 확실히 어떤 행동의 결과를 당하고 있는 것을 본다. 그들은 욥이 틀림없이 하나님의 분노를 일으킬 뭔가를 했다는 합리적인 성경적 결론을 내린다.

욥의 친구들은 성경에 따라 욥의 상태를 진단한다. 성경에 따르면 그들은 욥으로 하여금 자기가 저지른 잘못을 인정하게 할 권리가 있었다.

욥기의 끝부분에서 하나님이 나타나실 때까지 이 실랑이가 계속된다. 하나님은 죽을 수밖에 없는 인간들이 하나님이 무엇을 하려고 하시는지 충분히 알지 못하기 때문에 이 긴 대화들을 대수롭지 않게 생각하신다. 결국 하나님은 네 장에 걸쳐 "나는 창조주이고 너희들은 창조주가 아니니 너희들이 내게 질문할 권리가 있다고 생각하기보다는 너희 모두 입을 닫는 데서부터 시작하자"라고 말씀하신다.

나는 욥기의 독자 대다수가 이 대목에서 하나님으로부터 좀 더 많은 동정심을 기대하리라고 생각한다. 아니면 하나님이 대적과 내기 하신 것을 욥과 그의 친구들에게 알려 주실 수도 있었을 것이다. 그러나 하나님은 다른 접근법을 취하신다. "나는 신비에 싸인 하나님이다. 그러니 너희는 그것을 다루는 법을 배울 필요가 있다."

그리고 하나님은 말씀을 마치시면서 욥의 친구들 중 한 명에게 "내가 너와 네 두 친구에게 노하나니 이는 너희가 나를 가리켜 말한 것이 내 종 욥의 말 같이 옳지 못함이니라"라고 밀씀하신다. 결국 "내게 묻지 말라"고 하신 후에 하나님은 욥을 성원하던 우리 모두 듣고 싶었던 "욥이 옳고 그의 친구들은 틀렸다"라는 말씀을 하신다.

나는 욥의 친구들이 좋은 사람들이라고 확신하며, 성경에 따라 살자면 기술적으로는 그들이 옳다. 그러나 하나님은 그들이 틀렸다고 말씀하신다.

따라서 하나님은 성경에 의해 행동하시지 않는 것처럼 보인다. 성경 책이 하나님을 제한하지 못한다. 하나님에게는 성경이 말하는 것 이상의 뭔가가 있다. 하나님은 성경보다 크시다.

잠언과 전도서와 욥기 모두 성경이 하나님의 정지 사진을 찍어 하나님을 그 안에 제한시킬 수 없다는 데 동의한다. 우리가 이 아이디어를 취한다면 성경이 하나님에 관해 말하는 다른 몇 가지가 좀 더 일리가 있을 것이다.

여러 하나님이 존재하는가?

(이것은 속임수 질문이 아니다)

당신은 이 질문에 대한 답이 쉽다고 생각할 것이다. **확실히** 성경에 따르면 하나님이 한 분만 존재하신다. 다른 "신들"은 가짜다. 그것은 얼마나 미련하고 어설픈 질문인가?

실제로 그것은 우리가 성경을 꺼내 읽기 시작할 때 우리를 빤히 응시하는 거대한 질문이다.

고대 세계에서는 신들이 선거가 있는 해에 미소 짓는 정치인들보다 흔했다. 나라마다 자기들의 신을 갖고 있었다. 이 신들은 우상들—그 신들을 백성에게 "현존"하게 만들어주는, 나무나 돌로 만든 상들—의 형태로 숭배되었다.

구약성경은 몇몇 구절에서 이 신들과 그들의 우상들이 전혀 신이 아니며 농담거리일 뿐이라고 묘사한다. 예언자 이사야와 예레미야는 나무와 돌은 목석일 뿐인데 어떻게 목석으로 만든 신들이 참으로 신일 수 있는지 비꼬는 투로 묻는다.

이스라엘의 하나님 야웨는 진짜 신인 창조주셨고 따라서 너무도 참된 신이시기 때문에 인간의 손으로 창조된 어느 것 안에도 갇히실 수 없었다. 그리고 하나님은 이스라엘 백성에게 그런 일을 시도조차 하지 말라는 엄격한 지시를 내리셨다. 두 번째 계명은 그들에게 야웨의 어떤 "형상들"도 만들지 말라고 말한다.

한 유명한 이야기에서 예언자 엘리야는 바알—가나안의 최고 신—의 제사장들에게 결투하자고 도전한다. 어떤 신이든 하늘에서 불을 내려 제단 위의 제물을 태울 수 있는 신이 진짜 신이라는 것이다. 바알의 제사장들은 자기들의 신에게 이 일이 일어나게 해 달라고 울부짖고 탄원하지만, 바알은 그의 돌 우상과 마찬가지로 꿈쩍도 하지 않는다.

엘리야는 그들의 신이 틀림없이 낮잠을 자고 있거나 다른 일을 하고 있을 것이라고 조롱한 뒤 단 위로 올라가 제단을 닦고 제단이 물에 젖게 한다. 엘리야가 기도한 뒤 높은 곳에서 불이 내려와 제물이 바삭바삭하게 탄다.

게임은 끝났다. 이스라엘의 하나님 외에는 신이 없으며, 다르게 생각하는 것은 어리석은 짓이다.

지금까지는 좋지만, 그것은 성경 이야기의 일부에 불과하다.

성경은 종종 이 신들을 진짜이고, 실제로 존재하며, 고려되어야 할 존재로 대우한다. 이스라엘의 하나님은 유일한 하나님이 아니라 **신들 중** 최고이자 가장 강한 신이시다. 이스라엘의 모든 이웃에게는 좀 더 작은 신들을 주재하는 일종의 이사회 의장 같은, 최고 신이 있었다. 이스라엘에게는 이 야웨가 최고 신이었다. 그 점이 성경에 기록되어 있다.

욥기로 돌아가 보자. 욥기에서 우리는 좀 더 낮은 신들이 야웨 앞에 알현하러 오는 모임인, 주례 직원 모임과 비슷한 천상의 회의를 보았다.

욥기에 등장하는 대적은 그런 신적 존재들 중 하나로서 욥을 높게 평가하시는 하나님께 도전하는 존재다. 영어 성경들에서 이 신적 존재는 종종 사탄이라고 불리지만, 그것을 몸에 착 달라붙는 붉은 옷을 입고 포크를 들고 있는 누군가의 개인적인 이름이라고 생각하지 말라. 히브리어로 사탄은 단지 "대적"을 의미한다. 욥기에 등장하는 이 신적 존재는 지하세계의 왕이 아니라 천상의 어전회의에서 검사의 역할을 하는 존재다(그래서 몇몇 영어 번역은 그를 "고소인"이라고 부른다). 야웨는 이 신적 존재에게 욥을 성경 전체에서 가장 비참한 존재로 만들 수 있는 완전한 재량권을 주신다.

몇몇 시편은 똑같은 천상 회의 개념을 다루고 있다. 시편 82편에서 이스라엘의 하나님이 하늘의 CEO 석에 앉으셔서 다른 신들을 압박하신다. 확실히 이 신들이 감독하기로 되어 있는 왕들이 공정하게 행동하고 있지 않은데, 하나님은 그 신들에게 책임을 물으신다.

다른 시편들은 "여호와는 크신 하나님이시요 모든 신들보다 크신 왕이시기 때문이로다", "여호와는 위대하시니 지극히 찬양할 것이요 모든 신들보다 경외할 것임이여"라는 식으로 말한다. 다른 신들이 존재하지만 야웨에 비하면 그 신들은 발꿈치에도 미치지 못한다. 사실 그 비유는 다른 신들이 존재한다고 믿어질 경우에만 말이 된다.

이스라엘의 하나님은 어떤 점에서 다른 신들보다 나은가?

우선 그는 우주의 참된 창조자시다. 이스라엘의 고대 이웃들의 창조 이야기에서는 창조가 집단의 행위이며, 신들 사이의 모종의 갈등과 관련이 있다. 바빌로니아의 「에누마 엘리시」에서 마르두크가 티아마트를 둘로 잘라서 하늘과 땅을 만드는 것처럼 말이다.

그러나 성경의 창조 이야기에서도 하나님이 "**우리의** 형상을 따라 우리가 사람을 만들자"라고 말씀하신다. 여기서 "우리"가 누구인가? 하나님이 그분의 호주머니에 생쥐를 넣고 계셨는가? (제발 아니라고 말하라.) 신들 사이에 갈등은 없지만 "우리"는 시편과 욥기에서 다른 신적 존재, 즉 좀 더 낮은 신들을 가리킨다.

하나님이 이 "천상회의"(divine council, 종종 이렇게 불린다)와 상의하시는 것처럼 보이지만 다른 이야기들에서와 달리 이 신들은 아무것도 하지 않는다. 그들은 가만히 앉아서 최고 신이 일하는 것을 지켜본다. 이스라엘의 하나님은 "모든 신 위에 크신 하나님"이시다. 그분이 창조자이시고 다른 신들은 창조자가 아니다. 그리고 다른 나라들의 신들은 확실히 창조자가 아니다.

야웨는 또한 다른 핵심적인 이유로 최고 신의 지위를 지니실 자격이 있다. 그는 이스라엘 백성을 이집트의 노예 생활에서 해방시키셨다.

앞 장에서 우리가 살펴보았듯이 야웨가 열 가지 재앙을 내리심으로써 이집트의 신들과의 전투에서 일방적인 승리를 거두셨고, 홍해에서 결정적인 타격을 가하실 때 하나님이 창조 때 그러셨던 것처럼 다시 한번 혼돈의 물들을 통제하셨다.

이 대목에서 당신은 "잠깐만요, 선생님은 지금 실제로 수많은 다른 신이 있다고 말하고 있는 건가요?"라고 물을 수도 있을 것이다(그리고 아마도 그렇게 물어야 할 것이다). 그 질문에 대한 나의 답변은 "아니오"다. 나는 한순간도 천상의 어전회의나 신들 사이의 전투가 있다고 생각하지 않는다.

그러나 나는 이스라엘 백성이 이런 것들을 믿었다고 생각한다. 그리고 그것이 내가 말하고자 하는 요점이다.

그들은, 오늘날 미국 전역에서 교회의 뾰족탑이 하늘을 찌르는 것이 일반적인 현상이듯이, 많은 신의 존재가 당연한 사실로 여겨진 세상에서 살았다. 그런 문화에서 다른 나라들의 신들에 비해 야웨의 위대하심을 고백하는 것이 그들이 할 수 있는 유일한 방법이었다. 즉 그것이 그들이 깨닫게 된 유일한 방법이었다.

이스라엘의 이야기는 모든 시점에 모든 신실한 사람이 항상 하나님에 관해 **믿어야 하는** 것을 제시하지 않는다. 그것은 이스라엘 백성이 자기들이 살았던 시간과 장소에서 하나님과 동행한 여정에서 하나님을 어떻게 이해했는지를 우리에게 **보여준다.**

그것을 이런 식으로 생각하라. 어린아이가 자기의 옷장에 괴물들이 있다고 확신한다면, 그 아이에게는 옷장에 괴물들이 있는 셈이다. 그 아이의 아버지는 다음과 같은 두 가지 방식 중 한 가지로 말할 수 있을 것이다. "너는 어서 자라야겠다. 옷장에는 그런 것이 없단 말이다! (멍청한 아이같으니라고.) 아빠가 옷장을 열어서 그 안에 옷들과 장난감들만 있다는 걸 보여주마." 그것은 사실에 관해서는 참이지만 놀란 아이에게 아무 도움도 되지 않을 것이다.

이와 대조적으로 "어떻게 바보 같은 아버지가 되지 않을 수 있는가 시험"에 합격한 어떤 아버지라면 자기 딸이 심정적으로 위치한 자리에서 아이를 만나 "한번 살펴보자"라고 말할 것이다.

그는 옷장을 열고 안으로 들어가 옷장 문을 닫을 것이다. 그는 옷걸이와 상자들을 두드려서 큰소리를 낸 후 셔츠 단추를 끄르고 머리카락을 약간 풀어헤치고 나와서 자기가 이겼다고 말할 것이다. "아빠가 괴물들을 무찔렀어. 그것들이 아기들처럼 울고불고 난리를 쳤지. 그것들 중 하나는 오줌을 지리고 도망갔어. 그것들은 다시는 돌아오지 않을 거야. 이제 너는 안심하고 잘 수 있단다."

마찬가지로 구약성경에 기록된 이스라엘 백성에 대한 하나님의 음성은 그들이 있는 곳에서 그들과 만난다. 하나님은 이스라엘 백성이 그들의 고대 지평의 경계 안에서 하나님에 관해 말하고, 하나님을 예배하고, 하나님을 신뢰하도록 허용하신다.

"얼마나 많은 신이 존재하는가?"라는 질문은 성경이 똑바로 알려줘야 할 매우 기본적인 질문인 것처럼 보이지만, 이 문제에 대해서도 성경은 한목소리로 말하지 않는다. 그 질문에 대한 대답은 당신이 어느 부분을 읽고 있느냐에 따라 다르다. 잠언에 기록된 돈에 관한 내용이나 잠언 또는 전도서에 기록된 하나님에 관한 내용처럼 말이다.

성경은 이스라엘의 다양한 영적 여정을 기록하기 때문에 하나님에 대한 다양한 견해를 반영한다.

그들의 여정의 뒷부분의 어느 시점에 (우리는 그 시점이 정확히 언제였는지 알지 못한다) 이스라엘 백성은 그 질문에 대한 최종적인 답변에 도달했는데, 그 대답은 바로 한 하나님만 존재하신다는 것이었다. 오늘날 유대인과 그리스도인 모두에게는 그 하나의 답변이 참이고 하나님에 대한 성경의 다른 묘사들—하나님이 많은 신 중 하나의 신이라는 견해—는 버려졌다.

고대 이스라엘인들이 그들의 역사의 많은 기간 동안 가정했던 하나님에 대한 묘사—하나님이 많은 신 중 최고 신이라는 견해—는 사실에 관해 참이 아니다. 그리고 나는 우리가 그 결론을 내려도 하나님이 나무라시지 않으리라고 믿는다.

성경의 일부를 버리는 것은 성경이 A부터 Z까지에 대한 정보의 영원한 원천으로 여겨질 때에만 문제가 된다. 성경이 하나님과 동행하기 위한 모델로 기능하고, 그 모델에서 우리가 누구이고 우리가 어디에 있는지가 우리가 하나님을 이해하고 하나님과 연결되는 방식에 영향을 주는 경우에는 성경의 일부를 버려도 문제가 되지 않는다.

하나님은 평균적인 사람처럼 보이신다

언젠가 내 친구 중 한 명이 내가 지금 하나님이 어떤 분이시라고 생각하는지 물어보았다. 그는 이런 까다로운 질문들로 어려움을 겪고 있었다. 그래서 나는 자기 일에나 신경 쓰라고 말하고, 학자들이 하나님이 얼마나 묘사될 수 없고 우리의 이해를 넘어서는 존재라고 말하는지 등을 얘기해줬다. 나의 다른 모든 친한 친구와 마찬가지로 그는 내 말을 무시하고 계속 질문했다.

나는 잠시 후 포기했고 내가 실제로는 하나님에 대한 그림을 갖고 있었음을 깨달았는데, 그것이 무엇이었는지를 말하기가 망설여진다. 나는 하나님이 멀리 계신다고 상상했다. 어두운 구름 뒤의 높은 곳에 가려진 구석에 숨어계시는 식으로 말이다. 적어도 그것이 그때 내가 상상한 하나님에 관한 그림이었다.

나는 오랫동안 다른 사람들에게 그런 그림을 제시해왔는데 나만 그렇게 한 것이 아님을 알게 되었다. 그리고 우리가 그렇게 한 것이 우리 잘못만은 아니었다. 성경의 일부는 하나님에 대해 비슷한 그림ー멀리 떨어진 곳에 계시는 주권자, 높은 곳의 보좌에 앉으신 왕, 높은 곳에서 내려다보시는 분ー을 제시한다.

예를 들어 창세기 1장에 기록된 창조 이야기에서 하나님은 높은 곳에 계시고, 거기서 아래를 내려다보시며, 모든 것을 통제하신다. 그분은 일련의 명령들("빛이 있으라" 등)을 통해 엿새 동안 천지를 만드시고 땀 한 방울도 흘리시지 않고 태양과 달과 별 등 모든 것을 각자의 자리에 두신다. 마치 우주적 장기판 위에서 장기의 말들을 움직이시듯 말이다. 성경의 다른 부분들은 하나님을 비슷한 방식으로 제시한다. 즉 하나님은 속세에서 벗어나 계시고, 요청해야 잠깐이라도 나타나신다.

하나님이 우리 중 "하나"와 좀 더 가깝다고 제시하는 묘사가 하나님이 멀리 계신다는 묘사만큼 빈번하게 제시되는데, 그런 개념은 대개 우리가 하나님에 관해 말할 때 언뜻 마음에 떠오르지 않는다. 하나님은 사안들을 이해하시고, 마음을 바꾸시고, 자신의 행동을 후회하시고, 다른 존재들의 행동에 반응하시고, 달래지셔야 한다.

다시 말하자면 성경에는 하나님에 대한 매우 다른 두 가지 묘사가 등장한다.

이처럼 좀 더 "인간적인" 하나님은 6일의 창조 이야기 바로 뒤에 세계 무대에 등장하신다. 하나님은 창세기 1장에서처럼 높은 곳에서 명령하시는 것이 아니라 옹기장이가 흙을 빚듯이 흙으로 아담을 만드신다. 하나님은 아담이 혼자인 것을 보시고 즉석에서 이 상황을 고치려고 하신다. 그분은 동물들을 지으시고 그것들을 아담 앞으로 지나가게 하셔서 그중 하나가 아담의 적절한 짝이 될 수 있겠는지 보려고 하시지만, 하나도 적합하지 않았다. 하나님은 일을 진행하시면서 상황에 따라 대처하시는 것처럼 보인다.

하나님은 대안으로 아담에게 칼을 대셔서 그의 옆구리로 여성을 창조하신다. 아담은 깨어나서 "이는 내 뼈 중의 뼈요 살 중의 살이라"라고 말한다. 드디어 아담의 짝이 창조되었다. 아담의 고독을 완화하기 위해 동물들을 창조하신 것은 효과가 없었지만 아담과 같은 존재를 창조하신 것은 효과가 있었다.

아담과 하와가 금지된 열매를 먹은 후 그들은 자기들이 벌거숭이라는 사실이 부끄러워 숨는다. 그때 에덴동산에서 인간처럼 걸으신 하나님은 그들이 사라진 것을 알아차리시지만, 그들이 어디에 있는지 모르셔서 "네가 어디 있느냐?"라고 물으신다. 그 후 하나님은 이 인간들을 벌하시고 그들을 에덴동산에서 쫓아내신다. 확실히 일들이 계획대로 돌아가지만은 않는다. 하나님은 허를 찔리셨다. 그래서 대안이 작동된다.

아담 이야기 속의 하나님은 모든 것이 질서가 잡혀 있고 계획대로 완벽하게 집행되는 창세기 1장에 등장하는, 모든 것 위에 높이 계신 하나님처럼 행동하시지 않는다.

창세기의 몇 장을 더 넘기면 홍수와 노아의 방주 이야기가 나온다. 하나님은 또다시 허를 찔리셨다. 그분은 이 프로젝트를 시작하신 것이 "유감스러웠고" 그것에 관해 매우 "슬퍼하셨다." 일들이 자신이 계획하셨던 대로 진행되지 않자 하나님은 화를 내신다(혹자는 하나님이 과잉반응을 하신다고 말할 것이다). 하나님은 큰 홍수로 살아있는 모든 것을 쓸어버리시고 사람 여덟 명과 각각의 종마다 동물 두 마리를 남기셔서 그들을 통해 다시 시작하신다.

몇 장을 더 넘기면 우리는 이스라엘의 조상인 아브라함의 이야기를 만나게 된다. 하나님은 늙은 아브라함과 아이를 낳지 못하던 늙은 사라에게 아들 이삭을 주신다. 그 후 하나님은 아브라함에게 이삭을 제물로 바치라고, 즉 그를 데리고 가서 그의 목을 베라고 말씀하신다.

하나님은 왜 아브라함에게 기적적으로 낳은 아이를 죽이라고 명령하시는가? 그 이야기는 그 점에 관해 명확하게 밝힌다. 즉 하나님은 아브라함이 자신을 "경외"하는지 알아보려고 그를 **시험**하고 계신다.

그러자 아브라함은(당신이 예상할 수 있는 수준보다 훨씬 덜 주저하면서) 이삭을 모리아산으로 데려가 장작을 쌓은 제단에 그를 결박한다. 아브라함이 자기 아들을 칼로 찌르려고 할 때 하나님이 천사를 통해 개입하여 다음과 같이 말씀하신다. "그 아이에게 네 손을 대지 말라. 그에게 아무 일도 하지 말라.…내가 이제야 네가 하나님을 경외하는 줄을 아노라."

"**이제** 나는 안다." 하나님이 자기가 전에 알지 못하시던 것—아브라함이 하나님을 경외한다는 사실—을 발견하셨다. 아브라함은 그 시험에 합격했다.

이번에는 출애굽기에 기록된 예를 하나 더 살펴보자. 이스라엘 백성이 홍해를 건너 시내산 기슭에 도착한 후 모세는 하나님과 만나러 산에 올라간다. 모세가 산 위에 있는 동안 확실히 성인의 감독이 필요했던 이스라엘 백성은 산 아래에서 금으로 송아지를 만든다. 이 우상은 하나님이 자기들과 함께하시게 만드는 방법의 하나였다. 결국 모세는 높은 곳에서 혼자 하나님을 만나고 있고, 세상의 다른 모든 민족들은 자기들의 신들과 친밀한 관계를 유지하기 위해 각자의 우상을 지니고 있었다. 그래서 모세의 형 아론은 이스라엘 백성에게도 우상을 만들어준다. 그렇게 한들 무슨 피해가 있겠는가?

문제는 십계명의 두 번째 계명이 큰 종소리처럼 명확하게 "너를 위하여 우상을 만들지 말라"라고 말한다는 것이다. 모세가 내려와 금 송아지와 그것 주위에서 축제가 열리는 것을 보고 율법이 새겨진 판들을 깨뜨린다. 아론의 구차한 변명(하지만…그러나…그들이 내게 그것을 만들게 했다)을 들은 뒤 모세는 다시 산으로 올라가 확실히 기분이 나빠지신 하나님의 기분을 어떻게 풀어드릴 수 있을지 알아보기로 동의한다.

단순히 언짢으신 것 이상이었다. 하나님은 홍수 이야기에서처럼 확실히 짜증이 나셨다. 하나님은 참을 만큼 참으셨고 모든 계획을 포기하기로 결심하신다. 하나님은 모세에게 자신이 이집트에서 구출하신 백성에게 등을 돌리시겠다고 알려주신다. 천사가 백성을 인도하겠지만 하나님은 거리를 유지하실 것이다.

그렇게 하시지 않으면 하나님이 노상에서 이스라엘 백성을 진멸하실(칼로 죽이실) 것이다. 하나님은 자신을 통제하실 수 있을지 확신하지 못하신다.

그러자 모세는 하나님과 논의하고 하나님이 마음을 바꿔 원래의 계획으로 돌아오시게 한다. 모세는 이스라엘 백성은 하나님의 백성이며 다른 모든 나라가 그것을 안다고 하나님께 상기시켜드린다. 하나님이 이스라엘 백성을 버리신다면 다른 모든 사람이 어떻게 생각하겠는가? 그러면 이스라엘 백성이 특별하며 그들의 하나님이 참된 하나님이시라는 것을 그들이 어떻게 알겠는가?

모세는 하나님의 유머 감각과 수치심을 이용하여 하나님이 자신의 분노에 굴복하시지 말도록 설득한다. 그리고 그것은 효과가 있었다.

하나님을 이야기 속의 등장인물로서 우리가 그분에게 얘기할 수 있고, 그분과 더불어 논쟁할 수 있고, 유감을 보여주시고, 사안들을 이해하시고, 마음을 바꾸시는 존재로 보는 것은 곤혹스러울 수도 있다. 그런 하나님은 우주를 지배하는 주권자처럼 보이지 않기 때문이다.

어떤 신이 하잘것없는 인간의 충고를 받아들이고 마음을 누그러뜨리는가? 어떤 신이 애초에 마음을 누그러뜨릴 필요가 있는가? 어떤 신이 자기가 한 일을 후회하는가? 어떤 신이 자기 부하의 충성심을 확신할 수 있도록 그 부하를 시험할 필요가 있는가?

성경은 왜 이 점을 그렇게 복잡하게 만드는가? 성경은 왜 하나님이 모든 곳에서 하나님처럼 행동하시게 하지 않는가?

그러나 성경에 기록된 이처럼 신답지 않은 하나님이 하나님에 관한 유대교의 믿음과 기독교의 믿음 모두의 핵심에 위치한다. 이 하나님은 거리를 유지하지 않으시고, 인간의 경험을 수용하시고 인간의 이야기의 일부가 되신다. 하나님은 규칙성을 유지하신 채 "현장에" 계신다.

기독교의 이야기에서 하나님은 한층 더 내려오신다. 하나님은 우리 중 하나, 곧 육신을 입은 하나님이 되신다.

우리는 실제로 높은 곳에 계시면서 거리를 유지하시는 하나님보다는 반응하시고, 마음을 바꾸시고, 우리가 그분과 더불어 논쟁할 수 있는 하나님을 더 많이 필요로 한다.

그런 하나님이 없다면 기도라는 개념이 존재할 수 없다. "하나님, 제발…해 주세요"라는 기도에 관해 생각해 보라. 그리고 질병의 치료, 고통 중의 위로, 새 직장, 스포츠 경기 결승전의 결과 등으로 빈칸을 채워 보라. 많은 기도가 하나님께 대한 감사와 찬송에 관한 것일 수 있고 때로는 조용한 묵상일 수도 있다.

그러나 기도는 종종 도와 달라고 부르짖으며 우리 방식대로 사안들을 보시도록 하나님을 설득하려고 한다.

예수 자신이 하나님께 간구하셨다. 누가복음에서 예수는 자신이 십자가에 처형당하시기 전날 밤에 처형을 면하게 해 달라고 피 같은 땀이 흐를 정도로 열심히 기도하셨다. 예수는 그 일을 겪기로 결심하셨음에도 그 것을 모면할 길이 있는지 하나님께 물어보신다. 예수는 그 계획을 아시지 만 하나님이 그 계획을 바꾸실 것인지 알아보려고 하신다.

자신의 백성과 함께하시고 멀리 계시지 않는 이 "현재의" 하나님이 우리의 영적 여정에서 우리에게 필요한 하나님이시다.

성경에 제시된 하나님은 확실히 다면적인 존재시다. 하나님은 때때 로 높은 곳에 멀리 계시면서 움직이지 않으시며 우리가 움직이시도록 만 들 수도 없다. 그러나 그분은 당신이 실제로 관계를 맺을 수 있는 경우가 더 많다. 성경에는 두 측면이 모두 기록되어 있다. 한쪽이 다른 한쪽을 무 효로 만들지 않는다. 그러나 아이러니하게도 가장 하나님답지 않은 성경 의 하나님은 우리가 일상의 삶에서 좀 더 많이 연결되기를 원하는 경향이 있는 하나님이시다.

우리와 비슷한 하나님은 문제가 되지 않는다. 신약성경에서는 하나 님이 이처럼 우리 중 하나처럼 되신 것을 좋은 소식(복음)이라고 부른다.

하나님이 율법을 제정하신다

우리는 하나님 자신이 이스라엘 백성에게 주신 율법에 일관성이 있으리라고 예상할 수 있을 것이다. 우리는 하나님이 자신의 손가락으로 돌에 새겨 시내산에서 모세에게 직접 전달하신 율법에 관해 말하고 있다.

하나님의 법은 차치하고 어떤 법이라도 효과가 있으려면 일관성이 있어야 한다. "빨강 신호등은 대개 멈추라는 신호다"라는 식의 교통법규는 효과가 없을 것이다. 그리고 이스라엘 백성에게 하나님의 법을 지키는 것은 교통법규를 준수하는 것보다 좀 더 중대한 사안이었다. 율법 위반에는 사형, 추방, 바빌로니아로의 유배 같은 국가적 재앙 등의 결과가 수반되었다.

그러나 이스라엘의 법들은 어떤 혼란도 제거할 수 있도록 잘 정렬되어 있지 않았고 우리가 예상할 수 있는 식으로 작동하지 않았다. 몇 가지 예를 들어보자. 쉽게 찾아볼 수 있도록 나는 장과 절을 포함한다. 성경에 따르면 이 율법들은 모두 하나님에 의해 시내산에서 이스라엘 백성에게 계시된다.

이스라엘 백성이 동료 이스라엘 백성을 종으로 삼을 수 있는가?

출애굽기 21:2-11: 예. 그리고 남성 종들은 6년 후 자유인이 되기로 선택할 수 있다.

신명기 15:12-18: 예. 그러나 남성 종과 여성 종 모두 자유인이 되기로 선택
할 수 있다.

레위기 25:39-43: 이스라엘 백성은 결코 서로에게 종이 되어서는 안 된다. 너
희가 한때 이집트에서 종이었던 것을 기억하라. 그들을 품꾼으로 고용하되
종으로 삼지 말라. 종으로 삼으려면 외국인을 대상으로 그렇게 하라.

이스라엘 백성이 찢긴 동물들의 시체를 먹을 수 있는가?

출애굽기 22:31과 신명기 14:21: 아니오. 너희는 거룩하고 그것은 혐오스럽
다.

레위기 11:39-40과 17:15: 예. 그러나 너희는 저녁까지 "부정할" 것이다. 반
드시 옷을 빨아라.

남성이 생리 중인 여성과 동침할 수 있는가?

레위기 15:24: 예. 그러나 동침하면 너희가 누운 침상이 7일 동안 "부정할" 것
이다.

레위기 20:18: 절대로 안 되며 7일 동안의 부정한 기간도 없다. 이런 종류의
일은 네 누이나 숙모(이모, 고모)와 동침한 것과 다르지 않으므로 너와 그
여성이 "끊어질" 것이다(아마도 죽음이나 출교를 의미할 것이다).

우리가 정확히 어디에서 하나님께 제사를 드리도록 허용되는가?

신명기 12:13-14과 레위기 17:1-8: 오직 한 곳, 하나님의 성소에서 드려야
한다. 다른 곳에서 제사를 드릴 생각조차 하지 말라.

출애굽기 20:24-26: 너희가 원하는 어디서든 제사를 드려라. 힘을 다하라. 흙

으로 단을 쌓되 돌을 사용하기를 원하거든 정으로 깎지 말라. 그리고 나체가 드러나지 않도록 제단에 올라가는 계단을 만들지 말라.

유월절을 적절하게 기념하려면 식사를 어떻게 해야 하는가?

출애굽기 12:8-9과 46절: 반드시 유월절 양을 구워 먹고(그리고 절대로 삶아 먹거나 날로 먹지 말라) 그것을 집에서 먹으라.

신명기 16:7-8: 어린 양을 삶고 그것을 중앙의 성소에서만 먹으라.

이 구절들은 몇 가지 예에 지나지 않지만 이스라엘의 율법들이 때로는 서로 충돌한다는 요점을 보여주기에는 충분하다.

우리가 이런 불일치를 최초로 인식한 사람들인 것은 아니다. 이스라엘 백성이 이미 알고 있었다. 예를 들어 역대기 저자는 유월절 율법들의 모순을 알아차리고 해법을 제공했다. 이스라엘 백성이 바빌로니아 유배에서 돌아온 몇 세대 뒤에 글을 쓴 그는 출애굽기와 신명기의 율법들을 **통합**했다(대하 35:13). 즉 이스라엘 백성은 어린 양은 불에 굽고(= 출애굽기) 다른 고기들은 **삶아야** 했다(= 신명기). 그런 방식으로 문제가 해결되었다.

율법들이 서로 불일치한다는 사실은 "같은 하나님에 의해 하나님의 백성에게 주어진 율법들이 왜 그렇게 다른가?"라는 건전한 질문을 제기한다. 주의 깊은 성경 읽기의 세계로 들어온 것을 환영한다. 유대교 학자들은 기독교 시대 이전부터 내가 방금 언급한 역대기에 수록된 예에서처럼 이 율법들을 이해하기 위해 온 힘을 기울였다.

수백 년 동안 성서학자들은 같은 책에 왜 이런 모순적인 율법들이 존재하는지를 설명하기 위한 이론들을 제안했다. 한 가지 설명이 가장 널리

인정되었는데(사실은 거의 보편적으로 인정되었다) 그것은 바로 이스라엘에 복수의 "법률 전통"이 있었다는 것이다.

이 전통들(때때로 "법전"[law codes]이라고 불린다)은 다른 시기에 다른 장소에 살았던 이스라엘인들에 의해 독립적으로 작성되었고 각각 그들에 대한 하나님의 뜻이 무엇인지에 대해 다르게 이해한 바를 반영한다.

바빌로니아 유배에서 돌아온 뒤 살았던 성경의 편집자들은 이 법전들을 우리가 성경에서 그것들을 보는 방식으로 편찬했다.

그리고 혹자가 이런 다양한 전통들을 모아서 하나의 긴 법을 만든다면 우리가 위의 예에서 본 바와 같은 긴장과 모순이 존재하기 마련이다.

같은 성경 안에 존재하는 다른 법전은 우리가 앞장에서 논의한 네 가지 버전의 예수의 삶 및 두 가지 버전의 이스라엘 왕정과 비슷하다. 물론 복음서들 및 이스라엘의 이야기들 같은 **별도의 책들**을 나란히 배치하면 차이가 좀 더 분명해진다. 그러나 이스라엘의 율법 편집자(들)는 우리에게 별도 버전의 율법들을 전해주지 않았다. 대신 다양한 율법들이 모세가 시내산에서 하나님의 율법을 받아 산 아래에 있는 이스라엘 백성에게 전달해주는 하나의 이야기 안으로 엮였다.

그 차이들을 알아보기가 좀 더 어렵지만 분명히 차이들이 존재하며 그것들은 오늘날 성경 독자들에게 중요한 이야기를 해준다.

성경의 편집자들은 기꺼이 이 법전들을 있는 그대로 성경에 포함시켜 그것들을 남겨두었다. 그들은 매끄럽게 다듬지 않았고, 이것이 우리 같은 사람들에게 하나님이 얼마나 혼란스럽게 보이게 할 수 있을지에 대해 안달하지도 않았다. 그들이 기쁘게 만들었던 성경은 복잡하고 도전적이고 난잡하다. 그리고 성경을 기록할 때 하나님이 어느 정도 역할을 하셨다고 믿는다면 당신은 하나님이 기꺼이 그들에게 그렇게 하도록 허용하셨다고 믿어야 한다.

그리고 이스라엘의 법률 책―당신이 성경책 중 "규칙집"으로 기능하리라고 예상할 부분―조차 "대본을 따르라"는 태도에 저항한다면 그것이 전체로서의 성경에 관해 우리에게 무엇을 말해주는가?

아마 그것은 규칙집으로도 기능하지 않는다는 점일 것이다.

성경이 하나님, 하나님이 기록하셔서 모세에게 주신 법들, 또는 일반적으로 하나님이 우리에게 기대하시는 바에 관해 말할 때 성경은 우리에게 복수의 음성으로 말한다. 우리가 성경에 우리의 그릇된 기대를 들여올 때만 그것이 문제가 된다.

성경은 그리스도인의 매뉴얼이 아니라, 하나님에 관한 이야기이자 그분의 백성이 수백 년에 걸쳐 변화하는 환경과 상황에서 어떻게 그분에게 연결되었는지에 관한 다양한 이야기다.

그것은 우리의 이야기이기도 하기 때문에 그런 성경은 효과가 있다. 성경은 말하자면 우리와 파트너가 되며, 하나님과 동행하는 우리의 여정의 모든 단계에서 무엇을 하라고 말함으로써가 아니라 우리에게 언덕과 골짜기, 곧은 길과 어려운 굽은 길, 새로운 발견과 통찰, 움직임과 변화를 보여줌으로써 우리의 신앙의 여정에서 좀 더 깊어지고 좀 더 성숙하도록 모델이 되어준다.

* * * *

새로운 발견, 움직임, 변화. 우리는 성경 중 그리스도인들이 신약성경이라고 부르는 부분에서 동일한 이 음조를 계속 들을 것이다. 신약성경에서는 그 음조가 좀 더 커지는데 때로는 귀가 먹먹해질 정도로까지 커질 것이다.

복음서 저자들과 바울에 따르면 예수의 이야기는 너무 급진적이었고, 너무 새로웠고 너무 예상되지 않아서 하나님 및 그분의 백성이라는 것이 무엇을 의미하는지에 관한 기존의 사고방식에 완전히 들어맞을 수 없었다.

대다수가 유대인이었던 예수의 초기 추종자들은 확실히 이스라엘의 이야기들을 존중하고 존경했다. 그들은 예수의 이야기가 이스라엘의 이야기와 깊이 연결되어 있고 전에 역사하셨던 동일한 하나님이 그들 자신의 시대에 역사하고 계신다고 믿었다.

그러나 그들은 이스라엘의 이야기가 예상치 못했던 예수의 이야기—로마인들에 의해 처형당하고 다시 살아나는 메시아의 이야기—를 다루기 위해 쓰인 것이 아니었기 때문에 하나님이 자기들을 이스라엘의 이야기 너머로 밀어내고 계신다고 생각했다.

따라서 이 저자들은 예견되지 않았던 이스라엘의 이야기를 변혁시키고, 그것을 다시 생각하고, 바꾸고, 적응시키고, 때로는 그것의 일부를 버려서 이스라엘의 하나님의 이 행동을 묘사했다.

성경의 이해에 관해 이 최초의 그리스도인 저자들이 오늘날의 그리스도인들에게 뭔가 할 말이 있는데, 그것은 바로 성경에 대한 올바른 이해와 예수에 대한 올바른 이해가 동일하지 않다는 것이다.

양자가 같다고 생각하면 이 저자들이 말하려고 하는 요점을 놓칠 위험이 있다.

예수가 시비를 거신다

예수는 성경 과목에서 "F" 학점을 받으신다

예수: 모세 2.0

5장

예수는
성경보다 크시다

예수가 성경을 왜곡하시다

예수는 인간이셨다

예수는 실제로 쿠데타이셨다

예수는 성경 과목에서 "F" 학점을 받으신다

나는 대학 학부생에게 성경 과목을 가르치는데, 그 일을 매우 좋아한다. 내가 그들의 보잘것없는 삶을 완전히 그리고 의문의 여지 없이 통제하고 있고 그들은 나를 매우 두려워하기 때문이다.

학부생들은 내가 자기들의 성적을 매기기 때문에 나를 두려워한다. 학부생들의 성경 과목 답안지를 채점하는 전율을 맛본 적이 없다면 그것을 해볼 기회를 가져 보라. 특히 당신이 빨강 펜으로 표시하기를 좋아한다면 말이다. 빨강 펜은 학생들에게 그들이 틀렸다고 말하는 표준적인 방법인데, 이 언급을 통해 우리는 내가 위에서 학생들의 삶을 통제한다고 했던 데로 돌아온다.

아무튼 내 변호사들과 학장은 지금도 내 요점만 말하고 더 이상 스스로를 유죄로 만드는 행위를 피하라고 조언한다.

성경 과목을 수강하는 대학생들은 곧 알게 되겠지만 성경은 다루기 쉬운 책이 아니다. 적어도 당신이 일단 세부사항들에 주의를 기울이고 성경을 파기 시작하고 나면 말이다. 매우 잘하는 학생들이 있다. 썩 잘하지는 못하지만 대체로 타당한 범위에 있는 학생들도 있는데 나는 그들을 자랑스럽게 생각한다.

그러나 때때로 학생들이 대학교 시험 답안이라기보다는 자유 연상처럼 보이는 이상한 성경해석을 제시하는데, 그러면 나는 절망해서 내가 무엇을 잘못했는지 그리고 이것을 어떻게 드러내지 않을 수 있을지 궁금해진다.

명예훼손으로 고소당하지 않기 위해 가상의 예를 생각해보자. 창세기 31장에서 야곱은 장인인 라반의 물품 몇 가지를 가지고 라반의 집에서 도망가고 있다. 22절은 "**삼 일째**에 야곱이 **도망**한 것이 라반에게 들렸다"라고 말한다(개역개정을 사용하지 아니함). 그래서 라반과 그의 사람들이 라반의 물건을 되찾으려고 쫓아가서 칠 일 뒤에 야곱을 따라잡는다.

어떤 학생이 22절을 예수가 "**삼 일째**에 죽은 자 중에서 살아나 무덤으로부터 **도망했다**"라고 해석한다면 어떻게 하겠는가?

당신이 예상하는 바대로 나는 그의 답안을 빨강 색 잉크 바가지에 담그고, 그 과제물에 "F"를 주고, 그로 하여금 그 과목 자체 안에서의 모종의 수치 의식을 견디게 할 것이다.

내 변호사와 학장의 추가 충고에 따라 말하자면 "창피를 주는 부분은 농담이다. 그리고 나는 결코 실제로든 상상으로든 누구도 모욕할 의도가 없으며 내 말이 그런 식으로 받아들여졌다면 사과한다."

그러나 내 요점은 똑같이 유지된다. 성경을 당신이 원하는 무엇이든지 의미하도록 해석할 수는 없기 때문에 성경을 대충 해석하면 좋은 학점을 받지 못할 것이다. 당신은 텍스트가 말하는 바를 고수해야 한다. 성경을 진지하게 여기는 사람은 누구나 그것을 안다.

예수에게는 예외다.

복음서들에서 예수는 오늘날 일부 성경 독자들을 매우 불편하게 만들 수도 있는 방식으로 그의 성경을 해석하신다.

누가복음에서 예를 하나 살펴보자. 예수는 성전을 담당하고 있던 유대의 종교인 그룹인 사두개인들과 논쟁하고 계신다.

다른 유대인들 대다수와 달리 사두개인들은 죽은 자들 가운데서 살아나는 것이 말도 안 된다고 생각했다. 이 이야기에서 그들은 가상의 시나리오를 제시함으로써 예수를 난처하게 만들려고 한다. 어떤 여성이 과부가 되어 그녀의 남편의 형제와 결혼했는데, 그가 죽자 그녀는 다른 형제와 결혼한다. 그리고 그 일이 네 번 더 일어난다(그래서 일곱 명의 남편이 생긴다). 부활 때 어느 형제가 그녀의 남편이 되겠는가?

예수는 부활 때는 사람들이 "천사들과 같을" 것이기 때문에 결혼은 문젯거리가 아니라고 대답하신다. 이것으로 충분하지만 예수는 자신의 주장을 뒷받침하시기 위해 출애굽기를 인용하신다.

불타는 덤불 이야기에서 하나님이 모세에게 나타나셔서 자신이 누구인지를 선언하신다. "나는 네 조상의 하나님이니 아브라함의 하나님, 이삭의 하나님, 야곱의 하나님이니라." 예수는 하나님은 "죽은 자의 하나님이 아니요 살아있는 자의 하나님이시라. 하나님에게는 모든 사람이 살았느니라"라는 자신의 요점에 대한 성경의 증거로 이 구절을 인용하신다.

혼란스러워도 괜찮다. 출애굽기에서 이 일화를 읽는 누구도 그 대목에서 부활이 주제라고 생각하지 않았다. 그것은 단순히 모세가 최초로 하나님을 만나고 하나님이 자신을 오래전에 죽은 이스라엘의 조상들의 하나님으로 소개하시는 이야기다. 이제 모세는 자기가 누구와 상대하고 있는지를 안다.

불타는 덤불 이야기가 말하는 것과 예수가 그것이 말한다고 말씀하시는 것 사이에 어떤 합리적인 연결 관계도 존재하지 않는다. 예수는 다소 창의적인 성경해석을 하고 계신다. 특히 예수는 현재 시제 동사를 이용해서 예수가 말씀하고 계시는 것처럼 그 구절이 **지금** "나는 살아있는—부활한—아브라함과 이삭과 야곱의 하나님**이다**"(I am~)를 의미한다고 주장하신다.

여기서도 혼란스러워도 괜찮다.

우리는 예수가 그의 성경을 다루시는 것을 보게 된다면 머리를 쥐어뜯을 것이다. 이런 식의 해석을 학생에게서 듣는다면 나는 그것을 자유 연상이라고 부를 것이고, 소방 호스에서 빨강 잉크가 뿜어질 것이다.

그러나 나는 내가 예수에게 학점을 부여할 위치에 있다고 생각하지 않는다. 오히려 나는 그를 이해하기를 원한다.

예수는 자신의 성경을 우리가 그분이 읽으실 것이라고 예상하는 방식대로 읽지 않으셨다. 그분은 자신의 성경에 쓰인 단어들과 그것들이 의미하는 바에 매이지 않으셨다. 두 가지 요인이 예수가 왜 그런 식으로 성경을 다루셨는지를 설명한다.

첫째, 예수는 유대인이셨다. 위의 예는 우리에게 아무리 이상하게 보일지라도 예수가 자기의 동료 유대인들과 공유하신, 창의적으로 성경을 다루는 접근법에 부합한다. 따라서 예수가 그의 성경을 어떻게 읽었는지를 이해하기 위해서는 우리가 우리의 기대를 치워 놓고 예수를—그렇다, 예수조차 말이다—고대 유대인 세계의 완전한 일원으로 보아야 한다.

둘째, 예수는 종종 하나님 및 하나님의 백성이 된다는 것이 무엇을 의미하는지에 관한 이전의 사고방식에 도전하는 신선한 방식으로 성경을 읽으셨다(이 점에 관해서는 뒤에서 자세히 살펴볼 것이다). 특히 그는 종종 마치 자신이 단순히 성경을 해석하고 계시는 것이 아니라, 자신이 성경의 초점인 것처럼 자신에게 주의를 기울이셨다. 하도 그렇게 하시다 보니 예수는 유대인의 교사들과 유대교 당국으로부터 부정적인 주의를 끄셨다.

이 요소들을 함께 고려하면 예수의 성경 읽기에 관해 다음과 같은 결론이 도출된다. 예수는 오늘날 많은 그리스도인 독자가 하나님의 아들이 하셨으리라고 가정하는 방식 안에 머물지 않으셨다. 예수는 특히 성경이 말하는 바를 엄격히 따르도록 자신이 구속받는다고 생각하지 않으셨다. 예수는 성경이라는 규칙집의 독자가 아니라 성경보다 크신 존재셨다.

예수는 실제로 유대인이셨다

(놀랍게도 말이다)

우리가 예수가 불타는 덤불 이야기를 해석한 것을 어떻게 생각하든 누가는 군중이 그것에 대해 어떻게 생각했는지를 다음과 같이 말해준다. "서기관 중 어떤 이들이 말하되 '선생님, 잘 말씀하셨나이다' 하니 그들은 아무것도 감히 더 물을 수 없음이더라."

그들은 예수의 불타는 이야기 해석을 좋아했는데, 그 점이 우리의 힌트다. 예수는 최초로 또는 유일하게 성경을 창의적으로 비틀어 해석한 유대인이 아니셨다. 예수가 성경을 다루신 방식은 그 당시 유대인의 세상에 들어맞았다.

당시의 여느 유대인과 마찬가지로 예수는 자신의 성경(특히 토라)을 **존중하셨다.** 예수는 또한 자신의 동시대인들과 마찬가지로 **창의적인** 성경 읽기(그것은 우리에게는 자유 연상처럼 보인다)가 성경에 대한 존중과 완전히 조화를 이룬다는 것을 이해하셨다.

성경을 **존중하는** 것과 성경을 **창의적으로** 다루는 것이 우리에게는 모순처럼 들릴지 몰라도 고대 유대인들에게는 그렇지 않았다. 그 이유를 이해하기 위해, 그리고 결과적으로 예수를 이해하기 위해 우리는 잠시 뒤로 돌아갈 필요가 있다.

우리가 3장에서 본 바와 같이 (오늘날 우리가 알고 있는) 구약성경은 이스라엘 백성이 바빌로니아 유배에서 돌아온(기원전 539년) 뒤에 이스라엘인들에 의해 쓰였다. 이 저작들—일부는 그 당시에 쓰이고 있었고 나머지는 훨씬 후대에 쓰였다가 합쳐졌다—은 이스라엘의 고대의 이야기를 전했으며, 궁극적으로 그들의 현재의 삶과 미래의 소망에 대한 권위 있는 지침서가 되었다.

달리 말하자면 이 문서들은 신성한 경전, 즉 옛적에 하나님이 행하신 강력한 행동에 대한 유대교의 주된 연결 수단이고 그들이 현재 그들의 삶을 살 때 과거에 대한 영원한 기념물로 존경받게 **되었다.**

그러나 유대인들은 그들의 성서가 글로 고정되어있는 반면, 그들 주위의 세상은 계속 변한다는 문제에 직면했다.

그들은 더 이상 토라와 그들의 고대의 이야기들이 뿌리를 두었던 지나간 왕정 시대에 살고 있지 않았다. 그들은 유배의 위기를 경험했고, 이제 그들의 땅을 정복한 일련의 외국나라들의 권위 아래 살았다. 처음에는 페르시아인들이 다스렸고(기원전 539년-기원전 332년), 다음에는 그리스인들이 통치했다(기원전 164년까지). 반란(마카비 가문에 의해 인도되었고 지금도 하누카[Hanukkah]로 기념된다)과 짧은 기간의 유대인 통치(기원전 63년까지) 후 로마인들이 무대에 등장했다.

500년에 걸친 외국의 통치는 하나님과 그분의 세상에 충성스럽기를 바라는 많은 유대인에게 절박한 문제들을 제기했다.

우선 거룩한 땅에 외국 통치자들이 존재한다는 사실 자체가 다소 당혹스러웠다. 하나님이 왜 우리에게 이 일이 일어나도록 허용하시는가? 이것이 그분이 우리를 어떻게 생각하시는지에 관해 뭔가를 말해주는가? 우리가 여전히 그분의 백성인가? 우리는 이미 3장에서 이런 마음의 틀이 역대기의 저자가 이런 문제들을 다루기 위해 판이한 이스라엘의 이야기를 제시하게 했다는 것을 살펴보았다.

외국의 존재와 더불어 외국의 영향도 함께 왔는데 그것이 유대인들 사이에 다른 종류의 자기 분석과 갈등을 야기했다.

그리스 문화와 로마 문화가 유대교의 율법과 전통을 유지하기를 원하는 사람들에게 항상 우호적이지는 않았다. 그리스인들과 로마인들이 노골적으로 유대교의 방식에 적대적이지는 않았지만(그런 때도 있었지만 말이다), 그들과 섞이는 것만으로도 유대인들에게 그들의 전통을 버리거나 적어도 타협하라는 유혹을 제기했다.

이 모든 요인이 작용하고 있는 지금 이곳에서 어떻게 유대인의 정체성을 유지하느냐가 절박한 질문이었다. 유대인이 된다는 것은 무엇을 의미하는가?

성경이 권위가 있는 대답을 제공했지만—우리가 앞 장에서 본 바와 같이 율법을 포함한 성경에 대한 다양한 견해는 말할 것도 없고—그들 주위의 세상이 변하고 있었기 때문에 예전 방식과 옛적 율법을 수록하고 있는 오래된 책이 어떻게 관련이 있을 수 있는지가 항상 명백한 것은 아니었다.

"구속력이 있는" 미국의 옛 문서인 미국 헌법을 생각해 보라. 수정 헌법 제2조는 시민들에게 무기를 소지할 권리를 부여한다. 이 수정 헌법은 1791년에 독립전쟁의 맥락에서 채택되었으며, 탄환을 장전하는 데 팝 타르트를 데울 때보다 시간이 더 많이 소요되는 권총이나 소총을 사용하리라는 것을 가정했다.

오늘날 학교 총격과 반자동 소총의 맥락에서 이 수정 헌법에 "충실하다"는 것이 무엇을 의미하는가? 그 옛 문서가 미국인들에게 여전히 구속력이 있지만 그것이 명백하지 않기 때문에 수정 헌법 제2조가 오늘날 우리의 세상에서 어떻게 관련되는지에 대해 열띤 논쟁이 벌어지고 있다.

여러 세대가 지나면서 유대인들은 하나님이 그들의 고대의 성경의 페이지들 내에서 지금 그들에게 말씀하고 계시는 내용과 연결되기 위해 그들의 과거, 다양하고 구속력이 있는 문서, 계속 변하는 현재 사이의 틈새를 메꿀 필요가 있었다.

이 틈새를 메꾸는 일은 성경을 창의적으로 다뤄서 단어들이 표면상으로 말하는 것보다 깊은 의미를 발견할 것을 요구했다.

그리고 유대인들은 성경의 깊은 곳을 헤아림으로써 하나님이 지금 그들에게 말씀하고 계시는 것의 좀 더 깊은 신비에 접근하고 있다고 믿었다. 사실 그것은 하나님 자신이 그들에게 좀 더 깊이 파라는 초대장을 주시는 것이었다.

예수는 출애굽기의 불타는 덤불 이야기에 대한 해석에서 바로 이 일을 하신다. 군중이 이 해석을 승인한 이유는 이런 식으로 성경을 "깊이" 읽는 것이 예수 시대에 일반적이었기 때문이었다.

예수가 무대에 등장하기 전에 이미 과거와의 연결을 유지하기 위해 다양한 사상 학파가 발달했다. 우리가 위에서 만나본 사두개인이라는 집단은 토라만을 구속력이 있는 성경으로 받아들인 성전 제사장들이었다. 또 다른 집단은 바리새인이었는데 예수는 그 집단에 속했다. 토라에 기록된 율법 문제들을 토론하는 것으로 유명했던 그들은 모든 책을 구속력이 있는 것으로 받아들였다.

이 집단들은(우리가 자세히 살펴볼 필요가 없는 다른 집단들과 더불어) 서로 날카롭게 대립할 수도 있었는데 위의 불타는 덤불 사건이 그런 예다.

성경, 특히 토라에 관해 논쟁하고 변하는 시대를 다루기 위해 창의적으로 읽는 것은 신실한 유대교의 특징이었다. 유대인들은 율법을 다루는 것에 관해 "율법주의적"이지 않았다. 그리스도인들은 아직도 흔히 유대인들이 율법주의적이었다고 생각하지만 말이다. 성경은 하나님의 말씀이고 구속력이 있었지만 그들은 토라를 포함한 성경이 모든 시점에서 문자적으로 따라야 할 규칙집이 아니라고 이해했다.

지금 여기서 성경에 충실하다는 것은 유연**해야 한다**는 것을 의미했다. 당시의 논쟁은 성경이 여전히 구속력이 있는가에 관한 논쟁이 아니라, **어떻게 유연하고 창의적일 것인가**에 관한 논쟁이었다. 예수는 그런 세상에서 사셨다.

그러나 동시에 예수는 사두개인이든 바리새인이든 동료 유대인들 사이에서조차 말썽꾼이라는 딱지를 얻으셨다. 예수는 자신의 성경을 창의적으로 다루심으로써 토라와 성경의 나머지의 진정한 초점으로서의 자신에게 주의를 돌리셨다. 예수는 또한 이 점을 분명히 하기 위해 당대의 유대 당국자들에게 싸움을 거시는 습관도 있었다.

그런 사람은 어느 정도 부정적인 관심을 끌게 되어 있었다. 그리고 예수는 확실히 부정적인 관심을 끄셨다.

예수가 성경을 엉망으로 만드신다

예수의 창의적인 성경 해석은 그가 (제사장들인 사두개인들과 달리) 때때로 "율법의 교사들" 또는 "서기관들"이라 불리는 동료 바리새인들과 말다툼 하실 때 나온다.

당시 몇몇 유대인 사이에 하나님이 장차 다윗의 가문에서 나오는 왕, 즉 유대인들을 현재 로마인들의 권위 아래 자기들의 땅에서 소작농으로 살아가고 있는 그들의 현 상태로부터 구원할 "메시아"를 보내시리라는 믿음이 편만했다. 이 아이디어는 우리가 3장에서 살펴보았던 구약성경 텍스트에 뿌리를 두고 있다. 거기서 나단이 다윗에게 솔로몬의 혈통으로부터 예루살렘에서 보좌에 앉을 자가 끊이지 않고 이어지리라고 약속한다 (삼하 7장). 물론 바빌로니아로의 유배와 그 뒤로 500년 동안의 외국인 통치가 계속되고 있는 점에 비추어 볼 때 그 일은 일어나지 않았다.

그러나 몇몇 유대인은 하나님이 그들을 포기하시지 않고 언젠가(바라기로는 곧) 다윗 왕조를 회복하시리라고 믿었다. 그러면 그의 백성이 기원전 586년에 바빌로니아인들이 예루살렘을 약탈하기 전에 상실했던 지점으로 회복될 수 있을 것이다. 복음서들에 따르면 예수는 메시아, 다윗 가문의 왕이라는 이 칭호를 받아들이셨다.

그래서 예수는 다윗 가문의 메시아에 대한 이 기대를 소재 삼아 그가 성경에 대해 얼마나 창의적이실 수 있는지를 보여주는 다음과 같은 논쟁을 벌이신다.

예수는 성전에서 가르치실 때 메시아가 어떻게 다윗의 후손일 수 있는지 질문하신다. 물론 예수는 다른 유대인들처럼 메시아가 다윗의 후손이리라는 것을 잘 아신다. 예수는 그것들을 엉망으로 만들고 계신다. 예수는 그들에게 한 방 먹이시기 위해 그들을 부추겨 논쟁으로 끌어들이신다.

예수는 다음과 같이 시작하는 시편 110편을 인용하신다.

> 여호와께서 내 주에게 말씀하시기를
> "내가 네 원수들로 네 발판이 되게 하기까지 너는 내 오른쪽에 앉아 있으라"
> 하셨도다.

이 구절에 신비롭거나 복잡한 내용은 없다. 이 시편의 저자는 첫 행에서 "여호와[= 하나님]께서 내 주에게 말씀하신다"라고 말한다. "내 주"는 누구인가? 즉위하고 있는 이스라엘의 왕이다.

둘째 행에서 시인은 하나님이 이 왕이 즉위하는 날 그에게 말씀하시는 내용을 인용한다. "내 우편에 앉으라." 이 말은 왕이 하나님을 대리하여 이스라엘을 다스린다고 말하는 방식이다. 그러면 하나님은 왕의 모든 적이 그의 "발판"이 되게(정복되게) 하실 것이다.

그러나 예수가 하시는 일을 주목하라. 그는 **첫 행을 포함하여** 그 시편 전체를 다윗이 말한 것으로 다루신다. 그럼으로써 그 시편을 재미있게 읽게 된다. 이제 **다윗** 자신이 "여호와[= 하나님]께서 내 주에게 말씀하신다"라고 말한다.

달리 말하자면 이제 다윗이 자기의 장래의 후손 중 한 명을 자기의 상급자라고 말한다.

이 해석이 함의하는 바는 장래의 이 "다윗의 주"가 다윗의 일반적인 자손일 수 없고, 다윗 자신도 그 호칭을 사용할 수밖에 없을 정도로 "주"라는 호칭을 받을 자격이 충분한 어떤 존재라는 것이다.

예수가 누가 그 호칭을 받을 자격이 있는 존재라고 보는지에 대해 세 가지 추측이 있지만, 우리의 논의에서 다른 두 가지는 중요하지 않다.

우리는 이 대목에서 예수가 시편 110편을 매우 창의적으로 다루고 계심을 본다. 우리는 예수가 시편 110편의 첫 행을 "오독"하고 있다고 생각할 수도 있을 것이다. 그리고 시편 110편은 예수가 그 시편이 말한다고 주장하는 것을 말하지 않기 때문에 그 시편 저자의 관점에서는 예수가 확실히 오독하고 있다. 그러나 예수의 시대에는 시편을 그렇게 창의적으로 다뤄서 좀 더 깊은 의미를 끌어내도 무방했다.

몇몇 사람의 반대를 자아냈을 수도 있는 요소는 이 시편이 **자기**에 관해 뭔가를 말한다는 예수의 주장이다. 즉 그는 자신이 다윗의 자손이자 다윗의 주라고 주장하신다.

이 시편 스스로는 그리고 표면적으로는 이렇게 말하지 않는다. 그러나 예수가 그 시편을 해석하실 때는 그 시편이 그렇게 말한다.

예수의 성경 해석을 받아들이면 냉동되어 있다가 2525년에 완전히 새로운 환경에서 깨어난 것처럼 느낄 수 있다. 우리가 예수가 그의 성경을 우리가 읽는 방식으로 읽으실 것이라고 가정할 경우 특히 그렇다. 그러나 그것은 나쁜 가정이며, 우리에게 중요한 요점은 다음과 같은 두 가지다.

1. 예수가 성경을 사용하신 방식은, 우리에게는 이례적이라고 할지라도, 그 당시에는 이해되었고 받아들여졌다. 마가가 말하듯이 많은 군중은

예수가 시편 110편에 관해 말씀하실 때 "즐겁게" 들었다. 예수가 이 시편을 창의적으로 다루신 것은 1세기 유대교에 잘 들어맞았다.

2. 예수는 그의 성경 해석을 자기 개인이나 그가 가르치고 계셨던 내용에 초점을 맞추시는 경향이 있었다. 다윗의 "주"로서의 자신에게 주의를 끄신 것은 1세기 유대교에 잘 들어맞지 않았다.

오늘날 예수가 성경을 자기들처럼 읽으시리라고 예상하는 그리스도인 독자들은 위의 1번을 받아들이는 데 많은 어려움을 느낀다. 그러나 2번이 예수와 당시에 영향력이 있던 유대인 당국자들 사이에 문제가 발생하게 만들었다.

그 점이 당신을 위한 예수다. 그 점은 모든 시대를 통틀어 사람들로 하여금 예수에 대해 분개하게 만든다.

예수가 자신에 관해 말씀하시기 위해 시편을 창의적으로 사용하시는 예를 하나 더 들어보자. 그것은 예수가 요한복음에서 시편 82편을 해석하신 내용이다. 나는 그것이 매우 재미있기 때문에 이곳에서 다루려고 4장에서는 이 시편에 한 문장만 할애했었다.

시편 82편은 우리가 앞 장에서 본 바와 같이 구약성경에서 하나님이 천상의 "천상회의"의 수장으로 등장하는 곳들 중 하나다.* 이 시편은 우리가 고대 세계의 다른 곳에서 보는 아이디어에 편승한다. 나라마다 자신의 신들과 그 신들 위의 최고 신을 갖고 있다. "지존자"이신 이스라엘의 하나

---

* 몇몇 영어 번역은 이스라엘 백성이 다른 신들이 존재한다고 믿었다는 아이디어를 숨기기 위해 "천상회의"라는 언어를 피한다. 나는 그것이 그리스도인 독자들을 성경과 성경의 세계로부터 격리하기 때문에 매우 **그릇된** 태도라고 생각한다. 그것은 인터넷을 몇 번 클릭하거나 히스토리 채널을 반 시간만 봐도 매우 빠르게 무너질 수 있다.

님이 그들이 나라들을 불공정하게 통치한 데 대해 천상회의에게 벌을 주실 것이다. 6-7절이 다음과 같이 말하듯이 말이다.

> 너희는 신들이며 다 지존자의 아들들이다. 그러나 너희는 사람처럼 죽으며 군주의 하나 같이 넘어질 것이다(개역개정을 사용하지 아니함).

그들은 신들이지만 "사람처럼 죽을" 것이다.

그것이 시편 82편의 요점이다. 그러나 예수는 그것을 다르게 읽으신다.

요한복음 10장에서 군중은 예수께 그가 참으로 메시아신지 묻는다. 여느 때와 마찬가지로 예수는 간단한 질문에 대해 똑바로 대답하시지 않는다. 그는 하나님이 어떻게 자기 아버지이신지에 관해서 및 예수의 참된 양은 자기의 음성을 들을 것이고 자기의 손에서 빼앗기지 않을 것임에 관해서 몇 마디 말씀하시고 "아버지와 나는 하나이니라"라는 말씀으로 그의 언급을 마치신다.

요한은 군중이 하나님과 "하나"라는 마지막 말씀에 문제를 느끼고 예수를 돌로 치려고 했다고 기록한다. 돌로 치는 것은 신성모독, 자기가 하나님이라고 주장하는 것에 대한 적절한 처벌이다. 예수는 시편 82:6을 인용하여 대답하신다.

> 너희 율법에 기록된 바 "내가 너희를 신이라 하였노라" 하지 아니하였느냐? 성경은 폐하지 못하나니 하나님의 말씀을 받은 사람들을 신이라 하셨거든 하물며 아버지께서 거룩하게 하사 세상에 보내신 자가 "나는 하나님의 아들이

라" 하는 것으로 너희가 어찌 신성모독이라 하느냐?

성경에서 하나님이 직접 다른 존재들이 신적 지위를 가지고 있다고 언급하실 수 있다면 군중이 예수가 자신이 그런 존재 중 하나라고 주장했다고 해서 그를 돌로 칠 수는 없다.

잠시 당신의 머리를 식혀보라. 팔굽혀 펴기나 다른 뭔가를 해보라.

시편 82편 저자의 관점에서 볼 때 예수가 말씀하시는 것은 그 저자가 의미한 것이 아니다. 그러나 예수 당시의 1세기 유대 세계의 관점에서는 성경을 창의적으로 해석하는 것이 일반적이었다.

반복하거니와 문제가 되는 것은 예수가 성경을 사용하여 자신에 관한 주장을 하시는 것이었다. 이런 예에서 그는 다윗보다 뛰어나시고(시 110편) 그의 아버지이신 하나님과 "하나"이시다(시 82편).

예수가 시편에 대해서만 이런 일을 하신 것이 아니었다. 그는 토라에 대해서도 그렇게 하셨다.

예수: 모세 2.0

예수 당시에 토라에 대한 순종은 중대한 문제였다. 토라는 하나님과 그분의 백성 사이의 구속력이 있는 계약으로서 시내산에서 모세를 통해 고대 이스라엘 백성에게 주어졌다. 로마 문화의 한가운데서 유대인의 정체성을 유지한다는 것이 무엇을 의미하는가라는 절박한 질문이 어떻게 하는 것이 토라를 가장 잘 순종하는 것인가에 관한 토론과 논쟁으로 이어졌다.

그리고 비교적 최근까지도(200년이 채 되지 않은 과거에) 유대인들이 이방인 압제자들의 압력에 직면하여 토라에 대한 충성을 유지하기 위해 순교했었다. 유대인들은 계속된 토라의 실천과 하나님의 뜻을 분별하기 위한 토론에서 그들을 기렸다.

토라 연구와 토론은 유대인의 삶의 변경할 수 없는 부분이었다.

몇몇 (아마도 많은) 그리스도인이 생각하는 것과는 달리 예수는 1세기 유대인으로서 이 문화의 일부이셨다. 예수는 율법에 "반대하시지" 않았다. 그가 율법에 반대하셨다고 생각하는 것은 예수를 그의 유대 문화로부터 제거하여 그를 우리가 교회 사교 모임에서 만날 수 있는 누군가로 만드는 불행한 기독교 유산의 일부다.

사실 마태복음에서 예수는 토라에 대해 다음과 같이 말씀하신다.

내가 율법이나 선지자를 폐하러 온 줄로 생각하지 말라. 폐하러 온 것이 아니요, 완전하게 하려 함이라. 진실로 너희에게 이르노니 천지가 없어지기 전에는 율법의 일점 일획도 결코 없어지지 아니하고 다 이루리라. 그러므로 누구든지 이 계명 중의 지극히 작은 것 하나라도 버리고 또 그같이 사람을 가르치는 자는 천국에서 지극히 작다 일컬음을 받을 것이요, 누구든지 이를 행하며 가르치는 자는 천국에서 크다 일컬음을 받으리라.

예수는 토라에 관해 진지하셨던 것처럼 들린다. 그러나 우리가 잠시 후에 보겠지만 그는 토라에 구속되지도 않으셨다.

이 구절은 흔히 "산상수훈"(산위에서 행한 설교)라고 불리는 예수의 긴 연설의 일부다. 아무도 그것을 듣다가 따분해져 혼수상태에 빠지지 않았기 때문에 그것이 기술적으로는 설교가 아니었지만 말이다.

이 점이 더 중요한데, 그 "설교"의 배경은 이미 우리가 무엇을 듣게 될지를 알려준다. 산 위에 있는 한 남성이 산 아래에 있는 사람들에게 토라를 전해준다. 그것은 익숙하게 들린다. 내게 잠깐만 시간을 달라. 아, 맞다! 모세가 시내산에서 바로 그 일을 했다.

마태는 우리가 3장에서 본 바와 같이 예수를 새로운 모세로 제시한다. 이 사례에서 예수는 다른 유대인 율법 해석자들보다 더 큰 권위가 있고 심지어 모세보다 위대하신 새로운 율법 수여자시다.

예수는 "옛사람에게 말한 바 ~하였다는 것을 너희가 들었으나"(또는 그런 취지의 표현)라고 말씀하심으로써 토라에서 여섯 번 인용하신다. 그리고 예수는 토라에 기록된 내용과 자신의 견해를 여섯 번 비교하신다. "나는 너희에게 이르노니."

예수에 따르면 하나님과 그분의 나라를 이해하기 위해서는 기록된 대로의 토라가 최종 권위를 지니지 못한다. 그것은 재형성될 필요가 있다. "토라를 성취하는 것"은 아이러니하게도 기록된 단어들을 넘어 또 다른 차원에 도달하여 하나님의 마음을 발견하는 것이다. 예수에게는 그것이 때로는 토라의 요구들을 강화하는 것을 의미했다. 때로는 그것이 다른 방향으로 가는 것을 의미했다.

살인은 하나님이 모세에게 말씀하신 것처럼 단순히 누군가를 죽이는 것이 아니다. 그것은 증오, 마음속에서 사람을 "살해하는 것", 그들에게 독설적으로 말하는 것을 포함한다.

간음은 하나님이 모세에게 말씀하신 것처럼 육체적인 것만이 아니라 마음속의 섹스—우리와 하나님에게만 보이는 우리 마음의 내밀한 곳 깊은 데서 우리가 원하는 바에 관해 생각하는 것—이기도 하다.

신명기에서 하나님은 모세에게 남편이 원하고 올바른 증서가 쓰이면 이혼을 허용하라고 말씀하셨다. 예수는 이런 말씀들을 인용하시지만 모세가 충분히 엄격하지 않았다고 선언하신다. 예수는 모세와 달리 부정(不貞)이 이혼의 유일한 근거라고 말씀하신다.

하나님은 모세에게 고대의 구속력이 있는 계약으로서 이스라엘 백성이 하나님의 이름으로 서로 엄숙하게 맹세하게 하라고 말씀하셨다. 예수는 진정한 하나님의 추종자들은 하나님의 이름으로든 다른 방식으로든 더 이상 어떤 맹세도 하지 않는다고 말씀하셨다. 그들은 자기가 하겠다고 말한 것을 실행한다. 그들의 말이 그들의 보증이다.

하나님은 모세에게 정의가 앙갚음으로, 즉 "눈에는 눈, 이에는 이로" 실행되어야 한다고 말씀하셨다. 예수는 "더 이상 그렇지 않다. 누군가가 너에게 해를 끼치거든 다른 쪽 뺨을 돌려대라"라고 말씀하셨다.

하나님은 모세에게 이스라엘 백성이 그들의 이웃(동료 이스라엘인 또는 환영받는 외국인)을 사랑해야 한다고 말씀하셨다. 그러나 이스라엘의 적들은 종종 그들의 칼끝을 맛보곤 했다(가나안 족속들에게 물어보라). 예수는 "너희 원수를 사랑하며 너희를 박해하는 자를 위하여 기도하라. 이같이 한즉 하늘에 계신 너희 아버지의 아들이 되리라"라고 말씀하셨다. 예수가 염두에 두셨을 "박해자들"은 그들의 비열한 이웃이나 상전이 아니라 고대의 가나안 족속들처럼 거룩한 땅에 살고 있던 로마인들이었을 가능성이 있다. 그리고 예수는 원수를 사랑하면 하나님처럼 "완벽해질" 것이라고(하나님이 사랑하시는 것처럼 "완전히" 사랑한다고) 말씀하신다.

토라에 관한 예수의 견해는 그에게 독특한 것이 아니었다. 예를 들어 예수는 이혼을 좀 더 어렵게 만들거나 눈에는 눈으로 식의 보복이 문자적으로 적용되지 않아야 한다고 말한 최초의 유대인이 아니셨다. 예수가 토라에 관한 자신의 견해를 제공하신 것—토라를 명확히 하시거나 심지어 또 다른 차원으로 가져가신 것—은 당시에 전혀 놀랄 만한 일이 아니었다.

그러나 나는 우리에게는 "너희가 ~하였다는 것을 들었으나 나는 ~라고 말하노니"가 성경을 규칙집으로 보는 견해와 조화되기 어렵다는 것을 지적하고 싶다.

예수에게는 토라를 해석하는 것과 존중하는 것이—필요할 경우—대본을 따르는 것이 아니라 현재 변하는 환경에 대해 말하기 위해 창의적으로 해석하고 과거를 적응시키는 것을 의미했다. 그리고 이혼이나 맹세 같은 경우 예수는 모세의 말이 부적합하고 바로잡을 필요가 있다고 생각하신다. 토라가 부적합하다고 말씀하시는 예가 산상수훈 바로 뒤에 나온다. 예수의 잠재적인 추종자가 예수의 무리에 동참하기 전에 자기 아버지를 매장하기를 원한다. 예수는 "죽은 자들이 그들의 죽은 자들을 장사하게 하고 너는 나를 따르라"라고 대답하신다.

예수는 근사해지거나 신비스러워지려고 노력하지 않으셨다. "네 부모를 공경하라"는 다섯 번째 계명이다. 자기 아버지를 매장하지 않는 것은 중대한 모욕이다. 죽은 부모를 매장하지 않는 것은 바보같은 짓일 뿐만 아니라 유대의 정결법이 시신을 놔두는 것을 곱게 보지 않기 때문이기도 하다.

예수가 이 사람에게 그의 아버지를 매장하는 것에 관해 신경 쓰지 말라고 문자적으로 말씀하고 계시든 그렇지 않든, 좀 더 넓은 요점은 명확하다. 예수를 따르는 것은 시급한 문제이며 부모를 공경하라는 토라의 명령보다 우선권을 지닌다.

다시 말하거니와 예수가 토라를 쓰레기통에 던지시는 것이 아니라 침입해오는 하나님 나라의 긴급성이 우선권을 지닌다. 예수가 이후에 설명하시듯이 "가족"은 혈연으로 정의되는 것이 아니라 "누구든지 하늘에 계신 내 아버지의 뜻대로 하는 자"가 예수의 가족이다.

예수는 당시의 여느 유대인들처럼 자신의 성경을 존중하고 존경하셨다. 다른 한편으로 예수는 하나님과 올바른 관계를 맺는다는 것이 무엇을 의미하는지가 문자적으로 따라야 할 대상으로서의 성경에 명백하게 제시되어 있지 않다고 생각하신다.

예수는 성경을 창의적으로 개조하시고 때로는 심지어 그것의 일부를 버리기도 하신다.

예수가 시비를 거신다

예수는 때때로 유대 당국자들이 그가 감히 넘어선다고 생각하는 선을 넘어가신다. 마치 그가 뭔가에 관해 중요한 점을 이야기하려고 하시는 것처럼 말이다. 그는 뒤로 물러서실 수도 있었지만 그렇게 하시지 않는다.

예를 들어 예수는 안식일에 사람들을 고쳐주시는 습관이 있었다. 안식일은 휴식하는 거룩한 날이었고, 그것은 어떤 일도 하지 않는 것을 의미했다.

유대인들이 논쟁을 벌였던 이슈 중 하나는 "일"이 정확히 무엇인가였다. 안식일에 실제로 금지되는 것은 무엇인가? 얼마나 많은 노력을 기울여야 "일하고" 있다고 간주되는가? 예수의 시대에 유대 문화는 이미 사람들이 율법을 지키도록 안내하기 위한 어느 정도 명확한 경계들을 지니고 있었다.

복음서들에 기록된 예수가 안식일에 치유하신 몇몇 에피소드들은 그가 그 선을 넘으시는지 보기 위해 면밀히 감시당하고 계셨음을 명확히 보여준다. 만일 제사장들과 서기관들이 예수가 안식일에 치유하시는—"일하시는"—행동을 발견한다면 예수는 율법을 위반했다는 고소를 당하시게 될 터였다.

예수는 이 점을 아시면서도 개의치 않고 안식일에 치유하셨다.

마가복음의 앞부분에 기록된 에피소드에서 예수와 그의 제자들이 안식일에 밀밭을 걷고 있을 때 제자들이 이삭을 따기 시작한다. 바리새인들은 그들이 일함으로써 "불법"을 행했다고 비난한다. 유대교의 가르침에 따르면 그것은 불법이었고 예수를 포함한 모든 사람이 그것을 알았다.

예수는 그들에게 다윗의 생애의 어느 순간을 상기시켜 주심으로써 대답하신다. 다윗과 그와 함께한 사람들이 성소에 들어가 그곳에 있던 신성한 빵을 먹었다.

먼저, 우리는 이 대목에서 예수가 그의 성경을 창의적으로 다루시는 또 다른 예를 접한다. 다윗이 처한 상황은 예수의 상황에 들어맞지 않는다. 심지어 그 일은 안식일에 일어나지도 않았다. 게다가 다윗은 사울 왕의 손아귀를 피하고 있고 필요에 의해 음식을 움켜쥔다. 예수와 그의 제자들은 단순히 안식일에 밭을 지나가고 있었는데 제자들이 배가 고파서 이삭을 땄다.

예수는 마가복음에 기록된 이 이야기의 끝에서 자신의 요점에 초점을 맞추신다. "안식일이 사람을 위하여 있는 것이요 사람이 안식일을 위하여 있는 것이 아니니라." 이 말씀은 안식일 준수가 사람의 필요를 방해서는 안 되며, 만약 방해한다면 우선권이 비뚤어진 것이라고 말씀하시는 방식인 것처럼 보인다.

예수가 이렇게 말씀하신 방식으로 행동한 사람이 많았다. 구약성경의 몇몇 예언자 역시 이스라엘이 기계적인 율법의 실천(특히 동물 제사)을 정의와 의로움(다른 사람들을 의롭게 대함)보다 위에 둔다며 그들을 질책한다. 하지만 이런 식으로 곡식을 따는 것은 정의와 의로움의 문제가 아니다. 이 대목에서는 다른 뭔가가 일어나고 있다.

예수는 "인자는 심지어 안식일의 주인이다"라는 말씀으로 이 논쟁을 마무리하신다(개역개정을 사용하지 아니함). 이제 예수는 안식일이 무엇을 의미하는지, 안식일에 무엇을 할 수 있고 무엇을 할 수 없는지에 대해 어느정도 권위를 갖고 계시는데, 적어도 곡식을 따는 것 같은 행동을 허용하지 않은 법률 전통보다는 많은 권위를 갖고 계신다.

예수는 경계선을 걷고 계신다. 그는 안식일을 제거하고 계신 것이 아니라 그것을 상대화하고 계신다. 그리고 그는 몇 시간을 기다렸다가 곡식을 따시거나 그가 율법을 어기고 있다는 인상을 주지 않기 위해 미리 도시락을 준비하실 수도 있었을 것이다. 또는 그가 그 행동을 하시다가 걸리셨다는 것으로 미루어 볼 때 원하셨다면 자신이 토라를 확고하게 지지하신다는 점을 확실히 하기 위해 그 길로 가시지 않을 수도 있었을 것이다.

그러나 예수는 그런 방식으로 행동하시는 대신 성경의 또 다른 부분을 (창의적으로) 사용하셔서 절대적 율법 준수라는 아이디어를 깨뜨리시고, 자신에게 그 판단을 내릴 권위가 있다고 주장하신다.

그리고 사복음서가 거듭 지적하듯이 유대의 당국자들은 이런 일 때문에 시간이 지날수록 예수를 불쾌하게 생각했다.

예수는 또한 구약성경의 식사 율법에 관해 "통념에 반하는 행동을 하신다."

마태복음과 마가복음 모두 "입으로 들어가는 것이 사람을 더럽게 하는 것이 아니라 입에서 나오는 그것이 사람을 더럽게 하는 것이니라"라는 예수의 말씀을 전한다(양자가 약간 다르게 기록하지만 말이다). 토라에 기록된 식사 율법들은 바로 밖에서 몸 안으로 들어가는 특정한 음식들이 어떻게 사람을 더럽게 하는지에 관한 것이라는 점에 비추어볼 때 이는 이상한 진술이다.

마태복음은 바리새인들이 예수의 이 말씀을 듣고 화를 냈다고 말하는데, 누가 그들을 비난할 수 있는가? 당신은 그것이 예수의 요점이 아니었는지 궁금해해야 한다.

마가복음은 좀 더 깊이 들어가 절도, 간음, 살인 등 "악"이 어떻게 안에서 나오는지를 묘사한다. 그는 또한 예수가 사실상 구약성경의 음식과 관련된 율법이 이제 무효라고 선언하고 계셨다고 덧붙인다.

우리는 마가의 버전에 대해 다소 주의할 필요가 있다. 대다수 성서학자는 예수가 음식 관련 율법이 무효라고 선언하시지 않았다고 생각한다. 이 논평은 사후에 마가 자신이 지어낸 것이며, 우리가 3장에서 보았듯이 그의 저술 목적─특히 훗날의 예수 추종자들이 자기들이 이런 율법들을 지킬 필요가 없다는 점을 확실히 이해하도록 하기 위한 것이었다─을 반영한다.

그리고 사도행전에서 (예수가 부활하신 후 약 10년이 지나고 나서) 예수의 초기 추종자들은 단순히 예수가 명시적으로 가르치셨던 것을 돌아보는 것이 아니라 음식 관련 율법을 **최초로** 다루는 것으로 보인다. 바울 역시 로마서에서 식사에 관련된 율법을 다루지만 자기가 예수의 인도를 따르고 있음을 암시하지 않는다.

아무튼 여기서 예수가 유대의 당국자들을 대면하신 것은 그가 사람들의 낯을 붉히신 일반적인 패턴에 부합한다. 예수가 단순히 어떻게 토라를 준수할 것인가에 관한 또 다른 논쟁을 벌이신 것이 아니었다. 예수는 과장된 수사법을 통해 적어도 토라의 몇몇 부분이 어떤 타당성을 지니는가라는 의문을 제기하신다.

복음서들이 말하는 바와 같이 많은 유대인 당국자는 그런 뜻으로 받아들였다. 이런 일들로 말미암아 예수는 그들의 심각한 요주의 인물 목록에 올라가셨다.

예수는 인간이셨다

이 책은 성경에 관한 책이며 특히 우리 자신의 기대를 성경에 부과하지 않으면서 성경이 어떻게 작동하는지를 살펴보는 책이라는 점을 기억하라.

그래서 나는 이번 장에서 예수, 그분이 가르치신 내용, 그분이 끼치신 영향에 관한 모든 것을 말하려고 노력하지 않았다. 나는 이 장에서 예수가 자신의 성경을 어떻게 사용하셨는지에 주의를 기울이는 데에만 관심이 있다.

특히 예수가 그 시대에 유대적인 방식으로 자신의 성경을 해석하시는 것을 보면 우리가 이 책 전체를 통해 보고 있는 요점—성경은 고대의 책이며 우리가 고대의 방식으로 볼 때에만 일리가 있다—이 강화된다.

우리가 성경이 다른 방식으로 행동하리라고 기대하면서 성경을 읽으면 성경을 엉망으로 만들 것이고, 의도했든 의도하지 않았든 우리가 믿는 하나님과 하나님이 그분의 지혜 가운데 우리에게 주신 성경을 존중하지 않게 될 것이다

즉 우리가 예수가 자신의 성경을 다루신 것을 오늘날 그리스도인들이 성경이 "읽혀야 한다고" 생각하는 방식의 관점에서 설명하려고 하면, 예수는 성경으로 자유 연상을 하는 나의 성경 수업 학생처럼 보이실 것이다. 이런 태도는 그것보다 나쁜 접근법인데, 우리가 예수를 그분이 속하셨던 고대 유대인의 환경에서 떼어내 그를 교외의 개신교인, 도회지의

최신 유행에 민감한 사람, 다과회의 대표자 등으로 보이게 만들 수도 있다.

나는 후자가 기독교 진영에서 너무 자주 발생하는 것을 경험했다. 그리고 우리에게 도전하시는 예수가 아니라 우리에게 동의하시는 예수를 만들어내는 것은 언제나 나쁜 처사다.

예수가 자신의 성경을 다루시는 것을 보면 우리는 기독교 신앙의 핵심적인 신비에 직면하게 된다. 그리스도인들이 전에 일어난 적이 없었고 앞으로도 일어나지 않으리라고 믿는 방식으로 예수 안에서 하나님과 인간이 하나가 되었다. 그 "연합"은 참으로 신비인데, 당신이 내가 그것을 설명하기를 기다리고 있다면 차라리 내가 카다시안(Kardashian) 자매들이나 왜 "더 리얼 하우스와이브즈 오브 뉴저지"(*The Real Housewives of New Jersey*, 뉴저지의 실제 주부들)가 시험 방송 후 취소되지 않았는지에 관해 설명하기를 기다리는 것이 나을 것이다.

그러나 나는 예수가 신인(God-man)이시라는 사실에 특정한 함의들이 있는데 그중 하나는 예수가 기독교 교회가 믿는(그리고 초점을 맞추는 경향이 있는) 것처럼 "완전히 신"이실 뿐만 아니라 "완전히 인간"이시기도 하다는 것을 말하고자 한다.

그리고 "완전히 인간"이시라는 표현은 말 그대로 **완전히**를 의미한다.

그리스도인들은 너무도 자주 예수가 인간이시라는 부분을 잊거나 한쪽 구석으로 치워 둔다.

예수가 참으로 인간이셨다면(물론 예수는 인간이셨는데, 나는 내가 이런 말을 하고 있다는 것을 믿을 수 없다) 그는 실제 인간 역사의 일부셨다. 일반적으로나 추상적으로나 멀리서 역사의 일부가 되셨던 것이 아니라, 특정한 시간과 장소에서 관습들과 신념들과 기대들을 지니신 인간으로서 역사의 일부가 되셨다.

기독교 신앙의 예수가 참으로 그리스도인들이 자기들이 고백한다고 말하는 예수 그리스도가 되시려면 참으로 그리고 "특별하게"(일반적으로가 아니라) 인간**이셔야 한다.**

달리 말하자면 (당시의 다른 모든 유대인과 마찬가지로) 1세기 유대 세계에 깊이 뿌리를 내린 일원으로서의 예수가 없이는 예수가 신비롭게 한 분 안에 존재하시는 하나님이시자 인간이시라는 기독교의 참된 고백이 있을 수 없다.

이 장에서 우리는 예수에 관한 그 사고방식을 기원후 1세기의 유대인으로서 예수가 자신의 성경을 어떻게 다루셨는가라는 한 가지 주제에 적용했다. 예수는 그의 성경을 "완전히 인간적인"(즉 1세기의 유대인적인) 방식으로 다루셨다.

그리스도인들은 "인간" 드라마로부터 거리를 유지하시고 모든 면에서, 그리고 모든 순간에 독특하시고 뛰어나신 예수를 원할지도 모른다. 그러나 그것은 성경이 작동하는 방식이 아니다. 우리는 성경을 창의적으로 해석하시지 않고 "올바로" 해석하시는 예수를 원할지도 모른다("올바로"는 대개 "내가 그분이 하시리라고 예상하시는 대로"를 의미한다).

그러나 하나님이 인간 드라마 안으로 들어오실 때 그분 안에 모든 것이 들어있다.

불편하고 심지어 불쾌하기까지 할지 몰라도 신약성경은 그것을 "좋은 소식"(복음)이라고 부른다.

물론 복음서들은 예수에 관해 훨씬 더 많은 것을 말하지만 우리가 3

장에서 본 바와 같이 사복음서는 예수를 다르게 제시한다. 복음서 저자들은 예수의 생애 이후 한 세대 이상이 지난 뒤 복음서들을 썼고 단순히 과거의 역사로서의 예수에 관해서가 아니라 그 순회 설교자가 지금 어떻게 자기들과 동행하시는지에 관해 썼다.

그들은 예수가 부활하신 하나님의 아들이시라고 믿었고 그들의 예수 이야기들은 서로 다르기는 하지만 그 믿음을 반영했다.

예수에 대한 이 네 개의 묘사가 협력해서 우리에게 예수를 어떻게 제시하는지를 이해하려면 책장 여러 개를 두꺼운 책들로 가득 채워도 부족할 것이다. 그러나 나는 복음서들을 읽을 때 직관에 반한다는 한 단어가 내가 예수에 관해 보는 내용을 요약한다고 생각한다.

노동자 계급에 속한 한 남자의 말들과 행위들이 유대 당국과 로마 정부의 부정적인 관심을 끌 만큼 큰 권위와 지혜와 영리함을 지녔다.

그는 힘이 아니라 자기희생과 타인을 섬기는 것에 대한 모델이 된 지도자셨다.

그는 고난을 받고 처형되신 구원자셨고 그의 힘은 약함을 통해 드러났다. 비천함을 통해 영광이 드러났다.

그것이 기독교 신앙의 역설인데, 그것은 언제나 받아들이기 어려웠다. 예수 운동의 초기에 특히 예수 추종자 중 한 사람인 사도 바울이 이 역설을 설명할 과제를 떠맡게 된다.

그리고 바울은 그 과정에서 이스라엘의 이야기를 처음부터 끝까지 재고하고, 그것을 윤리적으로 독특한 민족의 이야기에서 모든 민족을 위한 메시지이자 심지어 우주적인 함의를 지닌 메시지로 변혁시킨다.

바울에게서 이스라엘의 이야기는 왕이신 예수, 곧 부활하신 하나님의 아들에게 무릎을 꿇을 것이다. 완전하게 기독교적으로 성경을 읽는 방식이 태어났다.

6장

아무도 이 일이
다가오고 있음을
알지 못했다

내가 말해줘도 당신은 이해하지 못할 것이다

좋은 소식이 있다! 우리의 지도자가 로마인들에게 처형당하셨다! 와서 우리에게 합류하라!

"돌아가, 그건 임시직이었을 뿐이야"

아무도 묻지 않고 있던 질문에 대한 하나님의 답변

"스스로 거세하라"와 기타 영적 조언

"것들은 누구 관할 네에 걸음"

우리가 아직도 그곳에 있는가?

예수아의 나라는 세상에 속하지 않으나 세상에 있다

내가 말해줘도 당신은 이해하지 못할 것이다

내가 이 책을 쓰고 있을 때 내 딸은 최근에 아이폰 5로 업그레이드했다. 나는 아이폰 5가 아이폰 4보다 "훨씬 좋다"고 말은 했지만, 그것이 더 비싸고 내가 2년 약정을 더 해야 했다는 것이 내가 아는 전부였다. 이 책이 출간될 때쯤이면 아이폰 17이 나올 텐데 우리는 그것이 마음을 읽고 자신을 복제한다는 말을 듣게 될 것이다.

내 휴대폰은 내게 말하지 않고 음악이나 비디오를 내려받지 못하며 지구상의 모든 지도를 보여주지도 않는다. 나는 그 휴대폰으로 만족한다. 내가 어렸을 때는 휴대폰이 **존재하지도** 않았다. 우리의 전화기들은 부엌 벽에 고정되었고 수화기와 다이얼 부분을 연결하는 선이 있었다. 당시에 우리는 눈보라를 뚫고 걸어서 학교에 다녔는데 나는 그 방식을 좋아했다.

까다로운 가정에는 프라이버시를 위해 다른 방으로 가지고 갈 수 있을 정도로 줄이 길고 삑 소리를 내는 신기한 버튼식 전화기가 있었다. 내가 고등학생이었을 때 "카폰"이 나오기 시작했다. 그 전화기들은 휴대용 여행 가방만큼 커서 우리를 웃게 만들었다.

전화기는 1876년에 알렉산더 그레이엄 벨(Alexander Graham Bell)이 그의 조수 토머스 왓슨(Thomas Watson)에게 전화로 전해진 최초의 단어들인 "왓슨씨, 이리 와 봐요. 당신을 보기를 원해요"라는 말을 했을 때 시작되었음을 생각해 보라. 나는 그 억제된 격식을 이해하지 못하지만("톰!!! 이리 와 보게!!…와!…이게 작동하네!!"라고 말했다면 좋았을 텐데 말이다) 곁길로 샜다. 그 최초의 통화는 인접한 방들 사이에서 이루어졌다. 1892년에 벨은 뉴욕에서 시카고로 전화를 했으며, 1915년에는 샌프란시스코에서 왓슨에게 전화를 했다. 이것은 커다란 업적이며 우리는 모두―내 딸을 포함하여―벨에게 빚을 지고 있다.

나는 때때로―확실히 할 일이 별로 없기 때문에―우리가 최신 아이폰을 가지고 과거로 돌아가서 벨에게 그것을 설명해주고, 미래의 작은 부분을 벨이 살던 세계로 가져가 그에게 자신의 아이디어가 향후 어떻게 될지를 보여주면 어떨까 궁금해한다.

벨은 확실히 아이폰을 위한 기준틀을 가지고 있지 않았을 것이다. 그것은 플라스틱(?!)으로 만들어졌고 호주머니에 들어간다. 선도 없다. 그것은 지구 궤도를 도는(?!) 위성에(?!) 신호들(?!)을 보낸다. 그것에는 앱, 메모리, 열 시간을 사용할 수 있는 아스피린 크기의 배터리들이 있다. 게다가 터치스크린을 몇 번만 두드리면 사실상 즉각적으로 이 세상 어느 곳에 있는 어떤 정보에라도 접근할 수 있다. 그것은 심지어 당신과 대화할 수도 있다.

내가 최선을 다해 벨의 시대의 언어를 적응시켜 설명해야만 벨에게 다른 세상의 물건인 미래의 전화기를 이해시킬 수 있을 것이다. 나는 아이폰 서킷, 메모리, 무선 사양을 전화선, 전화 교환대, 수동 크랭크의 관점에서 말할 필요가 있을 것이다. 나는 다운로드, "앵그리 버드"나 저스틴 비버(Justin Bieber) 비디오를 어떻게 설명해야 할지 자신이 없지만 한 번에 하나씩 설명해야 할 것이다.

벨은 매우 똑똑했던 사람으로 보이지만 결국―그리고 나는 우리 모두 이 점을 안다고 생각한다—벨이 살았던 세상의 개념들과 언어는 그의 현재에 침입한 미래의 이 놀라운 물건을 다루기에 적합하지 않았다. 내가 벨에게 익숙했던 언어를 사용해서 그 언어가 묘사하려고 의도하지 않았던 뭔가를 설명하려면 창의적으로 말할 필요가 있을 것이다.

예수의 이야기는 아이폰이 벨의 원래의 전화기와 연결된 것과 비슷한 방식으로 이스라엘의 이야기와 연결된다. 이스라엘의 이야기가 그 모든 것을 시작했고 이스라엘의 이야기가 없다면 예수의 이야기도 없을 것이다.

그러나 예수의 이야기에는 이스라엘의 이야기가 다루려고 했던 것이 아닌, 매우 새롭고 예상하지 못했던 요소도 존재한다.

예수의 이야기는 이스라엘의 이야기에 밀접하게 연결되지만 놀라운 결말을 지닌다. 우리가 이 역설을 놓친다면 기독교의 초기 저자들이 자기들의 성경(기독교의 구약성경)의 익숙한 언어를 어떻게 창의적으로 적응시켜 예수에 관해 말했는지를 놓칠 것이다. 그들은 이스라엘의 이야기가 하나님의 말씀이라고 믿었지만, 예수가 말씀하시고 행하신 것들은 그 이야기를 통해 설명될 수 없었다.

그들은 예수에 관해 말하기 위해 옛적의 언어를 새로운 과제에 맞춰 적응시키고 변혁시켜야 했다.

오늘날의 그리스도인 독자들이 신약성경 저자들이 작업하는 것을 지켜보면 귀중한 교훈을 얻을 수 있는데, 그것은 바로 기독교의 초기 저자들이 자기들의 성경을 새롭게 그리고 때로는 근본적으로 다른 방식으로 읽었다는 것이다.

성경은 타협할 수 없는 하나님의 말씀이었지만, 하나님의 최종적인 말씀은 아니었고 예수가 최종적인 말씀이셨다.

이스라엘의 이야기는 그것 자체의 관점에서 보면 십자가에 처형당하시고 부활하신 메시아라는 하나님의 놀라운 행위의 무게를 감당하기에 적합하지 않다. 그것은 예수를 중심으로 재형성되어야 한다.

우리가 그 교훈을 놓친다면—우리가 성경을 하나님에 관한 불변의 정보 모음집으로 보고 예수의 실재가 어떻게 **필연적으로** 이스라엘의 이야기를 변혁시키는지를 놓친다면—초기 기독교의 저자들이 말하려는 바를 놓칠 것이다.

우리는 예수를 놓칠 것이다.

좋은 소식이 있다! 우리의 지도자가 로마인들에게 처형당하셨다! 와서 우리에게 합류하라!

예수는 성 금요일에 십자가에 처형당하시고 삼 일째인 일요일에 부활하셨다.

오늘날 이것을 읽는 그리스도인들은 좀처럼 속도를 늦출 수 없다. 그것은 기독교의 기본이다. "십자가에 처형당하시고 부활하셨구나. 알았다. 계속 읽어 나가자." 그러나 자기들의 고대의 이야기에 의해 형성된 1세기 유대인 청중에게는 처형당하고 부활한 메시아는 전혀 예상되지 않았고 그들의 기준틀을 완전히 벗어난 개념이었다.

우리는 복음서들에서 이 점을 볼 수 있다. 예수가 그의 제자들에게 자신이 고난을 받고 죽었다가 삼 일 후 죽은 자들 가운데서 살아날 것이라고 말씀하시자 베드로가 예수를 붙들고 항변했다. 예수는 "사탄아, 내 뒤로 물러가라. 너는 나를 넘어지게 하는 자로다. 네가 하나님의 일을 생각하지 아니하고 도리어 사람의 일을 생각하는도다"라고 대꾸하셨다.

나는 예수가 베드로에게 좀 더 부드럽게 대하실 수도 있었다고 생각하지만, 이 대화는 죽었다가 부활하는 메시아 개념이 그 말을 처음 듣는 사람에게 얼마나 터무니없었는지를 보여준다. 아무도 이 일이 다가오고 있음을 알지 못했다.

메시아가 무슨 일을 할 것인지에 관해 다양한 의견이 있었지만 "메시아"라는 일반적인 개념은 1세기 유대인들에게 친숙했다. 우리가 앞 장에서 보았듯이 메시아가 이스라엘의 정치적·종교적 독립을 재확립할 다윗 가문의 왕—"다윗 계열의 메시아"—일 것이라는 견해도 있었다. 이 아이디어는 이스라엘의 이야기 자체(즉 삼하 7장에 기록된 나단의 예언)에서 나왔으며 복음서들에 기록된 바와 같이 몇몇 유대인은 예수가 그 일을 수행할 메시아일지도 모른다고 생각한 것으로 보인다. 확실히 신약성경은 예수가 다윗 계열의 메시아라는 점을 많이 말하는데 그 점은 잠시 후에 다뤄질 것이다.

그러나 예수는 다윗 계열의 메시아가 수행하리라고 기대된 일을 수행하시지 않았다. 예수는 로마인들을 물리치시는 대신 그들에 의해 일반적인 죄인들처럼 나무 십자가에 달려 처형당하셨다. 이 일만으로는 어떤 일도 일어나지 않았을 것이다. 그는 단순히 유대인의 해방자가 되려던 다른 사람들과 똑같은 운명을 맞았을 뿐이다. 그를 다윗 계열의 메시아 후보 목록에서 삭제하고 그에 관해서는 잊어버리라. 그리고 건장하고 체격이 좋은 전사-왕이 등장하는지 잘 지켜보라.

그러나 예수의 초기 추종자들은 이스라엘의 하나님이 예수를 죽은 자들 가운데서 일으키심으로써 처형당하신 이 메시아를 신원하셨다고도 믿었다.

이제 일들이 재미있어진다. 그리고 우리가 이 점을 이해하면 그리스도인들이 성경과 예수를 어떻게 생각하는지, 그리고 1세기의 예수 추종자들이 "좋은 소식"이라고 말한 것이 무슨 뜻이었는지에 큰 차이가 만들어진다.

"메시아" 개념과 마찬가지로 "부활"의 기본 개념은 새로운 것이 아니었다. 예수 시대의 많은 유대인은 하나님이 미래의 어느 날 신실한 모든 유대인을 죽은 자들 가운데서 일으키시고 보상하실 것이라고 믿었다.

결국 유대인들은 하나님이 나타나셔서 그들을 외국의 압제, 특히 그리스인들과 지금은 로마인들로부터 구원해주시기를 수백 년 동안 기다리며 살다가 죽었다. 몇몇은 그들의 확고한 신앙 때문에 순교했고 따라서 신실하신 하나님이 그들을 죽은 자들 가운데서 살리셔서 소위 "내세"에 그들이 포함되는 보상을 주셔야 옳았다.

그러나 **예수의** 부활은 예상되지 않은 일이었다. 예수의 초기 추종자들은 하나님이 **미래의** 어느 날 신실한 **모든** 유대인을 부활시키시는 것이 아니라 빠른 부활을 실행하셨다고 주장했다. 즉 하나님이 유대인 **한** 명을 **지금** 부활시키셨다. 이스라엘의 하나님이 왜 계획을 고수하시지 않고 이 일을 하시는가? 도대체 무슨 일이 일어나고 있는가?

다소 시간이 걸리기는 했지만 예수의 초기 추종자들은 조각들을 모으기 시작했다. 부활은 미래의 일로서 "내세"의 일부다. 예수가 지금 부활하셨다는 것은 "내세"가 이미 이곳에 있음을 의미했다. 적어도 그것의 예고편이 말이다.

미래의 일부가 현재에 침입했고 따라서 새로운 시대의 동이 텄다.

처형당하신 메시아가 죽은 자들 가운데서 부활하셔서 "내세"를 현재로 밀어 넣으신다. 이것이 바로 예수의 추종자들이 하나님이 로마의 통치시대 동안 하셨던 일이라고 주장한 내용이었다. 예수가 시작하신 새 세상의 일원이 되기 위해서는 하나님의 아들, 하나님이 택하신 메시아로서의 예수에게 충성을 서약할 필요가 있다. 즉 예수를 신뢰하고 신앙을 가지고 믿어야 한다.

미래가 현재에 침입한다는 개념은 지금도 마찬가지이지만 예수의 당대에도 어느 정도의 적응이 필요했다. 신약성서 저자들은 이 아이디어를 포용하기 위해 이것을 다루는 다양한 방법을 찾아냈다.

사도 바울은 하나님이 재시작 버튼을 누르셔서 모든 창조세계가 우주적인 재출발을 한 것처럼 말한다. "그런즉 누구든지 그리스도 안에 있으면 새로운 피조물이라. 이전 것은 지나갔으니 보라, 새것이 되었도다!" 요한복음은 이것을 (하나님의 능력에 의해) "위로부터 난다" 또는 "거듭난다"라고 말한다. 사도 베드로도 "거듭난다"라고 말하는데 이것은 바울이 말한 우주적인 재출발 외에 개인적인 재출발이다.

그리고 마치 이 요소가 충분치 않다는 듯이 매우 중요한 또 다른 요소가 있다. 이 초기 그리스도인들, 특히 사도 바울은 **유대인**인 메시아 예수에 의해 열린 이 새 세상이 유대인이든 이방인이든 **모든 사람**에게 똑같이 열렸다고 주장했다.

바울은 이스라엘의 하나님이 이 예수를 죽은 자 가운데서 살리셔서 중요한 변화를 과시하셨다고 주장했다. "선민"은 이제 전에는 선민이 아니었던 이방인들을 포함하게 되었다. 하나님이 문을 활짝 여셨고, 이제 모든 사람이 그들의 상태 그대로 파티에 초대되었다. 이제 유대인들과 이방인들이 하나님 앞에서 대등한 위치에 서게 되었다.

자기가 하나님의 선민 중 한 명이라고 보았던 유대인은 이런 주장을 듣고 그것을 받아들이기 어려웠을 것이다. 솔직히 말하자면 그것은 우스꽝스럽게 들렸을 것이다. 그것은 마치 하나님이 직접 쓰신 이야기인 그들의 독특한 전통, 풍요로운 유산에 등을 돌리시는 것처럼 들렸을 것이다.

우리가 지금 가지고 있는 이 이야기는 단순히 이스라엘의 이야기를 약간 조정한 것 이상이다.

예수의 초기 추종자들은 이스라엘의 하나님이 어떻게 그렇게 비이스라엘적이고 비성경적이며 예기치 않은 방식으로 나타나실 수 있는지를 설명해야 하는, 거의 불가능해 보이는 과제를 안고 있었다. 신약성경의 저자들, 특히 바울이 바로 그 일을 해냈다.

이제 이 섹션의 나머지 부분은 이 장의 주요 요점을 다룰 것이다. 그것은 매우 중요하므로 나는 당신이 잠시 멈추고 **이 뒤에 나올 내용이 매우 중요하다**는 것을 생각할 수 있도록 이 문장의 끝에 느낌표들을 달아둘 것이다.

!!!!!!

예수는 이스라엘의 이야기의 옛 언어로는 적절하게 표현될 수 없는 놀라운 마침이셨다. 그러나 예수의 이 초기 추종자들은 그 대본을 완전히 버릴 수 없었고 그렇게 한다는 것은 생각할 수도 없는 일이었다. 예수 자신과 마찬가지로 그들(또는 그들의 대다수)은 유대인이었고, 이스라엘의 이야기는 **그들의** 이야기였으며, 이스라엘의 하나님은 이 놀라운 마침에 책임이 있는 **바로 그** 하나님이셨다.

이스라엘의 이야기는 이 예수 추종자들이 이용할 수 있었던 유일한 하나님의 말씀이었다. 그래서 그들은 어떻게 했을까? 그들은 자기들의 신성한 이야기를 **적응시키고 변혁시켜** 예수의 이야기—미래가 현재에 침입한 이야기, 처형당하시고 부활하신 메시아의 이야기, "새 창조"의 이야기—에 공헌하게 했다.

이 저자들은 성경의 대본을 고수하는 일에 집착하지 않았다. 그들은 그렇게 할 수 없었고 그것을 알았다. 경전은 옛 언어가 다루려고 하지 않은 뭔가에 관해 말하기 위한 출발점이 되었다. 그리고 그들은 그것에 관해—우리가 앞 장에서 보았던 예수보다 더—매우 창의적으로 생각했다.

이 저자들이 마치 그렇게 하는 것이 그들의 주된 관심사이기라도 한 것처럼 "성경을 고수할 것"이라고 예상하는 오늘날의 독자들은 이 저자들이 구약성경을 실제로 어떻게 다루는지 알게 되면 종종 당황한다. 그들이 말하는 것은 제 멋대로이고 연결되지 않고 심지어 기괴해 보인다.

그러나 내가 그것에 관해 말하기보다는 초기 그리스도인 저자들 자신이 말하게 하자. 그리고 나는 당신이 이것이 얼마나 중요한지 상기하고 페이지를 넘겨 신약성경 저자들이 작업하는 것을 보기 전에 잠시 멈출 수 있도록 또다시 느낌표들을 넣어둔다.

!!!!!!

"그것은 모두 나에 관한 말이다"-예수의 말씀

(누가복음과 마태복음에 따름)

누가복음(이 이야기를 수록하고 있는 유일한 복음서다)의 마지막 장에서 예수는 부활하신 후 그의 제자들을 만나신다. 제자들은 함께 모여 있었고 다소 놀란 상태였다. 그들의 지도자가 이틀 전에 처형당해서 그들은 이미 그것만으로도 충분히 심란했다. 그런데 예수가 돌아가시지 않았고 걸어 다니면서 사람들과 얘기하고 계신다는 얘기가 들리기 시작했다.

그들이 이 모든 것을 생각하고 있을 때 예수가 불쑥 나타나셨다. 얼빠진 제자들, 참으로 혼란에 빠진 이 집단은 여느 때와 마찬가지로 무슨 일이 일어나고 있는지 전혀 알지 못했다. 그들은 예수가 유령이라고 생각해서 한층 더 놀랐다. 예수는 그들에게 자기의 상처를 보여주시고 생선을 조금 잡수심으로써 자신이 유령이 아님을 증명하셨다. 그것은 효과가 있는 것처럼 보였는데, 유령들이 상처를 입거나 음식을 먹는 일은 해리포터 시리즈에서나 가능했기 때문이다. 그리고 나서 예수는 제자들에게 무슨 일이 일어나고 있는지를 설명하셨다.

"나는 너희가 왜 그렇게 놀라는지 알 수 없구나. 내가 몇 해 동안 이며 며칠간 이곳에서 일어나고 일어난 모든 일이 성경, 곧 모세의 책과 예언서와 시편 등 성경의 모든 부분이 말하는 내용을 따른다고 말하지 않았더냐? 그러나 너희가 내가 말한 바가 무슨 뜻인지 이해하는 데 큰 어려움을 느끼고 있으니 그것을 다시 쉽게 풀어 설명해주겠다. 너희의 성경을 읽어

보라. 너희는 성경에서 **내가 고난을 받고 죽어야 하며 삼 일째에 죽은 자 가운데서 살아날 것**이라는 내용을 발견할 것이다."

그 모든 것이 성경에 명백하게 기록되어 있다. 그렇지 않은가?

하지만 그렇지 않다. 그리고 그것은 내 요점과 관련이 있다.

당신이 구약성경을 아무리 주의 깊게 읽고 자주 읽더라도—물구나무 서서 읽거나, 뒤에서부터 읽거나, 특수 암호 해독 안경을 끼고 읽거나, 클링온어(미국 드라마 시리즈 "스타 트렉"에 등장하는 클링온 족이 쓰는 언어)로 읽더라도—예수가 당신이 구약성경에서 발견하리라고 말씀하시는 내용인 미래의 메시아가 **죽었다가 삼 일째에 죽은 자 가운데서 살아난다**는 내용을 발견하지 못할 것이다. 한 단어도 말이다. 찾아보는 수고도 하지 말라.

그렇다면 누가는 어떤 관점에서 보고 있는 것인가? 예수는 왜 성경에 기록되어 있지 않은 내용이 기록되어 있다고 말씀하시는가? 그것은 말이 되지 않는다.

그것은 확실히 말이 되지 않는다. 우리가 예수가 그의 제자들에게 실제로 무슨 말씀을 하고 계시는지 확실하게 이해하기까지는 말이다.

예수는 제자들이 그들의 성경을 샅샅이 뒤져서 죽었다가 부활하는 메시아가 어디에 숨겨져 있는지 알아보라는 것을 의미하시지 않았다. 마치 1세기 판 『월리를 찾아라』(*Where's Waldo?*)처럼 말이다.

예수는 그런 식으로 이스라엘의 이야기 "안에" 들어가 계시지 않는다. 이스라엘의 이야기를 그것 자체의 관점에서 읽어서는 결코 표면에서 "예수를 발견"할 수 없다.

대본을 고수해서는 예수를 볼 수 없다. 돌이켜 볼 때만 그리고 표면 아래서만 예수를 볼 수 있다. 구약성경 읽기가 그리스도에 대한 믿음에 의해 견인되고 예수가 이스라엘의 이야기를 다시 이해하기 위한 출발점이 될 때 예수가 보이는 것이지, 이스라엘의 이야기의 논리적인 결론으로서 예수가 보이는 것이 아니다.

누가복음에서 예수가 제자들에게 대본을 문자적으로 고수하라고 말씀하시는 것이 아니다. 그는 제자들에게 자신의 죽음과 부활에 비추어 그 대본을 다시 읽으라고 말씀하고 계신다.

예수는 그렇게 하면 당신은 이스라엘의 이야기가 **더 이상** 주로 이스라엘에 관한 책이 **아니라**, 이제 이스라엘의 이야기의 중심과 초점이자 역사를 통틀어 길고 고단한 이스라엘의 이야기의 마지막 장으로서 예수에 대해 말하는 책임을 이해하게 될 것이다.

구약성경은 예수에 "관해" 말하는데, 그것이 구약성경을 읽는 명백한 방식은 아니다. 그래서 누가는 제자들이 이스라엘의 이야기를 새로운 예수의 방식으로 이해할 수 있도록 "그들의 마음을 여셨다"라고 덧붙인다. 누가가 이 대목에서 당장 예수가 정확히 어떻게 이스라엘 이야기의 초점이신지를 독자들에게 자세히 설명하지는 않는다. 누가복음의 나머지가 그 일을 하는데 우리는 아래에서 현저한 예를 살펴볼 것이다.

예수가 구약성경의 초점이라는 점을 다른 각도에서 보기 위해 마태복음을 살펴보자.

우리가 3장에서 살펴본 바와 같이 마태복음에 기록된 예수의 탄생 이야기는 사악한 헤롯 왕의 살인적인 광기 장면을 포함한다. "동방에서 온" 점성술사들이 어떤 별의 인도를 받아 "유대인의 왕으로 태어난" 아기를 보러 헤롯에게 온다.

확실히 이 "현자들"은 헤롯이 이것을 당연히 위협으로 보리라는 것을 전혀 알지 못한다. 그래서 경쟁을 원하지 않는 헤롯은 그 아기를 확실히 죽이기 위해 모든 남자 유아의 대량 학살을 명령한다. 그러나 주의 천사가 꿈에 요셉에게 나타나 그의 가족과 함께 그 마을을 빠져나가 헤롯이 죽을 때까지 이집트에서 살라고 경고한다. 헤롯이 죽으면 그들이 돌아올 수 있었다.

그것이 그 이야기다. 아기 예수는 안전을 위해 이집트로 피신하셨다가 나중에 고향으로 돌아오신다.

마태가 거기까지만 기록했더라도 무방했을 것이다. 그러나 마태는 이상하게 비트는데(적어도 현대의 독자들에게는 이상하다), 그것은 마태가 이스라엘의 이야기를 얼마나 깊이 재고해서 예수를 중심으로 그 이야기의 초점을 맞췄는지를 보여준다.

마태는 이집트에 갔다가 고향으로 돌아오신 예수의 여정이 "내가 이집트에서 내 아들을 불러냈다"라고 말한 기원전 8세기의 구약성경 예언자 호세아의 말을 "성취했다"라고 말한다. 따라서 마태에 따르면 이집트에서 예수(하나님의 아들)가 돌아오신 것은 약 700년 전에 예언자 호세아를 통해 예언되었다.

하지만 사실은 그렇지 않다.

기원전 8세기에 호세아가 직면했던 문제는 북왕국의 불순종이었다(이것은 이스라엘이 약 200년 전에 북왕국과 남왕국으로 분열된 뒤의 일이었다). 그 불순종으로 말미암아 북왕국은 기원전 722년에 강력한 아시리아인들에 의해 유배당하게 된다.

호세아가 (예언자들이 그렇듯이) 하나님을 대변하여 "내가 이집트에서 내 아들을 불렀다"라고 한 말은 수백 년 뒤의 **미래**에 한 사람(예수)에게 일어날 어떤 일을 **예언**한 것이 아니다. 호세아는 수백 년 전에 하나님이 자기 "아들" 이스라엘을 이집트의 노예 생활에서 구출하신 때를 **회상**하고 있다. 호세아는 계속해서 이스라엘이 가나안의 신 바알을 숭배하는 것으로 배은망덕하게 행동했다고 말한다.

마태는 호세아의 말을 호세아가 절대로 의미하지 않았을 방식으로, 그리고 백만 년이 지나도 호세아가 결코 이해하지 못했을 방식으로 사용했다. 오늘날 우리는 이것을 우리가 보기를 원하는 것을 텍스트 "안으로" 들여와 읽는다고 할 것이다. 그리고 마태는 바로 그 일을 하고 있다. 예수에 대한 그의 믿음으로 인해 마태는 예수에 관해 말하기 위해 이스라엘의 이야기를 개조한다. 호세아 자신의 관점에서는 예수가 그 말의 주제가 아님에도 말이다.

마태는 어리석은 독자가 아니었고 불쑥 구약성경의 일부를 끌어다 쓰지 않았다. 마태는 우리가 앞 장에서 보았던 예수처럼 자신의 성경에 대한 창의적인 독자였으며 그런 해석은 당대의 유대교에서 예사로 있는 일이었다.

우리가 3장에서 얼핏 본 바와 같이 마태가 예수의 탄생 이야기를 창의적으로 말하는 것은 부분적으로는 예수를 새로운 모세로 제시하기 위함이다. 예수와 모세 모두 대규모 살상을 저지르는 군주로부터 피신한다. 파라오는 히브리인의 출생률에 위협을 느껴 남자 아기들을 나일강에 빠뜨려 죽이라고 명령했는데 모세만 나일강에 띄워진 바구니 안에서 화를 모면했다. 그 후 성인이 된 모세는 다시 이집트인을 살해한 데 대한 파라오의 분노를 피해 달아났다.

출애굽기에 따르면 모세는 하나님이 그에게 "네 목숨을 노리던 자가

다 죽었느니라"라고 말씀하신 뒤에야 이집트로 돌아간다. 이 말은 마태복음에서 하나님이 요셉에게 하시는 말씀과 같다. "아기의 목숨을 찾던 자들이 죽었으니" 거룩한 가족은 고국으로 돌아가야 한다.

마태는 호세아서에 기록된 이 구절을 토대로 예수를 새롭고 향상된 모세로 묘사한다. 이스라엘이 호세아서에서 하나님의 "아들"이라고 불린다는 사실도 마태로 하여금 과거의 그 순간을 그가 하나님의 "아들"이라고 믿은 예수에게 창의적으로 연결하도록 자극했다.

아마도 그의 청중 가운데 유대인인 그리스도인 비중이 높았을 마태에게는 예수와 이스라엘이 서로를 반향한다. 둘 다 신적 목적을 위해 선택된 하나님의 "아들"이다.

마태가 호세아에게 호소하여 예수에 관해 말하는 것이 정확히 무엇을 의미하는가에 관한 좀 더 자세한 내용이 재미있지만 나는 이 대목에서 훨씬 간단한 요점 하나만 말할 것이다. 마태에게는 호세아가 당시에 의미했던 바가 호세아의 말이 궁극적으로 그리고 참으로 의미하는 바가 아니다. 예수가 오셨고 따라서 이스라엘의 이야기는 이제 예수에 관해 말하도록 바뀐다. 그것이 마태의 확신이고 그의 출발점이며, 그는 자신의 성경을 그것에 따라 다시 읽는다.

복음서 저자들은 예수를 이스라엘의 이야기의 놀라운 결말**이자** 그 이야기에 깊숙이 연결된 것으로 설명할 필요 때문에 자기들의 성경을 창의적으로 읽었다.

성경이 말하는 내용을 문자적으로 고수하는 것은 그들의 목표가 아니었다.

예수에 관해 말하는 것이 목표였다.

우리가 아직도 그곳에 있는가?

사복음서 저자들 모두 이스라엘의 역사에서 핵심적인 하나의 순간인 바빌로니아 유배와 이스라엘의 귀환을 예수를 중심으로 변환한다.

예수의 시대에 유배는 약 500년도 전에 끝났지만 한 가지 문제가 남아 있었다. 외국, 즉 로마가 하나님이 오래전에 이스라엘에게 주신 땅을 통제하는 한 어떤 의미에서는 유배가 완전히 끝난 것이 아니었다.

그것은 마치 긴 휴가에서 집에 돌아왔더니 정부가 당신의 집을 몰수해서 다른 사람들이 들어와 살게 한 격이다. 당신은 고향에 돌아왔지만 강탈자들이 쫓겨나고 당신이 전처럼 당신의 집에서 살 수 있게 될 때까지는 참으로 고향에 돌아온 것이 아니다.

당시 몇몇 유대인은 다윗 계열의 메시아가 이 문제를 바로잡고 예전처럼 그 땅을 다스림으로써 이스라엘에게 그 땅을 완전히 회복시켜주리라고 기대했다. 그것은 이스라엘 백성의 땅과 그들의 수도를 되찾는 것을 의미했고, 나아가 어떻게든 로마인들을 제거하는 것을 의미했다. 그 진정한 해방이 오면 모든 민족이 그것을 보고 이스라엘의 하나님을 유일하신 하나님으로 인정할 것이다. 적어도 그것이 계획이었고 다윗 계열의 메시아가 그 길을 인도할 터였다.

마가복음에 기록된 예수의 두 제자 야고보와 요한과 관련된 이야기에서 우리는 이 계획이 얼마나 깊이 뿌리 박혀 있는지를 얼핏 볼 수 있다.

약 1주일 뒤 예수가 처형당하시게 되는 예루살렘으로 가는 길에 그들은 예수를 한쪽으로 모시고 가 예수가 "영광"에 들어가시면 자기들이 예수의 좌우에 앉을 수 있는지 물었다.

그들이 죽은 뒤 천국에 가는 것에 관해 말하고 있는 것이 아니다. 그들은 정치에 관해 말하고 있다. 그들은 예수가 예루살렘에서 왕위에 오르시면 자기들이 왕 예수의 이인자가 되기를 원한다. 그들은 자기들이 바로 그 일을 하러 예루살렘으로 향하고 있다고 생각하고 있다.

다른 제자들이 이 계획을 엿듣고 화를 내기 시작한다. 예수는 몇 번째인지 모를 만큼 자신이 왕위를 차지하러 예루살렘에 가는 것이 아니라 죽으러 간다고 설명하심으로써 그 모든 것의 싹을 자르신다. 그리고 참으로 예수와 함께 "다스리기"를 원한다면 그들은 서로 **종**이 될 필요가 있다.

예수와 함께 많은 시간을 보냈음에도 메시아가 예루살렘에서 통제권을 장악하는 것이 아닌 다른 일을 한다는 개념은 아직 예수의 가장 가깝고 그가 직접 선택하신 추종자들에게 낯선 생각이었다. 내가 그곳에 있었다면 나도 틀림없이 그들처럼 생각했을 것이다.

복음서 저자들은 다윗 계열의 메시아가 유배를 완전히 끝낸다는 아이디어에 시비를 걸고 그것을 사용하여 예수를 설명한다. 예수는 이스라엘이 정치적으로 독립하는 영광의 날을 회복하는 것과 관련된 일은 아무것도 하기를 원하시지 않았기 때문에 그것은 재미있는 발상이다.

우리의 요점은 다음과 같다.

복음서 저자들은 "유배"라는 친숙한 개념과 그 유배가 끝난다는 것이 무엇을 의미하는지를 **재정의**했다. 이스라엘의 이야기는 정치적 승리로 끝나는 것이 아니라 이제 예수를 중심으로 판이한 종류의 유배와 귀환

이야기로 다시 쓰인다. 기대되지 않았던 일을 설명하기 위해 친숙한 언어가 변환된다. 우리는 신약성경의 첫 장만 읽어봐도 그것을 알 수 있다.

마태복음은 이스라엘의 조상 아브라함부터 예수에 이르는 계보의 명단으로 시작한다. 물론 기독교의 중심인물 이야기를 명단으로 시작하는 것은 졸리는 일이지만 TV를 끄고 그것을 한번 읽어보라.

마태복음은 다른 복음서들과 마찬가지로 치밀하게 계획되고 주의 깊게 쓰인 예수의 초상이다. 마태는 되는 대로 쓰지 않고 계획에 따라 쓴다. 적어도 그의 말을 들어보기는 하라.

그의 명단은 배경이다. 그는 "유배를 끝내기"라는 익숙한 언어를 사용하여 완전히 방향을 바꾸고 있다.

마태는 그가 기록한 예수의 족보가 세 부분, 즉 **아브라함**부터 **다윗**까지, **다윗**부터 **유배**까지, **유배**부터 **예수**까지로 이루어졌음을 명확하게 말한다. 우선, 마태가 족보에서 "유배"를 언급한다는 사실 자체가 그에게 뭔가 속셈이 있다고 말해준다. 족보는 사람들에 관한 것이지 사건들에 관한 것이 아니다. "유배"는 그것이 이 대목에서 중요할 수도 있는 것처럼 들린다.

그리고 마태는 각각의 부분에 열네 명의 이름을 배치한다. 왜 열네 명이 등장하는가? 그것은 마태의 로또 번호가 아니다. 마태는 예수의 중요성에 관해 뭔가를 말하고 있다.

다윗이 두드러지게 다뤄진 것을 주목하라. 그는 첫 번째 부분을 마치고 두 번째 부분을 시작한다. 다윗의 이름은 히브리어로 14라는 숫자 값을 가진다(고대 히브리어에는 성문 숫자 체계가 없어서 자음들이 숫자로 사용되었다. D는 4이고 V는 6이어서 DaViD는 14다.)

마태의 족보는 오늘날 가족관계증명서에서 발견할 수 있는 실제 조상과 같은 성질의 것이 아니다(마태의 족보와 누가의 족보를 비교하여 두 저자가 예수의 조상을 어떻게 다르게 묘사하는지 확인해보라). 마태의 족보는 예수를 오랫동안 기다리던 구원자, 즉 **유배를 끝내고** 오래전에 **아브라함**에게 약속된 땅을 회복할 **다윗**의 자손으로 제시하기 위해 창의적으로 꾸며졌다.

1세기의 유대 세계에서는 마태가 전하려는, 로마가 지배할 날 수가 헤아려졌고 해방이 가까이 왔다는 메시지의 요점이 쉽게 파악되었을 것이다. 그러나 마태는 자신의 예수 이야기를 이런 식으로 시작한다. 계속 읽다 보면 우리는 마태가 재빨리 이전의 친숙한 기대들을 적용시켜 놀라운 결말에 적합하게 만든다는 것을 보게 된다.

산상수훈을 보자. 마태복음에 따르면 예수는 이 대목에서 최초로 대중 앞에 나타나시며, 모인 유대인 군중에게 **온유한** 자가 땅을 상속받을 것이고, **화평하게 하는** 자가 하나님의 참된 자녀이며, **박해받는** 자가 하나님 나라의 내부자라고 말씀하신다.

예수는 군중에게 착하게 굴고 장난감을 나누라고 말씀하시지 않는다. 그는 군중에게 자기가 로마인들에게 보복을 가하실 것이라고 기대하지 말라고 경계하신다. 예수는 그런 종류의 메시아가 아니시다. 마태복음에 등장하시는 예수는 이스라엘의 유배가 무엇에 관한 것인지 그리고 유배의 완전한 종식이 무엇인지 재정의하실 것이다. 다윗 가문의 왕이 예루살렘에서 민족적/정치적 보좌에 앉는 것이 아니라 마태는 이런 친숙한 개념들을 변혁시키고 그의 독자들을 새로운 영역으로 데려갈 것이다.

한두 페이지 뒤로 돌아가 세례 요한을 살펴보자. 그의 임무는 공인으로서 예수의 출현을 선언하는 것이다. 사복음서 모두 그를 "주의 길을 준비하라"고 외치는 "광야에 외치는 자의 소리"라고 부른다. 이 표현들은 하나님이 **바빌로니아**에 **유배**된 이스라엘 백성에게 위로의 말씀을 하시는 이사야서의 같은 단락에서 직접 나온다. 하나님이 움직이고 계시고 유배가 곧 끝날 것이다. 그러니 "주의 길을 준비하라." 이제 고국에 갈 시간이다.

사복음서 모두 이사야서에 기록된 **이 말씀**을 사용하여 예수의 이야기를 소개한다. 따라서 우리가 예수가 하시는 일은 모두 유배의 종식과 어느 정도 관계가 있다고 결론지어도 무방하다. 다시 말하거니와 당시 군중의 기대에 따른 종식은 아니지만 말이다.

마태는 유배 이야기를 한 번 더 비틀어 그의 복음서를 마무리한다. 구약성경에서 이스라엘의 미래는 이스라엘과 이스라엘의 하나님을 포용하기 위해 예루살렘으로 오는 민족들을 포함한다. 그러나 마태의 "유배의 종식" 이야기는 다르게 끝난다.

예수는 부활 후 "하늘과 땅의 모든 권세를 내게 주셨으니 그러므로 너희는 가서 모든 민족을 제자로 삼아 아버지와 아들과 성령의 이름으로 세례를 베풀고 내가 너희에게 분부한 모든 것을 가르쳐 지키게 하라"라고 위임하신다.

마태에게는 **이것**이 이스라엘의 유배가 끝나는 방식이다. 그것은 다윗 시대의 이스라엘 왕국을 회복함으로써 이뤄지지 않는다. 오히려 예루살렘과 이스라엘 땅은 더 이상 하나님의 초점이 아니다. 제자들은 자기들의 땅을 떠나 모든 민족을 제자로 삼고, 그들에게 예수와 (모세가 아니라) 예수가 주신 계명을 따르게 하고, 다른 종류의 나라와 왕에 관한 말씀을 퍼뜨려야 한다.

이것은 이스라엘의 이야기가 상상했던 바가 아니지만 이제 사정이 달라졌다. 예수가 오셨고 이제 이스라엘의 이야기가 변혁된다.

유대인의 구주가 아니라 세상의 구주이신 예수

누가복음의 시작도 "유배의 종식" 언어를 변혁시킨다. 마태가 그의 족보를 통해 변혁시키는 것과는 다른 방식으로 변혁시키지만 말이다.

예수의 탄생 이야기에서 천사 가브리엘이 마리아에게 그녀가 아들을 낳을 것이라고 고지(告知)한다. 그는 "**지극히 높으신 이의 아들**"일 것이고, 그에게 "**그의 조상 다윗의 왕위**"가 주어질 것이며, 그의 나라가 "**끝이 없을**" 것이다.

그리스도인들에게는 예수의 이야기가 끝나는 방식, 즉 그의 부활에서 이 말들의 의미가 길을 잃는다. 그래서 그리스도인들은 예수가 부활하여 하늘 보좌에 앉아 영원히 다스리실 하나님의 신적인 아들이시라고 해석하는 경향이 있다.

그러나 누가는 아직 그곳에 이르지 않았으며, 우리가 너무 빨리 앞으로 튀어 나가지 않아야 한다.

이스라엘의 고대 세계에서 왕들은 신적 대리인으로서 다스렸고 따라서 신의 "아들들"이라고 불렸다. 시편 중 하나(시 2편)도 이스라엘의 왕(아마도 다윗이었을 것이다)의 기름 부음을 그런 식으로 묘사한다. "너는 내 아들이라. 오늘 내가 너를 낳았도다." 이스라엘의 왕이 된다는 것은 상징적인 의미에서 "하나님의 아들"로 "태어난다"는 것을 의미한다.

예수를 "지극히 높으신 자의 아들"로 부른 것은 이스라엘의 제왕 언어다.

　그다음에 **끝이 없는** 왕국에서 다윗의 **왕위**에 앉는다는 것은 우리가 3장에서 살펴보았던, 사무엘하에서 다윗에게 한 약속을 반향한다. 하나님이 다윗에게 그의 자손이 솔로몬부터 시작하여 예루살렘에서 영원히 다스릴 것이라고 말씀하셨다. 그러나 바빌로니아 유배 동안 그 영원한 계보가 끊겼는데, 그것은 이스라엘 백성의 의식에서 유배가 매우 비극적인 이유 중 하나다. 하나님이 사실상 그가 전에 하신 약속을 깨뜨리실 정도로 상황이 매우 나빠졌다.* 이제 많은 유대인이 하나님께서 그 약속을 갱신하실 때, 즉 다윗 계열의 왕이 와서 끊어진 계보를 이을 때를 고대하고 있었다.

　따라서 당신이 예수나 기독교에 대해 들어본 적이 없고, 누가가 다윗의 왕위에 앉아 끊어지지 않은 왕의 계통을 회복할 하나님의 아들의 탄생에 관해 말하는 것을 읽는다면 당신은 완벽하게 유대교적인 결론을 도출할 것이다. 누가는 예수가 자기의 백성을 원수로부터 구원하시고 예루살렘에 이스라엘 왕국을 다시 수립하실, 오래 기다리던 이스라엘의 왕이시라고 생각한다.

　마리아는 확실히 천사의 말을 그렇게 이해했다.

　마리아는 임신한 친척 엘리사벳(세례 요한의 어머니)을 방문했을 때 하나님이 어떻게 아들을 주셔서 자신에게 복을 주셨는지 그리고 하나님이 어떻게 낮은 자를 일으키시고 강한 자를 낮추시며, 배고픈 자를 먹이시고 부자를 빈손으로 가게 하실 것인지에 관해 기도를 터뜨린다.

---

* 이스라엘 백성이 자신의 약속을 깨뜨리시는 하나님에게 얼마나 화가 났는지 알고 싶다면 시 89편을 보라. 이 시편은 이스라엘에게 등을 돌리시고 숨으시는 하나님을 비난한다(성경에 기록된 이런 사람이 **아니라면** 누가 감히 하나님께 이렇게 대들겠는가?)

끝부분에서 마리아는 매우 구체적으로 기도한다.

그[하나님의] 종 이스라엘을 도우사 긍휼히 여기시고 기억하시되

우리 조상에게 말씀하신 것과 같이 아브라함과 그 자손에게 영원히 하시리로
다.

마리아의 기도는 가브리엘의 고지와 마찬가지로 이스라엘 중심적이다.
그녀는 하나님이 이스라엘을 구원할—당신 상황에서 그것은 로마의 압제
에서 구원하는 것을 의미한다—해방자의 형태로 아브라함과 조상들에게
하신 약속을 이행하시리라고 기대한다.

　그것은 마리아의 기도가 구약성경에 기록된 또 다른 행복한 어머니
인 한나의 기도와 매우 유사하다는 것을 아는 데 도움이 된다. 한나는 마
리아와 마찬가지로 하나님의 개입으로 아들을 낳는다. 그녀의 아들 사무
엘은 자라서 훗날 다윗을 이스라엘의 왕으로 기름 붓는 강력한 예언자가
될 터였다. 한나는 하나님이 어떻게 이 기름 부음을 받은 왕을 통해 이스
라엘을 구원하시고 그 적들을 부수실 것인지에 관해 하나님께 긴 감사 기
도를 드린다. 그 기도들을 나란히 놓으면 이 특별한 두 어머니의 기도들
이 겹친다는 것을 우리가 쉽게 알 수 있는데, 그것은 우연이 아니다. 누가
는 마리아의 기도가 한나의 기도를 흉내내도록 구성한다. 마리아의 아들
은 예루살렘에 있는 강력하고 경건한 다윗 같은 통치자가 왕국을 회복하
고 백성을 구원하고 평화를 가져오리라는 고대의 희망을 구현할 것이다.

　누가의 이야기에서 우리는 그다음에 세례 요한의 아버지 사가랴를
만난다. 그의 아들이 탄생했을 때 사가랴는 이스라엘의 압제자들(로마인

들)이 어떻게 벌을 받기 시작할 것인가에 관해 하나님을 찬양한다. 다윗의 계열에서 "강력한 구원자"가 나올 것이다. 그를 통해 하나님이 이스라엘 백성을 "우리의 원수들", "우리를 미워하는 모든 자"에게서 구원하심으로써 이스라엘 백성에게 "자비"를 보이실 것이다. 그러면 유대인들은 다시 그들의 성전과 그들의 땅에서 "두려움 없이" 하나님을 예배할 수 있을 것이다. 요약하자면 사가랴는 이제 로마인들에게 앙갚음할 때라고 기대한다.

다음에 노인 시므온은 아기 예수를 보고 하나님이 자기를 "주의 메시아"를 볼 만큼 충분히 오래 살게 해주신 것을 감사한다. 시므온은 이 메시아가 "이스라엘의 위로"를 가져오리라고 기대하는데, 그것은 구약성경이 유배 후 이스라엘을 회복하는 것에 관해 말하는 내용이다. 시므온도 예언자 이사야의 글에서 인용한다. 온 세상, 모든 이방인이 하나님의 손에 의한 이스라엘의 이 "구원"을 볼 것이다. 이스라엘은 다시 한번 민족들의 명단에서 맨 꼭대기를 차지할 것이다.

마지막으로 과부가 된 예언자 노인 안나가 등장하는데, 그녀는 밤낮으로 성전에서 금식했다. 그녀는 아기 예수를 보고 하나님을 찬양하고 그 아이가 "예루살렘의 속량"—예루살렘이 외국의 지배로부터 구원받는 것을 의미함—을 가져올 것이라고 선언한다.

누가복음의 처음 두 장에 등장하는 가브리엘, 마리아, 엘리사벳, 사가랴, 시므온, 안나는 모두 예수가 하나님의 오래된 약속—유배의 최종 종식—을 가져오실 것에 관해 말한다.

누가는 이 기대를 이용하는데 그 울림은 한겨울 밤의 교회 종소리처럼 명확하다. 하지만 누가복음에 기록된 예수는 곧바로 메시아답지 않은 것들을 말씀하시고 행하신다.

가브리엘이 마리아에게 하나님의 영이 그녀에게 "임하셔서" 그녀가 임신하게 하실 것이라고 말할 때 우리는 이미 이것의 예고편을 본다. 누가 복음에서 이 약간의 정보는 이 메시아가 낡은 범주에 제한되시지 않을 것이라는 초기의 표지다. 그는 다른 차원에서 하나님의 "아들"이시다.

누가는 또한 로마의 왕권이라는 아이디어에 대해 강력한 공격을 가하고 있는 것으로 보인다. 우리가 3장에서 본 바와 같이 로마의 공식적인 정책은 아우구스투스 황제(예수가 탄생하셨을 때의 황제)가 신들에게서 태어났고, "평화"를 회복하고 사람들을 "구원"하고 "좋은 소식"을 가져오기 위해 사람들에게 선물로 보내졌다고 주장했다. 누가는 이와 똑같은 말들을 사용하여 예수의 탄생을 묘사한다.

예수는 유대인의 정치적 아이디어들의 주형을 깨뜨리실 뿐만 아니라 로마의 주형도 깨뜨리신다. 예수는 수퍼 황제시다.

누가의 이야기가 전개됨에 따라 예수는 계속 정치적 힘 및 유대의 정체성과 관련된 기대들을 무너뜨리신다. 회당 예배에서 최초로 공개적으로 등장하셨을 때 그는 자신이 메시아라고 주장하시는데 그 말씀은 상당한 지지를 받는다. 그가 자신이 이방인들을 축복하고 자신의 동족에게 버림을 받으리라고 말씀하실 때까지는 말이다. 군중은 그 말씀에 대한 반응으로 예수를 절벽 아래로 떨어뜨리려고 한다. 이스라엘의 메시아는 이런 말을 하면 안 되는 것이었다.

이후 예수의 좀 더 메시아적이지 않은 순간 중 하나에서 그는 사람들의 죄를 용서하시는데, 그 일은 하나님만 하실 수 있는 일이었다. 예수는 즉각적으로 신성모독을 저질렀다는 비난을 받으셨는데, 이런 일은 메시아라면 하지 않을 행동이었다.

당시의 유대인의 기대에 친숙할수록 누가복음의 끝에 도달할 때 우리는 더욱더 머리가 터질 것이다. 이스라엘의 메시아는 추종자들을 재편성하여 당시 유대인들의 기대에 부응하신 것이 아니라, 로마의 십자가에서 패배를 당하시고―마치 일들이 이보다 더 불가사의해질 수 없다는 듯이―삼 일 후 무덤에서 걸어 나오셨다.

누가복음의 2부인 사도행전에서 유배로부터의 귀환은 보편적인 이야기가 된다. 모든 민족을 예수의 제자로 만들기 위해 메신저들이 온 세상에 나가는 것으로 끝나는 마태복음과 매우 비슷하게 말이다. 사도행전은 복음이 어떻게 약 30년 안에 겁먹은 소수의 제자로부터 소아시아와 그리스와 제국의 중심인 로마에까지 퍼졌는지를 전해준다.

이스라엘이 그들의 땅으로 완전히 "귀환"한다는 아이디어가 복음서 저자들에 의해 예수와 하나님의 예기치 않았던 조치, 즉 십자가에 처형당하시고 부활하신 메시아에 관해 말하는 방향으로 바뀌었다. 복음서 저자들은 이스라엘의 대본의 언어를 사용했지만 그 언어에 완전히 새로운 의미를 주입했다.

* * * *

사도 바울은 이스라엘의 이야기를 신약성경의 다른 어떤 저자보다, 심지어 예수와 복음서 저자들보다 더 변혁시킨다.

바울 서신의 핵심은 유대인의 메시아이신 예수의 좋은 소식이 모든 사람을 위한 복음이라는 것인데, 바울이 의미하는 모든 사람은 유대인들과 이방인들이다. 바울은 이방인들이 먼저 유대인의 율법과 전통을 채택하지 않고 그들의 모습 그대로 완전히 이스라엘의 하나님의 가족이 될 수 있다고 주장했다. 그 아이디어는 매우 급진적이어서 예수의 다른 추종자 중 몇몇의 머리카락을 곤두서게 했다(바울은 갈라디아서에서 베드로와의 논쟁에 대해 말한다).

예수는 놀라운 결말이었다. 십자가에 처형당하고 부활한 메시아는 이스라엘의 이야기가 다루는 대상이 아니었다. 그러나 바울에게는 이것이 이스라엘의 하나님이 지금 세상에서 행하고 계시는 일이다.

이 급진적인 아이디어를 이해시키기 위해 바울은 자기의 경전을 다시 상상하여 그것을 지역적이고 민족적인 이야기에서 예수를 중심으로 한 보편적인 이야기로 변혁시켜야 했다. 바울은 심지어 이스라엘의 이야기의 일부가 폐기되어 무효라고 선언하기까지 했다.

바울이 성경을 돌에 새겨진 것처럼 읽으리라고 예상했다면 당신은 상당히 신경질이 날 것이다. 바울에게는 이제 예수가 오셨기 때문에 성경은 그것으로 빚을 수 있는 진흙과 좀 더 비슷했다.

아무도 묻지 않고 있던 질문에 대한 하나님의 답변

바울은 신약성경의 많은 책을 썼지만 처음에는 예수를 추종하지 않았다. 그는 경건한 유대인으로 시작했다. 그가 가장 경건한 유대인에 속했다고 말하는 사람도 있을 것이다. 사도행전에서 누가는 바울을 무뢰한으로 묘사한다. 그는 선량한 유대인들이 이 예수라는 인물을 추종하는 것을 미워해서 하나님을 섬기기 위해 그들을 잡아다 감옥에 가뒀다. 우리가 바울의 성격에 대해 알고 있는 바에 비춰보면 그것은 그의 꿈의 직업이었을 가능성이 있다.

개인적인 증오는 없었다. 그것은 그저 일이었을 뿐이다.

가짜 메시아를 따르면 진짜 메시아가 올 때 그를 알아보지 못할 위험이 있는데, 그것은 큰 재앙이 될 터였다. 그리고 이스라엘의 이야기에 관해 조금이라도 아는 유대인, 특히 바울처럼 교육을 잘 받은 사람에게 예수는 의심할 나위도 없고 논의할 필요도 없이 가짜 메시아였다. 그는 나쁜 사람들에 의해 처형당했다(그는 패배했다). 사실 그는 일반적인 죄수처럼 나무 십자가에 처형당했다. 그는 또한 유대인 당국자들에게 협력하지 않으며 법률 시스템을 존중하지 않는다는 평판이 있었다.

사도행전에 따르면 이제 예수가 죽었고 매장되었으므로 바울은 어쩌다 속아 넘어가 예수가 진짜라고 생각하는 사람을 찾아내 불행한 이 모든 에피소드를 끝장낼 때라고 생각했다. 바울은 예루살렘의 대제사장으로부터 멀리 북방에 위치한 다메섹의 회당에 가서 예수의 이 추종자들을 예루살렘으로 데려와 재판에 넘길 수 있는 허가를 받기도 했다.

누가가 전해주는 바에 의하면 바울이 다메섹으로 가는 도중에 예수가 한 줄기 빛 가운데 바울에게 나타나 그에게 말씀하셨다. 그래서 바울은 놀랐고, 눈이 멀었으며, 극적인 중요한 경력의 변화를 보였다.

이제 바울은 예수의 추종자가 되어 예수의 메시지를 그의 동료 유대인들에게뿐만 아니라 유대인의 경계를 넘어 이방인들에게도 전하는, 지금까지는 상상할 수 없었던 과제를 맡게 된다.

바울은 그의 한 서신에서 예루살렘으로 돌아가기 전에 이 모든 것을 이해하기 위해 그 지역에서 3년을 보냈다고 말한다. 바울에게는 이해해야 할 것이 많았다. 바울은 하나님의 메시아가 고대의 계획을 따르시지 않은 이유를 이해해야 했고, 언제 그것에 관해 생각하기를 멈춰야 하는가라는 매우 기본적인 문제를 두고 머리를 싸매야 했다.

메시아의 각본을 버리는 것은 별개의 문제다. 하나님은 자신이 원하시는 대로 하실 수 있다. 하지만 하나님이 왜 **특별히** 메시아가 처형당하시고 죽은 자 가운데서 부활하시게 하는 **이 방법**으로 그 각본을 버리셨는가? 하나님이 왜 이런 식으로 나타나시는가?

죽었다가 부활하는 메시아—그것은 매우 놀라운 일이다—가 하나님의 해법이라면 하나님은 정확히 무슨 문제를 풀고 계시는가? 도대체 무슨 문제이길래 이런 종류의 메시아를 필요로 하는가?

이 예수가 하나님의 답변이시라면 그 문제는 무엇인가?

바울은 궁극적으로 하나님이 단지 유대인의 드라마의 핵심일 뿐만 아니라 인간 드라마의 핵심에 닿는 문제, 아무도 그런 식으로 질문하지 않고 있던 문제에 답변하고 계신다는 결론에 도달했다.

토라의 위반이 수 세기 전에 최초로 유배당한 이스라엘에게 닥친 문제였다. 이제 로마인들이 자기들이 그 장소를 소유한 것처럼(사실 그들이 그곳을 소유했다) 활보하고 다닌다는 사실은 세상에서 이스라엘의 위치가 완전히 회복되지 않았음을 의미했다. 유배의 여파가 아직 완전히 해소되지 않았다.

토라에 대한 불성실이 유배로 귀결되었고 유배가 아직 완전히 끝나지 않았다면 논리적으로 토라의 위반 문제가 다뤄져야 한다.

토라에 대한 불성실이 이스라엘의 **문제**였다. 그러므로 성실하게 토라를 준수하는 것이 메시아 시대의 도래를 위한 이스라엘의 **해법**이었다.

그것이 바울의 딜레마다.

토라의 위반이 유대인들을 완전히 구원받고 회복되지 못하게 하는 이스라엘의 문제라면 도대체 어떻게 처형당하고 부활한 메시아가 하나님의 해법일 수 있는가? 그것은 말이 되지 않는다.

토라의 위반이 **진짜 문제**라면 아마도 그것은 말이 되지 않을 것이다.

예수의 죽음과 부활이 하나님의 **해법**이라면 아마도 하나님이 염두에 두고 계시는 문제―좀 더 깊은 문제―는 아마도 **죽음**일 것이다.

죽음은 유대인만의 문제가 아니라 보편적인 문제다. 그래서 죽음을 패배시키는 것은 모든 사람을 위한 해법이다.

마찬가지로 죄―하나님께 대한 불순종과 다른 사람들을 향한 부당한 행동들―역시 보편적인 문제였다. 예수의 죽음은 단지 또 하나의 로마의 처형이 아니라―유대인들만이 아니라 이방인들도 위한―죄를 위한 제사였다.

죄는 **모든 사람**의 문제였고 유대인들의 율법 준수 여부보다 더 깊이 들어갔다. 죄는 **인간**의 곤경의 핵심 문제다. 모든 인간이 같은 배에 타고 있는데 그 배가 가라앉고 있다.

해결해야 할 것들이 많지만, 일단 사도 바울의 세계에 들어온 것은 환영할 만한 일이다. 그는 복잡한 인물이다. 그리고 우리가 바울에 관해 살펴볼 내용이 아직 많이 남아 있다. 우리는 이제 바울의 사고의 핵심적인 부분을 알아볼 것이다.

문제(죄와 죽음)와 해법(예수의 죽음과 부활)이 유대인들과 이방인들에게 똑같이 적용되기 때문에 하나님이 하신 일로부터 똑같이 유익을 받는, 유대인들과 이방인들로 구성된 **하나님의 한 백성**만 있을 수 있다.

그렇다고 해서 유대인들(또는 이방인들)이 그들의 민족성이나 문화를 상실하지는 않는다. 하지만 그것은 양쪽 모두 그들의 **현재 상태 그대로** 하나님께 **완전하고 동등하게 접근**할 수 있음을 의미한다. 그 접근은 토라 준수를 통한 것이 아니라 예수에 대한 믿음, 그에 대한 순종을 통한 것이다.

바울은 이 아이디어가 다른 사람들에게 얼마나 새롭게 들릴지 이해했다. 그는 이것을 이 시대 전에는 알려지지 않았지만 이제 하나님의 성령을 통해 계시된 "신비"라고 부른다.

"이방인들이 복음으로 말미암아 그리스도 예수 안에서 [유대인들과] 함께 상속자가 되고 함께 지체가 되고 함께 약속에 참여하는 자가 됨이라." 그것은 하나님의 예기치 않은 조치—예수의 죽음과 부활—가 유대인들**과** 이방인들을 하나님 앞에서 **대등한 위치**에 놓는다는 바울 서신의 주요 주제를 요약하기 때문에 우리는 이 대목에서 잠시 멈춰야 한다. 바울의 말마따나 "유대인과 그리스인 사이에 차별이 없다." 그들 사이의 "증오의 벽"이 무너졌다. 계층이나 장벽이나 우리 대 그들 사이의 구분이 없다.

그 아이디어가 처음에는 받아들여지지 않았다. 예수의 제자 중 한 명으로서 고집이 세기로는 바울에 버금가는 베드로는 그 아이디어를 받아들이기 어려웠다.

우리는 그를 비난할 수 없다. 그의 경전—바울이 읽은 것과 동일한 성경—은 적어도 하나님의 선민과 다른 사람들 사이에 어느 정도 장벽이 있음을 명확히 하는 것처럼 보였다. 베드로와 바울의 시대에 이방인들은 이스라엘의 하나님을 예배하고 유대교의 기본적인 윤리를 따를 수 있었다(그들은 "하나님을 경외하는 자"라고 불렸다). 그러나 이제 바울은 예수가 이방인들을 참으로 대등한 자들이 되게 만드셨고, 이방인들이 유대인의 하나님을 예배하기 위해 유대인의 전통을 따를 필요가 없으며 유대인도 이방인도 특권을 지닌 구성원이 아니라고 주장했다. 우리가 자신을 베드로의 입장에 둔다면 바울의 요점을 알 수 있다.

예수의 이야기가 어떻게 이스라엘의 이야기를 모든 사람의 이야기로 만들었는지를 설명하는 것이 바울 서신이 다루는 내용이다. 모든 단어나 절이 그런 것은 아니지만 그 주제가 핵심이다. 그리고 그것을 해내기 위해—즉 그의 동료 유대인 그리스도인들을 설득하기 위해—**바울은 이스라엘의 이야기를 보편적인 이야기로 제시해야 했다.**

바울은 왕, 땅, 한 그룹의 사람들의 정결에 관한 부족의 이야기를 모든 민족에 대한 하나님의 은혜와 평화라는 세계적인 이야기로 변혁시킨다. 바울 서신이 혼란스럽기로 유명하기는 하지만 우리가 이 점을 명심한다면 바울이 말하는 많은 내용이 좀 더 일리가 있게 될 것이다.

"토라? 아, 그거. 그건 임시적이었을 뿐이야"

-하나님의 말씀(바울에게 전해진 내용)

토라는 이스라엘과 하나님 사이의 교제의 중심적인 요소였다. 토라는 모세를 통해 하나님에 의해 명령되었고, 이스라엘의 이야기에 따르면 유효 기간이 없었다. 하나님의 백성은 하나님 자신에 의해 토라를 지키도록 구속되었다.

그런데 바울이 등장해서 이방인들을 언제나 하나님의 백성이었던 이스라엘인들과 동일한 하나님의 백성의 구성원으로 만들었다. 그래서 거의 즉각적으로 문제가 제기된다. 이제 이방인들이 이스라엘의 이야기 안의 완전한 구성원이니 그들 역시 토라를 지킬 필요가 있는가? 토라는 유효 기간이 없고 하나님 자신에 의해 명령되었으니 말이다.

즉 이방인들이 유대인의 메시아 추종자들이 되기 위해 말하자면 유대교로 개종해야 했는가? 바울은 "아니오"라고 대답했다.

그리고 그것은 이방인들뿐만 아니라 유대인들에게도 해당했다.

바울은 이제 유대인과 이방인 예수 추종자들이 대등한 하나님의 가족 구성원이고 따라서 **한 백성**이기 때문에 예수가 이방인에 대해서뿐만 아니라 유대인에 대해서도 율법 준수 **요구**를 끝장내셨다고 주장했다. 그것은 토라가 예수의 뒷전으로 밀려난다는 것을 의미한다. 유대인과 이방인 모두에게 말이다.

그것은 유대인 예수 추종자들이 예를 들어 할례를 받거나 돼지고기를 먹지 않는 것을 중단해야 했다는 것을 의미하지 않는다.

하지만 그것은 하나님에 대한 신실함은 더 이상 토라 준수를 통해 정의되지 않으리라는 것을 의미한다.

예수를 중심으로 이스라엘의 이야기를 다시 쓰기에 관해 말해보자.

몇몇 유대인 추종자는 바울에게 화가 났는데, 우리가 그것을 이해할 만도 하다. 우리도 그들의 입장에 설 수 있는데 그 이유를 쉽게 이해할 수 있다. 예수가 놀라운 종결이기는 했지만 유대인 예수 추종자들은 한순간도 그것이 전통의 포기와 새로운 종교의 시작을 의미한다고 생각하지 않았다. 유대인이라는 그들의 정체성은 온전하게 유지되었고 따라서 그들은 하나님이 오래전에 두신 토라가 여전히 완전한 효력을 유지한 채 적용된다고 가정했다.

바울도 그 견해에 어느 정도는 동의할 것이다. 그는 예수가 이스라엘의 이야기를 결론짓는 놀라운 장(chapter)이 아니라 새로운 종교의 창시자라고 생각하지 않았다. 바울은 확실히 그 이야기에 100퍼센트 동의했다. 사실 그는 자신의 서신의 많은 부분을 그렇게 말하는 데 할애했다.

다른 한편으로 바울은 1,000년 동안 유대인의 정체성에 신성했던, 이스라엘의 이야기의 핵심적인 요소들을 무효이고 폐기된 것으로 여겼다.

그가 주장하는 방식이 항상 알려진 것은 아니지만 한 곳에서 그는 논쟁의 한가운데서 "그리스도를 얻기" 위해 옛 방식의 일부를 "쓰레기"라고 부른다. 다른 곳에서 그는 하나님이 "법조문으로 된 계명의 율법을 폐하셨으니 이는 이 둘[유대인과 이방인]로 자기 안에서 한 새 사람을 지으시기" 위함이라고 말한다.

우리는 바울의 사고에서 긴장과 역설을 볼 수 있다. 하나님이 예수 안에서 하신 일은 이스라엘의 이야기와 깊이 연결된 반면, 때로는 그 이야기의 경계를 깨뜨린다. 바울의 사고에 존재하는 그 역설을 해소하려고 하면 우리는 그를 오해하게 될 것이다.

그리고 그 이상의 것이 존재한다.

바울은 율법 준수가 **이제** 이스라엘의 하나님에게 핵심적이지 **않다**고 주장하기만 하는 것이 아니다. 그는 몇몇 곳에서 하나님의 마음에서는 그것이 **결코 핵심이었던 적이 없다**고 주장한다. 그것은 확실히 이스라엘의 이야기를 아는 사람이라면 누구에게나 놀라운 말이다. 구약성경을 따로 떼어서 읽으면 누구도 토라가 하나님의 계획에서 가장 중요한 요소가 아니었다는 결론을 내리지 않을 것이다.

그러나 바울은 구약성경을 따로 떼어서 읽고 있는 것이 아니다. 바울은 그의 성경을 하나님의 마지막 말씀이신 예수라는 렌즈를 통해 다시 읽는다.

바울에게는 그 마지막 말씀이 이스라엘의 이야기를 이해하기 위한 타협할 수 없는 **출발 지점이자 종료 지점**이다. 십자가에 처형당하시고 부활하신 예수의 실재가 바울로 하여금 그의 성경을 재고하게—심지어 때때로 뒤집게—만들었다.

성경이 하나님과 그분의 백성에 관한, 한번 말해진 뒤 영원히 구속력이 있는 정보의 원천이라는 생각에 대한 치유책이 있다면 그것은 바로 바울의 관점이다.

예를 들어 바울은 아브라함의 이야기는 겉으로 보기와는 달리 율법 준수가 결코 하나님의 주된 초점이 아니었음을 드러낸다고 주장한다. 주지하다시피 아브라함은 **이스라엘 백성 모두의 조상**이었다. 바울은 도대체 무슨 말을 하는 것인가?

바울의 말에는 어느 정도 일리가 있다. 바울은 로마서에서 독자들에게 하나님이 훗날 시내산에서 모세에게 실제로 율법을 주시기 수백 년 전에 아브라함을 그의 고향에서 불러내시고 그와 계약을 맺으셨음을 상기시킨다.

바울은 그러므로 하나님이 율법 준수와 별개로 자신의 백성과의 관계를 시작하셨다면 율법 준수가 하나님 앞에서 누구의 지위도 안전하게 만들지 않는다고 논증한다. **아브라함이 보여준 것 같은 신실함**만이 그렇게 한다. 그는 하나님을 신뢰해서 자기 고향을 떠나 가나안으로 내려갔고 자신과 아내 사라의 노년에 하나님이 그들에게 주신 아이(이삭)에 관한 약속을 받아들였다. 제사나 정결법 같은 것들은 아직 등장하지 않았다.

바울은 아브라함 이야기의 한 구절을 창의적으로 사용하여 하나님에게는 율법 준수가 아니라 하나님에 대한 믿음이 핵심이었음을 "증명"한다. 하나님은 아브라함의 후손이 하늘의 별처럼 많아질 것이라고 약속하셨다. 창세기는 아브라함이 "야웨를 믿으니" 야웨가 그 보상으로 그 믿음을 아브라함의 "의"로 여기셨다고 말한다. 바울은 율법이 존재하기 오래전에 하나님에 대한 아브라함의 "믿음"("신뢰"가 더 나은 표현이다)이 그를 하나님이 보시기에 "의롭게" 만들었다고 주장한다. 바울은 그러므로 토라가 아니라 신앙이 우리가 하나님과 바른 관계를 맺게 해준다고 주장한다.

아브라함 이야기에 대한 이런 창의적인 이해에 대해 로마에 거주하던 유대인 그리스도인들이 어떻게 반응했을지를 알 수 있다면 나는 꽤 많은 돈을 지불할 용의가 있다. 창세기에 기록된 한 구절을 맥락에서 읽으면 그 구절은 아브라함이 약속을 신뢰한 것을 하나님이 칭찬하셨다고 말할 뿐이다.

그러나 바울은 이 한 구절이 구약성경 전체에 걸쳐 명백하고 편만한 내용, 곧 토라가 하나님과 이스라엘 사이의 관계에 매우 중요하다는 생각을 뒤엎는다고 본다.

바울은 로마서에서 한층 더 나아가 토라는 인간의 죄악됨의 깊이를 **드러내기** 위해 나중에 드라마에 도입되었다고 주장한다. 그러나 구약성경은 그것을 결코 그런 식으로 제시하지 않는다. 토라는 하나님과 이스라엘 사이의 "언약"(합의)의 한 부분으로 주어진다.

그리고 토라는 짐이 아니라 사람이 하나님과 동행하기 위해 필요한 빛이었고, 넘어지지 않게 해주는 길이었으며, 하나님이 자신의 백성에게 주신 선물이었다. 그리고 우리가 살펴본 바와 같이 이스라엘은 토라를 지키도록 기대되었다. 그들은 토라를 지키면 복을 받았고 토라를 지키지 않으면 벌을 받았다.

바울은 토라가 하나님이 이 모든 기간에 하신 일의 진정한 중심이 아니라고 주장하고 있다. 바울은 토라가 그의 유대인 독자들에게 지녔던 중심적인 지위를 박탈하고 그것을 거의 사후적으로 생각해낸 것으로 취급하며, 그것을 하나님의 이야기의 새로운 중심이신 예수로 대체한다. 그리고 바울은 아브라함의 이야기를 사용해서 자신의 요점을 뒷받침한다.

바울은 갈라디아서에서 이 아이디어를 다른 각도에서 다룬다. 그는 하나님 편에서는 토라가 **임시적**인 조치였을 뿐이라고 주장한다. 그는 토라를 "종들"이 그들의 주인에 의해 통제되듯이 "미성년자들"을 통제하기 위해 고안된, 어린아이들의 "후견인"에 비유한다. 따라서 토라는 구약성경에서처럼 진정한 자유와 영적 성숙의 표지가 아니다. 그것은 예수가 오

서서 그 모든 것을 폐지하실 때까지 어린아이들(구약성경의 이스라엘)을 위한 유모/종으로서의 보호자다.

바울은 아직 그의 주장을 끝내지 않았다. 갈라디아서의 몇 구절 뒤에서 그는 아브라함의 아내 사라와 그녀의 이집트인 노예 하갈에 대한 창의적인 독법을 제시한다. 바울은 토라와 시내산이 하갈을 통해 대표되는 일종의 노예라고 말한다. 그러므로 그녀에게서 태어난 아브라함의 맏아들 이스마엘은 노예로 태어난다.

명확히 하기 위해 바울은 노예 여성 하갈과 노예 아이 이스마엘이 **토라**를 나타낸다고 말한다.

반면에, 사라는 자유인이고 자유인으로 태어난 약속의 아들 이삭을 낳는다. 바울에게 있어 사라와 이삭은 하나님이 예수의 빛 안에서 하시는 일, 곧 유대인들과 이방인들을 "종처럼" 율법의 요구에 복종해야 하는 부담에서 자유롭게 하시는 것을 나타낸다.

그것을 잘 이해하라.

바울은 이스라엘 백성의 고대 조상인 **아브라함**의 아내 사라의 이야기는 율법 준수가 노예 상태임을 보여준다고 생각한다. 그는 사라를 율법이라는 선물 및 이스라엘의 전체 이야기와 연결하지 않는다. 일반적인 구약성경 독자라면 그렇게 하겠지만 말이다. 그는 토라를 사라의 종이며 그것도 이집트 출신 종인 하갈과 연결한다.

토라의 가치에 대한 바울의 묘사는 별로 유대인다운 것으로 보이지 않는다. 나는 그것이 절제된 표현이라고 생각한다.

요약해보자. 바울은 토라가 결코 하나님께 핵심적이지 않았고 임시적이었으며, 예수가 오셔서 그것을 대체하실 때까지 지원하는 역할을 하는 대리인이었다고 말한다. 일반적인 유대인이 바울이 이스라엘의 신앙을 이렇게 묘사하는 것을 들었다면 그는 바울이 정신 이상자라고 생각했을 것이다. 당신이 일요일에 일반적인 교회에 가서 목사가 계획이 변했고 예수를 따르는 참된 길은 알라와 그의 유일한 예언자 무함마드에 대한 찬송을 부르는 것이라고 말하는 것을 들었다고 상상해 보라. 그 찬송이 끝나기도 전에 긴급 목사 청빙 위원회가 소집될 것이다.

바울은 이스라엘의 이야기를 어느 작은 민족의 토라 중심적인 신앙에서 토라를 중심에서 끌어내리고 그 자리에 십자가에 처형당하시고 부활하신 예수를 두는 보편적인 이야기로 변혁한다. 바울은 놀라운 요소에도 불구하고 하나님이 지금 토라 안에서가 아니라 예수 안에서 하시고 있는 일이 **줄곧 하나님의 계획**이었다고 주장한다.

이것은 하나님의 아들 예수에 대한 바울의 신앙에 의해 견인된 이스라엘의 이야기의 철저한 재고―사실상 다시 쓰기―이자 이스라엘 이야기의 놀라운 결말이다.

바울처럼 생각하기 위해 오늘날 그리스도인들은 바울에게 합류하도록 요구된다. 예수의 실재는 구약성경이 그 책에 의해 읽힐 것이 아니라 그것에 어긋나게 읽힐 것을 요구한다.

이제 할례에 대해 살펴보기로 하자.

"스스로 거세하라"와 기타 영적 조언

내가 계속 말해온 바와 같이 바울의 시대에 토라 준수가 핵심적인 이슈였다는 점을 이해할 만도 하다. 로마인들에 둘러싸인 유대인들은 토라, 특히 그들을 로마인 지주들로부터 구별해주는 율법들을 유지하기 위해 주의를 기울였다.

할례와 음식 제한이 이런 율법 중 대표적인 두 가지였다. 이 "경계 표지들"은 유대인들이 하나님께 대한 그들의 충성을 보여줄 수 있는 구체적인 방법이자 그들이 로마의 방식에 굴복하지 않았다는 증거였다. 남학생 사교클럽 파티에서 WWJD(What Would Jesus Do?, 예수라면 어떻게 하실까?) 팔찌를 차고 (술 대신) 청량음료를 마시는 것 같은 몇몇 행동은 확실히 그런 사람들이 다른 그룹에 속했음을 보여준다.

바울은 이 경계 표지들에 초점을 맞추고 유대인 그리스도인들과 이방인 그리스도인들에에게 그것들이 경계 표지로서 더 이상 효력이 없다고 말했다. 바울은 하나님이 수 세기 전에 이 규정들을 돌에 새기셨지만, 그것들이 사실상 하나님에 대한 참된 신앙에 방해가 된다고 주장했다.

이제 중요한 참된 표지, 곧 참으로 당신이 로마의 신들이 아니라 이스라엘의 하나님을 섬기는 사람이라는 것을 나타내는 표지는 "사랑으로써 역사하는 [그리스도에 대한] 믿음"—당신이 다른 사람들을 대하는 방식에서 입증된 예수에 대한 믿음—이다.

문제는 할례가 임의적인 사항이 아니라는 것이었다. 하나님이 아브라함에게 이스라엘의 모든 남자는 태어난 지 여드레째 날에 할례를 받아야 한다고 말씀하셨다. 이 의식(ritual)은 야웨의 백성으로서 이스라엘을 구분하는 "영원한" 표시가 될 터였다. 성기의 포피를 잘라내지 않는 사람은 누구나 야웨의 백성으로부터 "잘라내지게" 되어 있었다. 이것은 아마도 출교를 의미했겠지만, 그 언어유희는 확실히 주의를 사로잡는다.

구약성경은 결코 명시적으로 "이방인들이 개종하려면 반드시 할례를 받아야 한다"고 말하지 않지만(창세기에 기록된 원래의 명령은 외국인 노예들도 할례를 받아야 한다고 말하지만 말이다), 유대인 예수 추종자들이 예기치 않게 유입된 이 이방인들이 구약성경의 우산 아래 들어갈 필요가 있다고 가정했다고 하더라도 우리가 그들을 비난할 수는 없다. [유대인들의 사고에 따르면] 이방인들은 유대인들이 항상 하나님이 오래전에 명령하신 방식을 따랐던 것과 같은 방식으로 이스라엘의 하나님께 대한 그들의 충성을 보여줘야 했을 것이다.

바울은 자신의 유대 전통을 공격하는 것으로 대응한다. 바울에 따르면 여전히 할례가 요구된다고 주장하는 자들은 하나님의 뜻을 **왜곡**하고 있다. 오래된 하나님의 명령을 계속 따라야 한다고 주장하는 자들은 십자가에서 처형당하시고 부활하신 예수가 자신의 백성에 대한 하나님의 최종적인 말씀이며 "율법의 행위"를 뒤엎는다는 것을 깨닫지 못함으로써 사실상 하나님께 반대하고 있다.

그리고―마치 그 점을 확실히 해두려고 하는 것처럼―바울은 할례에 관해 완고한 자들은 그것을 고수하는 동안 스스로 거세해야 한다고 주장한다. 그것이 당신으로 하여금 앉아서 바울 서신의 모든 부분을 읽고 싶게 만들지 않는다면 아무것도 그렇게 하지 못할 것이다.

바울은 왜 할례를 이런 식으로 다루는가? 바울은 그저 앉아서 자기의 성경을 읽으면서 자기의 일에나 신경을 쓰고 있는데 그의 머릿속에서 갑자기 **"성경을 훼손해야겠다"**라는 생각이 들었는가? 그런 것이 아니다.

하나님의 마지막 말씀으로서의 부활하신 예수에 대한 바울의 헌신이 그로 하여금 자신의 전통과 자신의 경전을 재고하고 변혁하도록 견인했다. 예수 때문에 하나님의 백성을 구분하는 영원한 표지가 되도록 하나님에 의해 명령된 육체의 표지의 유효기일이 끝났다.

바울은 예수를 올바로 이해하게 됨에 따라 그의 성경을 다시 읽었는데, 이 경우 이스라엘의 이야기를 다시 읽은 것은 그 이야기의 일부를 삭제하는 것을 의미했다.

같은 원칙이 음식 제한, 곧 하나님이 모세에게 주신 "정한" 음식 목록과 "부정한" 음식 목록에도 적용된다.

부정한 음식을 먹으면—심지어 만지면—이스라엘인들과 그들이 입고 있던 옷이 그날의 나머지 동안 부정해졌다. 그것이 우리에게는 대수로운 일이 아닐 수도 있다. 돼지고기를 먹고 몇 시간 동안 "부정"해지더라도 해가 지기를 기다리면 괜찮아질 것 아닌가? 그러나 그것은 고대 이스라엘인들에게는 큰 문제였고, 로마서에서 바울이 한 말을 통해 판단하자면 그것은 로마의 통치 아래 살던 유대인들에게도 큰 문제였다.

로마인들처럼 먹으려는 유혹이 문제였을 뿐만 아니라, 어느 순간에라도 우연히 부정한 음식을 만질 수도 있었다. 당신이 로마인들이 돼지고기를 먹은 곳에 앉았다가 돼지고기 분자 하나라도 만진다면 당신은 기술적으로 부정해진다.

바울은 이런 문제를 그대로 놔두고 싶지 않았다.

로마서에서 바울은 유대인과 이방인이 섞인 그의 독자들에게 그들이 과거의 적대감을 내려놓고 한 민족처럼 행동할 필요가 있다고 설득하기 위해 열심히 노력한다. 유대인들이 먼저 하나님의 백성이 되었기 때문에 그들은 자기들이 새로 들어온 이 이방인들보다 서열이 높다고 생각했다. 이방인들은 자기들에게는 지켜야 할 음식 규정이 없었기 때문에 구식이고 시골뜨기인 유대인들을 향해 킬킬거렸다.

그러나 바울은 복음이 의미가 있다면 하나님의 백성이 서로를 향해 이런 식으로 행동해서는 안 된다고 주장한다. 바울의 해법은 다음과 같다. 그는 "강한" 자들에게 "약한" 자들을 참아주고 그들의 삶을 힘들게 만들지 말라고 말한다.

바울이 체력단련실에 가거나 노인을 위해 식료품을 들어주기에 관해 말하고 있는 것이 아니다. 바울이 그 단어들이 무슨 뜻인지 자세히 말하지는 않지만 "약한" 자들은 아직도 자기가 정결한 음식을 먹으라는 하나님의 명령을 지킬 필요가 있다고 생각하는 사람들임이 확실하다. "강한" 자들은 예수 때문에 자기가 이런 명령들로부터 자유롭게 살 수 있음을 아는 사람들이다.

바울은 여기서 한층 더 나아간다. 예수의 추종자로 보이길 원한다면 강한 자들은, 그들이 옳지만, 약한 형제나 자매 옆에 앉아서 가재구이를 먹음으로써 약한 형제자매의 면전에서 자신의 자유를 행사하지 않아야 한다. 확실히 그들이—하나님이 이제 가재를 먹는 것을 금지하시지 않는다는 의미에서—가재구이를 먹을 수 있지만, 그렇게 함으로써 약한 형제나 자매의 믿음을 훼손한다면 먹지 않아야 한다.

순종해야 할 사랑의 법보다 높은 "법"이 없다. 결국 그것이 예수를 따른다는 것이 의미하는 바다.

예수는 자유를 가져오시지만, 자기희생적인 사랑이라는 새로운 비전을 더 많이 들여오신다. 특히 서로를 향한 철저한 적대감은 아닐지라도 오랜 긴장의 역사가 있는 두 집단의 사람들 사이에서 말이다.

바울에게 있어 십자가에 처형당하시고 부활하신 예수는 하나님이 어떻게 "자기 백성", 곧 모든 민족 출신의 모든 사람이 그들의 현재 상태 그대로 동등한 지위를 가지게 된 사람들을 위해 놀랍게 나타나셨는지를 보여주시는 존재다. 바울은 예수를 중심에 두고 이스라엘의 이야기를 다시 읽음으로써 하나님의 놀라운 조치를 설명했다.

* * * *

원칙적으로, 바울이 여기서 하는 일은 우리가 3장에서 본 것과 다르지 않다. 즉 현재가 당신이 과거에 관해 어떻게 생각하는지를 형성한다. 이 점은 이스라엘의 과거의 이야기들을 들려준 사람들에게도 해당했다. 이스라엘의 왕정과 유배의 실재들이 이스라엘의 이야기꾼들이 자기들의 과거에 관해 어떻게 말했는지를 형성했다.

바울의 "현재"는 놀랍고 극적인 예수의 격변이며, 따라서 그는 이스라엘의 과거를 좀 더 극적이고 좀 더 급진적으로 재형성한다.

마치 성경이 하나님을 알 수 있는 방편으로서 매뉴얼이나 지침서이기라도 한 듯이 성경의 모든 부분을 고수하면 우리는 바울과 신약성경의 나머지 저자들이 거듭해서 우리에게 보여주는 바—성경에 기록된 문자들이 그 이야기를 견인하는 것이 아니라 예수가 견인하신다—를 놓치게 된다. 예수는 성경보다 크시다. 그렇다면 그리스도인들에게 문제는 "누가 성경을 바르게 이해하는가?"가 아니다. 문제는 지금도 "누가 예수를 바르게 이해하는가?"이며 과거에도 항상 그랬다. 복음서 저자들과 바울은 그 점을 매우 분명하게 밝혔다.

분주한 사람들을 위한 이 책의 요약

나는 당신에게 어떻게 하라고 말하려는 것이 아니다. 하지만…

7장

있는 그대로의 성경

우주의 하나님의 죽음에 관한 간단한 숙고

분주한 사람들을 위한 이 책의 요약

(간략한 주석 포함)

성경은 고대의 책이며 따라서 성경이 고대의 방식으로 행동하는 것을 보더라도 우리는 놀라지 않아야 한다. 따라서 하나님을 폭력적인 부족의 전사로 보는 것은 현재 하나님의 모습이 아니라, 하나님이 그들의 시간과 장소에서 하나님과 교제한 고대 이스라엘인들에게 이해된 모습이다.

성경 저자들은 이야기꾼들이었다. 과거에 관해 쓰는 것은 단순히 과거 자체를 위해 과거를 이해하기에 관한 것이 아니라 현재에게 말하기 위해 과거를 형성하고 주조하고 창조하기에 관한 것이었다. "과거를 올바로 이해하기"가 주된 문제가 아니었다. "지금 우리가 누구인가"가 문제였다.

성경은 하나님과 하나님의 길로 행하는 것이 무엇을 의미하는지에 대해 다양한 관점을 제시한다. 성경 저자들은 다른 시간, 다른 장소에서 살았고 다른 이유로 썼기 때문에 그렇게 하는 것이 당연하다. 성경을 읽을 때 우리는 오래전 사람들의 영적 여정을 지켜본다.

예수는 1세기의 다른 유대인들과 마찬가지로 그의 성경을 창의적으로 읽으셨고 성경에 기록된 단어들을 초월하거나 단순히 그것들을 무시하는 좀 더 깊은 의미를 추구하셨다. 예수가 그 시대의 공식적인 성경 해석자들과 충돌하신 이유는 그가 성경을 창의적으로 다루셨기 때문이 아니라, 그렇게 하시는 과정에서 자신의 권위와 지위에 주의를 끄셨기 때문이었다.

십자가에서 처형당하시고 부활하신 메시아는 이스라엘의 이야기에 대한 놀라운 결말이었다. 이 메시아의 말씀을 전하기 위해 최초기 그리스도인 저자들은 이스라엘의 이야기를 존중하는 한편 그 이야기를 넘어가기도 했다. 그들은 그것을 토라 중심의 이스라엘의 이야기에서 예수에 중점을 둔 예수의 이야기로 변혁했다.

이것이 우리의 성경, 하나님이 우리를 만나시는 곳인 성경이다.

그것은 인간 드라마로부터 안전거리를 유지하는 책이 아니고, 우리의 손에서 부서지지 않도록 조심해서 다뤄져야 할 책도 아니다. 그것은 우리의 믿음이 해체되지 않도록 연중 무휴로 방어되어야 할 책이 아니다. 달리 말하자면 인위적으로 우리의 기대대로 말해서 거짓된 위안을 주는 책이 아니라 주름과 복잡한 내용들과 예기치 않은 조작들과 매우 이상한 요소들이 있는 거룩한 성경, 곧 하나님의 말씀이다.

이것이 하나님이 그분의 백성에게 주신 성경이다. 이 성경은 하나님이 언제나 그렇게 해 오셨듯이 독자들에게 하나님을 좀 더 깊이 신뢰하라고 촉구하기 위해 사용하시는 성경이기 때문에 우리가 읽고 주의를 기울일 필요가 있다.

물론 우리에게 이 초대를 뿌리칠 자유가 있지만, 성경을 우리 자신의 형상대로 만들 자유는 없다. 성경이 어떤 모습이어야 하는지는 우리가 아니라 하나님이 결정하신다.

우주와 하나님의 웃음에 관한 간략한 숙고

대형 망원경과 수학적 소양을 지닌 매우 영리한 몇몇 사람은 (알려진) 우주 나이가 약 137억 년이라고 말한다. 빛의 속도(초속 약 30만 킬로미터 = 뉴욕과 로스앤젤레스 사이를 1초에 서른일곱 번 왕복할 수 있는 속도)로 날아갈 때 우주의 한쪽 끝에서 다른 쪽 끝에 도달하려면 약 1,000억 년이 걸린다.

빛은 1년에 약 9.4조 킬로미터를 여행한다. 우주의 크기를 알아보기 위해 내 계산기에게 그 숫자에 1,000억을 곱하게 하면 그것은 9.4E23(9.4₂₃)킬로미터를 보여준다.

나는 내 계산기가 버럭 화를 내리라고 생각한다. 계산기가 문자들을 사용하기 시작하면 포기하는 것이 상책이다. 구글을 열심히 검색해본 결과 나는 내 계산기가 9.4×10^{23}(940,000,000,000,000,000,000,000)킬로미터를 말하려고 하는 것임을 알게 되었다. 나는 우리 모두 이 숫자는 이해할 수 없다는 데 동의하리라고 생각한다.

하나님의 웃음은 이것과 비슷하다. 그것은 나로 하여금 내가 왜 하나님에 관한 책을 쓰려고 했는지 궁금해지게 한다. 내가 그것에 관해 300쪽 전에 생각했어야 하지만 말이다.

계속 진행하자면 상상할 수 없이 넓은 이 우주에는 아마도 수천 광년씩 떨어진 최대 1천조 개의 은하가 있고, 각각의 은하에는 몇 광년씩 떨어진 수천억 개의 별이 있다.

그것이 충분하지 않다는 듯이 우리의 우주는 아직 자신이 충분히 크지 않다고 생각하는 것 같다. 그것이 무슨 의미이든 우주는 팽창하고 있다. 그리고 몇몇 학자는 우주가 여러 개일지도 모른다고까지 말하고 있다.

척도의 다른 쪽 끝에는 원자들이 있는데, 그것들은 생각할 수 없을 정도로 작다(1/10,000,000밀리미터). 그리고 골치 아프게도 하위 원자 입자들이 있다.

우리가 묘사할 수 있는 지구의 나이는 45억 년에 불과하다. 지구의 나이를 축구 운동장의 길이로 축소한다면 내 나이와 당신의 나이는 골라인으로부터 겨우 약 1/10,000센티미터 떨어져 있을 것이다. 종이 한 장의 두께도 그 길이의 100배는 된다. 지구 나이를 1년으로 축소하면 우리의 삶은 새해가 되기 직전 3/10초에 지나지 않는다. 예수는 오후 11시 59분 47.4초에 사셨다.

요컨대 우주는 우리의 이해를 벗어난다.

그리스도인들은 이해할 수 없는 대상을 창조하신 하나님이 ─더 이해할 수 없는 조치로─ 인간의 드라마에 들어오셨다고 믿는다.

따라서 나는 주저하지 않고 **신비**를 하나님에 관해 말하기 위한 효과적인 범주라고 생각한다.

그리고 나는 이 하나님에 의해 놀라리라고 예상한다.

그것은 나를 성경으로 데려간다.

성경은 겨우 1,000년에 걸쳐 은하 하나에 있는 행성 하나의 작은 부분에 살던 작은 무리의 사람들에 의해 쓰였다. 이 성경이 고대의 순례자들의 사고와 묵상을 담고 있는데, 나는 성경이 하나님의 목적에 따라 그리스도인들이 존재해온 동안 그들을 인도하고, 위로하고, 그들에게 정보를 제공해왔다고 믿는다.

그러나 생각할 수 없을 정도로 크고, 측정할 수 없을 정도로 작고, 이해하지 못할 정도로 오래된 창조세계의 이 하나님은 그런 말들을 통해 완전히 포착되시거나 제약되시지 않는다. 하나님은 그러실 수 없다. 우리에게 그렇게 말해주기 위해 반드시 천체물리학이나 전자현미경이 필요한 것은 아니다. 성경이 이미 그 일을 한다.

우리가 하나님을 통제와 계속적인 감시하에 있는 안전한 상자 안에 두었다고 생각할 때마다 하나님은 우리의 범주들을 무너뜨리신다.

그것이 우리가 구약성경, 곧 이스라엘의 이야기에서 배우는 내용이다. 하나님은 고대 이스라엘인들이 그분을 이해할 수 있는 존재로서 그들을 만나신다. 그분의 적들을 죽이는 인간이자 신인 전사로서 만나시고, 동물들의 피에 의해 노여움을 푸는 신으로서 만나시며, 가재를 먹는 것과 몸의 유출이 사람을 "부정하게" 만든다고 명령하고 처녀 딸들을 전쟁의 약탈품이자 그들의 아버지의 재산으로 여기는 하나님으로서 만나신다.

그리고 이것이 전부인 것처럼 보이는 바로 그때 하나님은 이스라엘 백성을 예기치 않은 방식으로도 만나신다. 위기와 유배 상황에서 하나님이 조치를 취하시고, 자신의 백성에게 그들의 인식으로 하나님의 행동을 제한하지 말라고 도전하신다. 구약성경에서 우리는 고대의 현자들과 이야기꾼들이 사람들의 인식이라는 시멘트가 굳어질 때까지 오랫동안 가만히 앉아계시지 않는 하나님을 숙고한 것을 본다.

그리고 신약성경의 복음서들과 서신서들에서 하나님이 다시 한번 무대에 등장하시는데 처음에는 메시아, 왕국, 해방이라는 친숙한 언어들을 사용하여 기대된 방식으로 등장하신다. 그러나 예수의 가장 가까운 추종자들조차 자기들이 하나님의 다음번 조치를 안다고 생각했을 때 신경 쓰이도록 자유롭게 행동하신다. 메시아의 죽으심과 부활 및 모든 사람이 하나님에 대한 동등한 접근권을 가지는 것으로 말이다.

나는 하나님이 자신을 "계시"하시는 것이 부분적으로는 우리로 하여금 계속 추구하게 만들고, 하나님을 아는 것은 하나님을 알지 못하는 것의 한 형태이기도 하다는 것을 알게 하며, 우리가 결코 하나님을 완전히 알 수 없고 부분적으로만 알 수 있다는 것을 알게 하는 것을 의미한다고 생각한다. 우리는 그것만으로도 매우 바쁠 것이다.

우리가 오늘날 창조와 자유와 신비의 이 하나님이 그것이 계약이기라도 한 것처럼 책에 매이신다고 생각하고서 성경을 읽는다면 말할 것이 남아 있지 않게 될 것이고, 추가적인 조치나 놀라움도 없어질 것이며, 우리가 많은 것을 놓치게 될 것이다. 성경이 우리에게 그렇게 말한다.

나는 당신에게 어떻게 하라고 말하려는 것이 아니다. 하지만⋯

이 책은 성경이 실제로 어떻게 말하는지에 비추어 성경과 하나님에 대한 태도를 조정하기에 관한 책이다. 그것이 이 책의 중심적인 아이디어인데, 나는 이 일을 계속하면서 다음과 같은 몇 가지 대략적인 생각을 명심하려고 한다.

* * * *

성경은 하나님의 말씀이다. 성경은 오랫동안 존재해 왔고 어디로 가지도 않을 것이다. 성경의 모든 도전과 별난 이야기들, 반대자들과 회의론자들에도 불구하고 성경에는 존속하는 힘이 있다. 사람들은 계속 성경에서 하나님을 만나고 있다.

다른 것은 모두 잊어버리라. 성경을 다른 고대의 유물들과 함께 상자 안에 치워버릴 수도 있는 모든 이유를 잊으라. 하나님이 종종 화를 내시고 이상한 일들을 명령하신다는 사실을 잊으라. 성경의 저자들이 지구가 평평하고 홍수가 온 땅을 덮었으며 최초의 여성이 뱀과 대화했다고 생각했다는 사실을 잊으라.

있는 그대로의 성경은 여전히 효과가 있다.

성경을 설명하려고 노력하지 말라. 그저 그것을 받아들이라. 그런다고 해서 당신이 생각이 없는 좀비가 되지는 않을 것이다. 그것은 단지 당신이 인간으로서 자신의 한계를 받아들이고, 믿음을 통해 우리 자신보다 큰 뭔가가 일어나고 있으며 우리보다 큰 누군가가 배후에 있으며 우리가 그것의 일부가 될 특권을 가지고 있음을 인정한다는 것을 의미한다.

하나님을 더 잘 알기 위해서는 계속 성경을 읽고 성경과 씨름해야 한다는, 시간의 검증을 거친 지혜를 붙들라. 성경은 하나님의 말씀이며 하나님은 그것을 원하신다.

* * * *

성경은 기독교 신앙의 중심이 아니고, 중심이었던 적도 없었으며, 앞으로도 중심이 아닐 것이다. 기독교가 시작된 이후 (적어도 모종의 형태의) 성경이 항상 존재했지만, 그것은 기독교 신앙의 핵심적인 초점이 아니다. 핵심적인 위치는 하나님께, 특히 하나님이 예수 안에서 그리고 예수를 통해 하신 일에 속한다. 성경은 교회의 타협할 수 없는 파트너이지만 하나님의 최종적인 말씀은 아니다. 예수가 최종적인 말씀이다.

물론 성경은 우리에게 이 예수에 관해 말하지만 그렇다고 해서 성경이 중심적인 위치를 차지하지는 않는다. 신학자들이 말하는 바와 같이 성경은 다양하고 복잡한 방식으로 그리스도에 대해 "증언한다." 신자들에게 성경을 찾아보고 성경에 기록된 대로 살고, 성령 하나님의 능력과 사랑을 통해 예수를 보도록 격려하는 것이 성경의 역할이다.

성경은 "나를 보라"고 말하지 않고 "나를 통해 보라"고 말한다. 우리가 주의를 기울인다면 성경은 자신을 중심에서 밀어낸다.

* * * *

성경은 무기가 아니다. 우리는 히브리서에서 다음 내용을 읽는다.

> 하나님의 말씀은 살아있고 활력이 있어 좌우에 날선 어떤 검보다도 예리하여 혼과 영과 및 관절과 골수를 찔러 쪼개기까지 하며 또 마음의 생각과 뜻을 판단하나니.

그 구절이 오용되는 것을 들을 때마다 1달러를 받는다면 나는 스포츠 관람권, 적어도 시카고 컵스의 경기 관람권을 살 수 있을 것이다.

성경은 우리가 동의하지 않는 사람의 머리를 자르는 광선검이 아니다. 우선, 이 구절에서 "하나님의 말씀"은 "성경"을 의미하는 것이 아니라 하나님이 예수를 통해 새롭게 말씀하시는 것을 의미한다. 이 구절의 앞부분에서 히브리서 저자는 시편 95편을 창의적으로 길게 해석하면서, 하나님이 예수를 중심으로 하시는 새 일에 비추어 그 시편에 새로운 의미를 부여한다.

이 점이 더 중요한데, 양쪽에 날이 선 검으로서 하나님의 말씀은 우리 주위의 모든 사람을 향하는 것이 아니라 내부를 향해 우리를 꿰뚫는다. 당신이 검을 휘두르지 않고 하나님이 휘두르신다. 하나님은 사람들에게 그것을 하도록 요구하시지 않는다. 하나님이 그렇게 요구하신다고 생각하는 것은 우리 자신의 불안에 대한 표지다.

성경은 무기, 곧 오늘날 현대판 가나안 족속이나 바빌로니아인들을 향해 휘둘러져야 할 검이 아니다. 그것은 우리가 그곳에서 하나님을 만나는 책이다. 그것은 기꺼이 위험을 무릅쓰고, 예수가 말씀하신 대로 자신에 대해 "죽고" 성경의 도전을 받아들이며, 그 과정에서 자기는 "없어질" 것임을 아는 사람들에게 희망과 격려와 지식과 심오한 진리를 제공해 준다.

그 여정은 평생 지속되며 규율과 겸손, 성경에 대한 깊은 지식, 기민함, 친절이라는 특징을 보인다. 그것은 세계 성경 극한 격투기를 향한 성장이 아니라 하나님과 인간에 대한 사랑을 향한 영적 성장의 영역이다.

물론 기독교의 역사에서 논쟁과 기준선들이 필요할 때가 있었다. 그러나 우리는 (1) 그 생각에 군침을 흘리기보다는 그렇게 하기를 미워해야 하고, (2) 역겹게 행동하지 않아야 하며, (3) 그 문제가 싸울 가치가 있는지를 명확히 해야 한다.

그러나 싸움을 추구하는 것—하나님이 그것을 원하신다고 생각하면서 논쟁을 장려하거나 심지어 논쟁을 만들어내는 것—은 병적인 태도다.

* * * *

흔들리고 있는 신앙은 성숙하고 있는 신앙이다. 그리스도인들은 종종 다른 사람들로부터 그들이 의심하거나 성경과 씨름한다면 자신의 신앙이 약하다는 신호를 받는다. 그들은 더 많이 기도하고 일요일에 교회에 두 번 감으로써(필요하면 수요일에도 감으로써) 어떻게 해서든 스트레스를 완화해야 한다는 말을 듣는다. 또는 일반적으로 너무 고집 세게 굴지 말고 많은 질문을 하지 말아야 한다는 말을 듣는다.

그러나 우리는 성경에서 하나님에 대한 사람들의 신뢰가 얼마나 자주 흔들렸는지를 볼 수 있다. 그리고 그것은 그들이 약하기 때문이 아니라, 삶이 그런 것이기 때문이다. 우리가 욥기나 전도서 또는 모종의 이유로 하나님께 부르짖는 많은 시편을 읽어보면 삶이 매끄럽게 흘러가지 않는다는 것을 알 수 있다.

우리는 성경에서 흔들리는 것이 삶의 거의 일반적인 부분이라는 인상을 받게 된다.

우리가 분투를 추구해야 한다는 뜻은 아니지만—조만간 그것이 우리를 찾아올 것이다—우리는 자신의 영적 여정에서 모종의 분투를 예상해야 하는 것으로 보인다. 신앙에서의 참된 분투는 극도로 긴장되는 경험이며, 그것이 없이는 신앙 안에서 성장하지 못한다. 신앙의 분투가 없이는 유아 상태에 머물거나 교만해진다.

신앙에서의 불편함이나 도전을 느끼는 것은 하나님이 우리를 우리 자신의 안전지대, 곧 우리가 하나님에 관한 자신의 아이디어들에 머물고 그 아이디어들을 참된 아이디어와 혼동하는 지점에서 끌어내시는 것일 수도 있다. 하나님이 우리가 그분을 좀 더 완전하게 경험할 수 있도록 필요할 경우 우리가 소란을 피우게 하시는 것일 수도 있다.

흔들린다고 느끼는 것은 하나님이 우리에게 사랑스럽게, 그러나 주의를 끄는 방식으로 이제 성장해야 할 때라고 말씀하고 계시는 것일지도 모른다.

* * * *

두려워하지 말라. 그리스도인들이 하나님에 대한 참된 신뢰의 삶을 사는 데 가장 흔한 장애물을 하나 꼽아야 한다면 그것은 두려움일 것이다. 즉 성경에 관해 틀리는 것에 대한 두려움인데 그것은 종종 하나님에 관해 틀리는 것과 동일시된다.

우리가 하나님에 관해 믿는 내용은 우리에게 매우 중요하며, 마땅히 그래야 한다. 우리의 신앙이 우리가 누구인지를 정의하며, 우리가 우리 주위의 세계와 향후 우리를 기다리고 있는 세계를 이해하도록 도움을 준다. 우리의 신앙은 그 위에 우리의 개인적인 내러티브가 쓰이는 지면(紙面)이다. 우리의 신앙이 위협받는다는 느낌이 손쉽게 두려움으로 변할 수 있다.

그러나 기독교 안에서 장기간에 걸친 다양한 사상의 역사를 통해 판단할 때 "옳음"을 정의하기란 어려우며, 성경은 우리가 실제로 통달할 수 있는 대상이 아니다. 우리 자신처럼 보이는 하나님을 만들어내고 따라서 하나님을 왜곡하는 완고하고 죄악된 인간의 습관 역시 계속되는 문제다.

우리는 매일 우리가 자신의 내러티브에 대해 열린 자세를 가지고 필요할 경우 하나님이 그것을 다시 쓰시게 할 것인지를 선택할 필요가 있다.

영적인 삶에서 두려움의 반대는 용기가 아니라 신뢰다.

* * * *

가지를 뻗으라. 우리의 믿음이 우리를 정의할 뿐만 아니라, 같은 마음으로 이 믿음을 공유하는 공동체도 우리를 정의한다. 기독교 전통, 교파, 회중은 집단 정체성을 제공한다.

우리는 사회적 동물이다. 따라서 우리는 우리의 영적 집단이나 다른 사람들의 집단이 필연적으로 문제라고 판단하지 않아야 한다. 우리의 공동체가 우리의 영적 삶을 정의하는 **유일한** 요소, 어떤 대가를 치르더라도 그 경계들을 보호하는 포장 용기가 될 때 비로소 문제가 시작된다. 그것은 고립과 "우리 대 그들"의 사고 및 "우리"는 성경과 하나님에 대해 기본적으로 옳고 "그들"은 옳지 않다는 환상—예수와 바울이 비판한 담쌓기—으로 이어진다.

우리는 다른 전통에서 많은 것을 배울 수 있다. 기독교 교회의 오랜 역사에서 다양하고 심지어 모순되는 관점들이 참되고 가치 있는 것으로 받아들여졌다. 오늘날, 바로 지금 이 순간에도 전 세계에 문자적으로 수천 개의 잘 알려졌고 확립된 기독교 교파가 있는데, 그들은 서로 다른 방식으로 하나님을 예배하고 그분의 길을 이해한다.

혹자는 교회 안에 다양성이 존재하는 것이 시정될 필요가 있는 문제라고 생각한다. "'그들'은 아직 '우리'가 옳다는 메모를 받지 못했으며 '그들'이 [우리와] 일치하게 되는 순간 하나님의 뜻이 마침내 하늘에서 이루어진 것 같이 땅에서도 이루어질 것이다, 아멘."

오늘날 어떤 집단이 자기들이 우주의 창조주를 가장 잘 이해한다고 생각한다면 그것은 일종의 미친 짓이다. 이런 일을 보면 멀리 그리고 신속하게 달아나라.

성경에 등장하는 인물들을 포함하여 믿음의 사람들은 언제나 그들이 있는 곳에서 하나님을 만나고 그들의 맥락에서 그들의 문제를 질문하기 때문에 교회 안에 다양한 관점이 존재하는 것은 불가피하다.

우리가 누구인지가 언제나 우리의 영적 인식에 영향을 준다. 하나님은 아마도 다양성을 좋아하실 것이다. 하나님이 다양성을 좋아하시지 않는다면 우리가 하나님이 다양성을 잘 통제하지 못하셨다고 결론지어야할 것이다. 그러나 다양성은 아마도 하나님이 어떤 분이신가에 관해 우리에게 뭔가를 말해줄 것이다.

당신이 현재 속해 있는 공동체가 당신이 그들의 노선에서 벗어나 있기 때문에 당신의 영적 여정이 문제라고 생각한다면, 이 순간이야말로 당신이 다른 공동체를 찾아야 할 때일지도 모른다. 충동적으로 그렇게 해서는 안 된다. 그러나 어느 정도 시간이 지난 뒤 당신이 그곳에 속하지 않고,

당신이 그 공동체의 귀중한 구성원이 아니라 시정될 필요가 있는 문제라고 생각된다면, 그것은 하나님이 당신을 다른 곳으로 부르셔서 당신 스스로 [이전에 당신이 속했던 공동체의 입장에서 볼 때] "그들"이 결국 그렇게 나쁘지는 않다는 사실을 발견하게 하시는 것인지도 모른다.

그 결정은 매우 개인적이며(때로는 가족 전체와 관련될 수도 있다) 용기가 필요할 수도 있지만, 그것은 위험을 무릅쓸 가치가 있다. 어떤 변화도 없이 당신이 있는 곳에 계속 머무른다면 순응하거나 침묵을 지키라는 압력이 당신 안에서 서서히 작용하는 독처럼 작용하리라는 것 한 가지는 분명하다.

그리고 당신이 그 길로 너무 깊이 들어가면 괴로움과 원한으로부터 돌이키기가 어려울 수 있다. 특히 자녀들에게 말이다.

* * * *

유대교에 대해 어느 정도 알아보라. 유대인의 신앙과 삶에 관한 중세 초 유대교의 핵심 텍스트인 탈무드에 기록된 유명한 이야기 하나는 랍비들 사이의 논쟁을 기록한다. 그 논쟁은 부정해진 솥이 다시 정해지고 사용될 수 있는가에 관한 것이었다.

다수 의견은 안 된다는 것이었지만 엘레아자르(Eliezar)라는 랍비는 반대 의견을 냈다. 하지만 그것은 소용이 없었다. 동료들의 바보 같은 의견에 화가 난 그는 몇몇 기적으로 그들에게 도전했다. 내가 제대로 기억한다면, 그는 저쪽에 있는 나무에게 이동하라고 말했다. 그러자 그 나무가 저절로 뽑혀서 약 축구 경기장 길이만큼 이동했다. 그러나 다른 랍비들은 설득되지 않았다. 그들은 성경으로부터 자기들의 주장이 확실하다고 확신했고, 움직이는 나무도 그들을 달리 생각하게 설득하지 못했다.

엘레아자르는 포기하지 않았다. 그는 개울물이 거꾸로 흐르고 집의 벽들이 안으로 휘어지게 했지만 다른 랍비들도 같은 방식으로 대응했다. 마지막으로, 엘레아자르는 하늘에서 하나님의 음성이 들리면 그들이 납득할 것인지 물었다. 그때 하나님의 음성이 엘레아자르가 절대적으로 옳다고 선언했다.

이것도 통하지 않았다. 다른 랍비들은 하나님이 이미 시내산에서 그분의 토라를 주셨다고 대답했다. 그 토라에 하나님의 명령들은 "하늘에 있지 않고" 바로 이곳에 있어서 모든 사람이 이용할 수 있다고 기록되어 있다. 하나님은 토라에 기록된 자신의 말씀에 구속되시며, 따라서 하늘에서 나오는 그분의 음성조차 그 기록된 말씀을 바꾸지 못한다는 것이다.

이 말을 들으시고 하나님이 기뻐 웃으셨다. "내 자녀들이 나를 이겼다! 내 자녀들이 나를 이겼다!"

이 이야기는 유대교는 잘 다루는 반면 많은 그리스도인은 잘 다루지 못하는 듯한 뭔가를 보여준다. 그것은 바로 하나님이 사람들 사이의 논쟁과 사람과 하나님 사이의 논쟁을 원하신다는 것이다.

유대교의 중세 성경 주석이라는 풍요로운 전통에서 우리는 같은 종류의 태도를 볼 수 있다. 유대교의 현자들은 성경 구절들의 의미에 대해 논쟁하는데 종종 모순되는 설명들에 도달한다. 그리고 문제가 해결되어 최종적인 답변에 도달되지 않은 채 모든 설명이 기록되고 신성한 전통의 일부로 보존된다.

하지만 논쟁 가운데서도 그들은 다음과 같은 요소를 확언한다. 하나님이 존재하신다. 하나님이 우리에게 그분의 율법을 주셨다. 우리가 그것과 씨름하고, 비록 우리가 동의하지 않더라도 하나님의 율법을 지킴에 있어 그분께 영광을 돌리는 것이 중요하다. 그러나 논쟁 가능성을 죽이는 것은 신앙을 죽이는 처사다. 논쟁은 대화를 공동체의 중심에 있게 만든다.

논쟁을 끝내는 것과 올바른 대답을 얻는 것이 영적 삶에서 주된 지침이 아니다. 그리스도인들이 서로 그리고 하나님과 다투는 것은 좋은 일이다. 성경과 엎치락뒤치락하는 데서 하나님이 발견된다. 그 대화 안으로 들어가면 당신은 하나님이 그 논쟁의 일부가 될 준비를 하고서 기쁘게 웃으시면서 당신을 기다리고 계신다는 것을 발견할 것이다.

* * * *

그리스도인들이여, 성경으로부터 당신이 예수에게서 기대하는 수준보다 더 많은 것을 기대하지 말라. 하나님이 인간의 드라마 안으로 들어오셨다는 것이 기독교 신앙의 큰 신비다. 신학자들의 말마따나 하나님이 성육신하셨다(문자적으로는 "육신을 입으셨다").

이 예수는 1세기 갈릴리에서 유대인 여성에게서 태어나셨다. 다른 모든 사람과 마찬가지로 그는 유아에서 성인으로 성장하셨다. 그는 어떻게 그 지역의 언어를 말하는지, 어떻게 읽고 쓰는지, 어떻게 신발 끈을 매는지를 배우셨고 궁극적으로 직업으로 목수 일을 배우셨다.

그는 어떤 역사책에도 기록되지 않은 그의 문화의 행동방식과 미묘한 사회적 규칙들을 그의 부모와 시행착오를 통해 배우셨다. 그는 그 과정에서 요령을 터득하시기도 하고 실수하시기도 했다. 그는 당황, 분노, 행복, 유감, 수치, 놀라움, 슬픔을 느끼시곤 했다.

달리 말하자면 예수는 외계인이 아니셨고 단순히 인간의 옷을 입은 하나님도 아니셨다. 기독교 신학자들이 항상 말했던 바와 같이 그는 철두철미 인간이셨고, (기독교 신학자들이 때때로 이 점을 망각하지만) 특정한 종류의 인간이셨다. 그는 1세기 유대 지방이라는 로마 세계에 사셨던 유대인 남성이셨다.

예수가 당시에 거리를 걷고 계시는 모습을 보았더라면 당신은 아무런 특별한 점도 알아차리지 못했을 것이다. 그의 머리 주위에서 빛이 나오지 않았고 그의 눈에서 번개가 치지도 않았다. 그리고 우리 중 나머지와 마찬가지로 그는 고난의 기간을 겪고 궁극적으로 사망하셨다.

그것이 그리스도인들이 하나님께서 나타나신 방식이라고 믿는 내용이다. 그는 겸손하게 육신을 입으시고 문화 안에서, 인간의 이야기 안에서 1세기의 일상생활에 들어맞는 소작농으로 오셔서 고난을 받으시고 처형이라는 굴욕을 받으셨다. 수행원도 없었고, 특별대우를 받지도 않으셨고, 성대한 환영도 없었고, 유력 인사들에 대한 영향력도 없었다.

그리스도인들이 옳고 이것이 하나님이 나타나신 궁극적인 방식이라면 우리는 성경에서 다른 어떤 것도 기대하지 않아야 한다.

우리의 기대에 들어맞는 성경은 삶의 번잡하고 불편한 흥망성쇠 위로 올라가는 성경이다. 그런 성경은 그것의 환경에 낯선 외계인이고, 외부 세계의 거친 취급으로부터 안전하도록 유리 아래 보관된 부서지기 쉬운 두루마리다.

그런 성경은 전혀 예수와 비슷하지 않다. 그런 성경은 존재하지도 않는다.

성경이 현재의 모습대로 보이는 것은, 예수와 마찬가지로, 하나님이 나타나실 때 성경이 많은 일들 안에 놓여 있기 때문이다. 마태복음의 말마따나 임마누엘, 즉 하나님이 우리와 함께 계신다. 이것이 기독교 신앙의 역설이자 신비이자 좋은 소식이다.

우리가 성경이 자체의 관점에서—하나님의 관점에서—성경이 되도록 놔둔다면 우리는 도전, 울퉁불퉁함, 고대의 이상함에도 불구하고가 아니라 바로 그것들 때문에 육신을 입으신 이 하나님이 일하시는 것을 보게 될 것이다. 그것이 우리가 우리의 신성한 책을 쓰게 될 방식은 아니겠지만, 그것은 선하시고 현명하신 하나님께서 자신의 백성이 가지도록 허락하신 방식이다.

우리가 성경에 대한 우리의 버전을 방어하는 것이 아니라 참으로 겸손하게 성경을 이런 식으로 읽는다면 우리는 자신이 발견되기를 원하시는 모습대로의 하나님을 발견할 것이다.

성경이 우리에게 그렇게 말한다.

우리는 성경의 어디에 있었는가?

(수록된 순서대로)

1장 나는 세 번째 문을 택하겠다

낙타의 등과 비치볼에 관해. "이동할 수 있는 바위" 전통은 고린도전서 10:4에 등장한다. 바위로부터의 기적적인 물 공급을 언급하는 구약성경 구절은 출애굽기 17:1-7(광야에서 보낸 40년의 시작)과 민수기 20:1-13(40년의 끝)이다.

2장 하나님이 그 일을 하셨다고?!

다른 사람을 어떻게 대하지 않아야 하는가? 내가 하나님의 폭력에 관해 언급하는 성경 구절들은 다음과 같다. 창세기 6-7장; 22:1-19; 출애굽기 12:29-32; 14:26-31(그리고 15:1-19); 출애굽기 32장; 레위기 10:1-3. 사형에 처하는 성경의 율법들은 다음 구절들에 등장한다. 신명기 13:6-11; 레위기 20:10, 24:10-23; 출애굽기 31:12-17.

이 사악하고 끔찍한 가나안 족속들. 홍수 이야기는 창세기 6-9장에 등장하며, 함의 죄와 그의 아들 가나안의 저주 부분은 창세기 9:18-29에 등장한다. 창세기에서 가나안을 언급하는 다른 구절들은 12:6과 15:12-16(가나안의 거주자들은 "아모리 족속"이라고 불린다)이다.

진격 명령. 이스라엘 백성의 시내산 체류는 출애굽기 19장에서 시작하여 레위기를 거쳐 민수기 10장까지 계속된다(총 11개월). 그들은 거기서 캠프를 해체하고 가나안을 향해 갔다. 정탐꾼들은 민수기 13-14장에 기록되었으며, 정복을 위한 "진격 명령"은 신명기 20:10-20에서 주어진다(하지만 좀 더 완전한 그림을 얻으려면 1-9절을 보라).

여호수아서는 정복 자체를 기록한다. 여리고 성과 아이 성 이야기는 6-8장에 등장하고, 기브온 주민 사건은 9장에 나오며, "다섯 왕"과의 전투는 10:16-43에 등장한다. 이스라엘의 통제에 놓인 가나안의 서른한 개 성읍은 12:7-24에 기록되었고, 이스라엘 백성이 (가나안 땅으로 들어가는 도중에) 요단강을 건너기 전에 정복한 성읍들 이야기는 민수기 21:21-35에 등장한다.

가나안 족속을 완전히 쫓아내지 못했다는 사실은 사사기에서 언급되는데, 하나님이 그들이 존속하도록 허용하신 목적은 사사기 2:20-3:1에서 발견된다.

"예수는 사람들을 지옥에 보내기까지 하시는데, 가나안 족속 몇 명을 죽이는 것이 뭐가 그리 나쁜가?" 복음서들에서 게헨나를 언급하는 구절들은 다음과 같다. 마태복음 5:22, 29, 30; 10:28; 18:9; 23:15, 33; 마가복음 9:43, 45, 47; 누가복음 12:5. 예레미야는 예레미야 7:30-8:3과 19:4-9에서 "힌놈의 골짜기"를 언급한다(수 15:8도 보라). [지옥] 불에 대한 언급은 이사야 66:24에 나온다.

마태복음에서 "가나안 여성"은 15:21-28(마가복음에서는 7:24-30)에 등장한다. 이 점에 관해 내가 참조한 자료는 Kenton L. Sparks, "Gospel as Conquest: Mosaic Typology in Matthew 28:16-20," *Catholic Biblical Quarterly* 68 (2006): 651-63이다.

폭력적인 정치 권력 탈취에 대한 예수의 대답들은 요한복음 18:36과 마태복음 5:5, 9, 44-45(산상수훈)에서 취한 것이다. 구약성경의 예언서들에서 하나님의 백성이 전쟁에 종사하기보다는 그들 주위의 세상에 긍정적으로 영향을 끼친다는 예수의 견해를 예견하는 구절은 이사야 58:10이다.

하나님의 좀 더 친절한 측면. 이스라엘 백성을 향한 하나님의 자비와 노하기를 더디 하심을 언급하는 구절들은 출애굽기 34:6과 에스겔 18:23이다. 요나 4:2-3에서 이 단어들이 니느웨와 관련하여 사용된다. 하나님이 여리고의 라합에게 자비를 베푸신 이야기는 여호수아 6장에 나온다.

사상 최악의 죄인들. 가나안 족속의 총체적인 부도덕성은 레위기 19장에 요약되어 있다. 메사 왕이 자기 아이를 제물로 바친 사건은 열왕기하 3:4-27에 나온다. 성경에서 다른 아동 인신제사 사건은 창세기 22:1-19(이삭)과 사사기 11장(입다의 딸)에 기록되어 있다.

모압 족속들과 관련된 사건 및 포로가 된 처녀를 취하는 것은 민수기 31장에 등장한다(배경은 민 25장을 보라). 20세기에 자행된 대량 학살에 대한 수치는 http://en.wikipedia.org/wiki/List_of_genocides_by_death_toll에서 취한 것이다.

답변들을 캐내기. 이스라엘에 위치한 서른한 개 성읍(과 요단강의 다른 쪽에 위치한 네 개 성읍—헤스본, 시혼, 메드바, 디본[민 21:21-31을 보라])에 관한 고고학적 개요는 다음 문헌들을 따른다. Douglas A. Knight and Amy-Jill Levine, *The Meaning of the Bible: What the Jewish Scriptures and Christian Old Testament Can Teach Us* (HarperOne, 2011), 20-21과 Lawrence E. Stager, "Forging and Identity: The Emergence of Ancient Israel," 123-75, in *The Oxford History of the Biblical World*, ed. Michael D. Coogan (OUP, 1998).

이 장이 왜 매우 중요하고 아주 긴가? 320킬로미터에 달하는 피의 강에 대한 언급은 요한계시록 요한계시록 14:17-20에서 나온 것이다. 말하는 동물들은 창세기 3:1-7(뱀)과 민수기 22:22-40(나귀)에 나온다. 십계명은 출애굽기 20:2-17과 신명기 5:6-21(다른 버전)에 등장한다. 재산으로서 처녀 딸에 관한 율법은 출애굽기 22:16-17에서 발견되며, 식사 율법은 레위기 11장에서 발견되고, 패역한 아들을 돌로 쳐 죽이라는 명령은 신명기 21:18-21에 등장한다. "스올"(죽은 자들의 거소)에 관한 많은 언급 중 하나는 시편 6:5이다.

3장 하나님은 이야기들을 좋아하신다

예수의 이야기들. 예수가 성전 상들을 엎으시는 장면은 마태복음 21:12-17, 마가복음 11:15-19, 누가복음 19:45-48, 요한복음 2:13-25에서 발견된다.

아기 예수. 탄생 이야기들은 마태복음 1:18-2:23과 누가복음 1:5-2:40에서 발견된다. 마태복음의 출애굽기 인유(allusion)는 출애굽기 13:17-22(불기둥)과 1:22(남자 아기들을 익사시킴)에서 나왔다. 마리아의 찬가에 반향된 한나의 노래는 사무엘상 2:1-10에서 발견된다.

누가 그 중요한 순간을 보았는가? 부활 기사들은 마태복음 27:62-28:20, 마가복음 16:1-8(짧은 결말)과 16:9-20(긴 결말), 누가복음 24장, 요한복음 20-21장에 기록되어 있다. "의심하는 도마"의 고백에 대한 예수의 반응은 요한복음 20:29에 실려 있다.

이스라엘의 이야기들. 이스라엘의 북왕국과 남왕국 분열의 원인은 열왕기상 11-12장에 나온다. 북왕국이 아시리아인들에게 패한 이야기는 열왕기하 17장에 나오고 남왕국이 바빌로니아인들에게 패한 이야기는 열왕기하 24-25장에 나온다. 분열된 왕국의 왕들의 이야기들은 열왕기상 12장-열왕기하 25장과 역대하 10-36장(남왕국 유다만 기록됨)에 나온다.

하나님이 예언자 나단을 통해 다윗에게 영원한 왕위를 주시겠다고 한 약속은 사무엘하 7:1-17(특히 16절)과 역대상 17:1-15(특히 14절)에 나온다.

과거는 현재에 봉사한다. 다윗의 생애의 드라마들은 사무엘하 11-24장(밧세바 사건은 11:1-12:23)에 등장한다. 권력 이양은 열왕기상 1-2장과 역대상 23:1에 나오고, 솔로몬의 성전 건축은 열왕기상 6장에 나오며, 성전 건축 준비에 있어 다윗의 역할에 대한 긴 첨가는 역대상 22-29장에 나온다.

정치 지형도 엿보기. 창세기에 등장하는 군주제의 서막에 관해 내가 참고한 자료는 Gary A. Rendsburg, "The Genesis of the Bible," http://jewishstudies.rutgers.edu/component/docman/doc_view/117-the-genesis-of-the-bible?Itemid=158이다. 정도는 덜하지만 Jon D. Levenson, *The Death and Resurrection of the Beloved Son: The Transformation of Child Sacrifice in Judaism and Christianity*(Yale University Press, 1995)도 참고했다.

바벨탑 이야기는 창세기 11:1-9에 등장한다. 롯의 딸들에게서 모압과 암몬이 태어난 이야기는 창세기 19:30-38에 나온다. 에서는 창세기 25:29-34에서 장자권을 판다. 다윗의 에돔 지배는 사무엘하 8:14에서 언급되며, 에돔의 반역은 열왕기상 11:14-22과 열왕기하 8:20-24에 나온다(서막은 창 27:39-40을 보라).

아브라함이 가나안으로 간 여정과 이후 기근을 피해 이집트로 간 일 및 재물을 가지고 돌아온 일은 창세기 11:31-12:20에서 발견된다. 이 에피소드들에 대한 병행 사건들은 창세기 46장(야곱과 그의 가족이 기근을 피해 이집트로 간다), 출애굽기 7:14-12:32(역병들), 출애굽기 12:31-36(모세가 파라오에게 불려가고 이스라엘 백성이 재물을 가지고 이집트를 떠난다)에 등장한다. 아브라함이 하나님과 맺은 "영원한 언약"은 창세기 17:7에 나오고 다윗이 하나님과 맺은 언약은 사무엘하 7:16에 나온다.

동생을 우대한다. "총애받는 동생 주제"는 창세기 4:1-16(아벨 대 가인), 창세기 21:8-21(이삭 대 이스마엘), 창세기 25:29-34과 27:1-29(야곱 대 에서), 창세기 37-50장(요셉 대 그의 형제들), 출애굽기 7:7(모세 대 아론), 사무엘상

16:1-13(다윗 대 그의 형제들), 열왕기상 1-2장(솔로몬 대 아도니야)에서 발견된다. 존 레벤슨(Jon Levenson)은 『사랑받는 아들의 죽음과 부활』(The Death and Resurrection of the Beloved Son)에서 이 예들 및 다른 예들을 제시한다.

아담, 그대는 누구인가? 이스라엘의 이야기를 반향하는 아담과 하와 이야기는 창세기 2-3장에서 발견된다. 그 땅에 머무르는 것으로서의 생명과 유배로서의 죽음에 대한 언급은 신명기 30:11-20과 에스겔 37:1-14에 나온다. "하나님과 씨름하다"를 의미하는 이스라엘이라는 이름은 창세기 32:28에서 주어진다.

출애굽 이야기. 이집트에서 구원받은 성인 남성의 수는 민수기 26:51에서 제시된다.

신들이 싸울 때. 역병 이야기에서 아론의 지팡이가 파라오의 고문들의 지팡이들을 삼킨 것에 대한 언급은 출애굽기 7:8-13에 나온다. 신들의 싸움에 대해 내가 언급한 다른 사건들은 출애굽기 7:14-25, 8:1-15, 10:21-29, 12:29-32(12:12도 보라)에 등장한다.

하나님이 "깊음"을 나누시는 창조의 날들은 둘째 날과 셋째 날이며 그 이야기는 창세기 1:6-10절에서 발견된다. 창조를 물들을 나누는 것으로 보는 아이디어는 시편 74:12-13, 77:16, 104:7-9에서 볼 수 있다. 시편 74:12-13은 바다 괴물 라합도 언급하며 시편 89:9-10은 용들을 언급한다 (「에누마 엘리시」의 티아마트는 괴물로 묘사되었다). 창조 이야기를 반향하는, 홍해를 가른 사건에 대한 묘사는 출애굽기 14:15과 21절에 기록되어 있다.

물로 무슨 일을 하는 것인가? 출애굽기 2:3에서 모세의 바구니는 **테바** (*tevah*, 방주)라고 불린다.

4장 하나님은 왜 마음을 굳히시지 않는가?

"내가 네게 무엇을 하라고 말하기를 원했더라면 그렇게 했을 것이다"— 하나님의 말씀. 잠언에서 "부"에 관해 인용된 구절들은 10:15, 18:11, 10:16, 11:28이다.

성경 저자들이 변덕스러워질 때. 전도서에서 인용된 "지혜에 반대하는" 구절들은 1:18과 7:16이다. 죽음에 대한 코헬레트의 음울한 묵상은 1:11 에 나오고, 전도서 말미의 긍정적인 언급은 12:9-14에 나온다.

"제발 내게 성경을 인용하지 말라, 나는 하나님이다."—하나님이 욥과 그 의 친구들에게 하시는 말씀. 욥의 부침(浮沈)과 대적의 도전은 욥기 1-2장 에서 설명된다. 그의 친구들은 4장에서 욥이 자신이 한 일에 합당한 대가 를 받는다고 욥을 설득하기 시작한다. 욥이 자신의 무죄를 항변하는 초기 의 예는 6장에 수록되어 있다. 하나님의 말씀은 38-41장에 나오며, 욥의 친구들에 대한 하나님의 질책은 42:7에 나온다.

여러 하나님이 존재하는가? (이것은 속임수 질문이 아니다). "우상들을 조롱 하는" 구절들은 이사야 44:6-20, 예레미야 10:1-16, 열왕기 18:16-46이 다. 야웨를 많은 신 중 하나로 언급하는 시편은 95:3, 96:4, 97:9, 135:5이다. 하나님이 "우리가…인간을 만들자"라고 하신 말씀은 창세기 1:26에 나온다.

하나님은 평균적인 사람처럼 보이신다. 예들은 아담 이야기(창 2-3장), 노 아 이야기(창 6장), 이삭을 제물로 드릴 뻔한 이야기(창 22:1-19), 금송아지 사건(출 32장)에서 취해졌다. 예수가 땀을 핏방울같이 흘리신 일화는 누가 복음 22:43-44에서 발견된다.

하나님이 율법을 제정하신다. 출애굽기 31:18은 하나님의 손이 돌판에 새 겼다고 말한다.

5장 예수는 성경보다 크시다

예수는 성경 과목에서 "F" 학점을 받으신다. 예수의 불타는 덤불 이야기 (출 3:6) 해석은 누가복음 20:27-40에서 발견된다(마 22:23-33과 막 12:18-27 도 보라).

예수가 성경을 엉망으로 만드신다. 마태복음 16:15-17은 복음서들에서 예수가 메시아라는 칭호를 받아들이시는 사례 중 하나다(막 8:29-30과 눅 9:20-22도 보라).

예수의 시편 110편 해석은 마가복음 12:35-37에 나온다(마 22:41-46 과 눅 20:41-44도 보라). 그의 시편 82편 해석은 요한복음 10:34-36에 나온 다.

예수: 모세 2.0. 자신이 율법과 예언자들을 완성하러 오셨다는 예수의 단언은 산상수훈의 앞부분인 마 5:17-19에 나온다. 살인(5:21-26), 간음(5:27-30), 이혼(5:31-32), 엄숙한 맹세(5:33-37), 눈에는 눈이라는 동해보복(同害報復, 5:38-42), 원수 사랑(5:43-48)에 관해 구체적인 언급이 이뤄진다. 예수를 따르는 것이 가족에 대한 의무보다 우선한다는 내용은 마태복음 8:21-22(눅 9:59-62도 보라)과 12:46-50(막 3:31-35 및 눅 8:19-21도 보라)에서 발견된다.

예수가 시비를 거신다. 안식일에 곡식을 딴 일화는 마가복음 2:23-28(마 12:1-8과 눅 6:1-5도 보라)에 나오고, 예수가 언급하시는 다윗의 이야기는 사무엘상 21:1-6에 나온다. 기계적인 제사 관행보다 정의와 의의 실천을 우위에 둔 구약성경 예언자들에 대한 참조 구절은 호세아 6:6, 아모스 5:21-25, 이사야 1:10-17, 예레미야 7:21-23이다.

식사 율법에 관한 사건은 마태복음 15:1-20과 마가복음 7:1-23에 등장한다(식사 율법 자체는 레 11장에 나온다). 사도행전에서 식사 율법이 최초로 등장하는 것으로 보이는 구절은 사도행전 10:1-33이다. 바울은 로마서 14:1-15:6에서 식사 율법에 대해 논의한다.

6장 아무도 이 일이 다가오고 있음을 알지 못했다

좋은 소식이 있다! 우리의 지도자가 로마인들에게 처형당하셨다! 와서 우리에게 합류하라! 베드로가 예수가 자신이 죽은 뒤 다시 살아나리라고 말씀하신 것에 항변한 일과 예수가 베드로를 "사탄"이라고 부르신 일은 마태복음 16:21-23에 나온다. 그리스도 안의 "새 피조물"에 대한 바울의 언급은 고린도후서 5:17에 등장한다. "위로부터 나는" 것은 요한복음 3:7에 나오고, "거듭나는" 것은 베드로전서 1:23에 나온다.

"그것은 모두 나에 관한 말이다."— 예수의 말씀(누가복음과 마태복음에 따름). 자신이 구약성경 전체의 목표이자 초점이라는 예수의 설명은 누가복음 24:36-49에 나온다. 소년 예수가 이집트에서 나온 것이 구약성경의 성취라는 마태의 언급은 마태복음 2:15-16에 나오는데, 이는 호세아 11:1을 인용한 것이다. "아기의 목숨을 찾던 자들이 죽었다"는 보장의 말에 힘입어 고향으로 돌아온 일은 마태복음 2:20에 나오는데, 이는 출애굽기 4:19에서 하나님이 모세에게 하신 말씀을 닮았다.

우리가 아직도 그곳에 있는가? 예수의 좌우편에 앉게 해 달라는 야고보와 요한 형제의 부탁은 마가복음 10:35-45에 나온다(마 20:20-28도 보라).

마태가 다윗 계열의 메시아가 유배를 끝내는 것을 강조하는 예수의 족보는 마태복음 1:1-17에 나온다(마태의 족보와는 매우 다른 누가의 족보는 눅 3:23-38에 나온다). 팔복(온유한 자는 복이 있다 등)은 마태복음 5:1-12에 기록되어 있다. 복음서에서 세례 요한이 "광야에 외치는 자의 소리"라고 언급하는 구절은 마태복음 3:3, 마가복음 1:1-3, 누가복음 3:4-6, 요한복음 1:23이다. 마태복음이 유배의 종식을 최종적으로 비튼 내용은 28:16-20에 나온다. 예수가 "유배를 끝내는" 것에 대한 일반적인 아이디어는 N. T. Wright, *Jesus and the Victory of God*(Fortress, 1997, 『예수와 하나님의 승리』[CH 북스 역간])에서 자세하게 설명된다.

유대인의 구주가 아니라 세상의 구주이신 예수. 누가복음에서 (유배를 끝냄으로써) 유대인을 구원하겠다는 약속으로서의 예수 탄생에 관해 가브리엘 천사가 마리아에게 알려준 사건은 1:26-38에 기록되어 있고, 하나님에 대한 마리아의 찬양은 1:46-56에 나온다(그 찬양은 삼상 2:1-10에 기록된 한나의 노래를 반향한다). 스가랴의 찬양은 1:67-79에 기록되어 있고, 시므온의 예언은 2:25-32에 나오며(사 49:6을 인용한다), 안나의 예언은 2:36-38에 나온다. 예수가 최초로 대중 앞에 등장하신 것은 누가복음 4:16-30에 나오는데, 그곳에서 누가는 메시아에 대한 기대의 방향을 전환하기 시작한다. 예수는 누가복음 7:49에서 죄를 용서하시는데, 이는 신성을 모독하는 처사다.

아무도 묻지 않고 있던 질문에 대한 하나님의 답변. 바울은 갈라디아서 2:6-14에서 자기가 베드로와 논쟁한 일을 언급한다. 예수 운동을 중단시키려던 바울의 열정은 사도행전 8:1-3에 기록되었으며, 사도행전 9:1-31은 바울이 예루살렘에 있는 대제사장에게서 다메섹에 있는 예수 추종자들을 체포할 허가장을 받은 것과 부활하신 그리스도를 만나는 경험을 한 것을 언급한다. 갈라디아서 1:18에서 바울이 그의 다메섹 도상 경험 후 예루살렘으로 돌아가기 전에 3년을 기다렸다고 말한다. 이방인들을 대하는 바울의 태도에 대한 베드로의 저항은 갈라디아서 2:11-14에 나온다.

이방인들이 포함된 것을 "신비"라고 부르는 구절은 에베소서 3:5-6이다. 이제 더 이상 "유대인이나 그리스인"이 구분되지 않는다는 바울의 선언은 로마서 10:12과 갈라디아서 3:28에 등장한다. 그리스도의 죽음과 부활이 유대인과 이방인 사이의 "적개심의 벽"을 허물었다는 내용은 에

베소서 2:14에 나온다.

"토라? 아, 그거. 그건 일시적이었을 뿐이야."—하나님의 말씀(바울에게 전해진 내용). 바울이 "그리스도를 얻기" 위해 이전에 율법을 준수하던 자신의 삶을 "쓰레기"로 여긴다고 한 말은 갈라디아서 3:8에 나온다. 율법의 폐지는 에베소서 2:15에 나온다.

바울의 아브라함 이야기 해석은 로마서 4장에 등장하는데, 아브라함의 "믿음"(창 15:6)에 대한 바울의 신기한 해석은 4:3절에 나온다. 토라가 인간 드라마에서 나중에 등장했다(따라서 핵심이 아니다)는 내용은 로마서 5:20에 나온다(이 대목에서 율법에 대한 바울의 관점은 시편 119:105 같은 구절들과 아귀가 맞지 않는다). 토라가 일시적인 보호자라는 바울의 언급은 갈라디아서 4:1-7에 나오며, 그가 사라와 하갈의 이야기(창 16장과 21:8-21)를 예기치 않은 방식으로 다루는 것은 갈라디아서 4:21-5:1에 나온다.

"스스로 거세하라"와 기타 영적 조언. 어떤 사람이 하나님의 사람임을 나타내는 진정한 표지인 사랑으로 역사하는 믿음은 갈라디아서 5:6에 나온다. 아브라함에게 할례를 받으라고 하신 명령은 창세기 17:9-14에서 발견되며, 바울이 그의 대적에게 스스로 거세하라고 한 조언은 갈라디아서 5:12에 나온다.

식사 율법 준수 여부의 문제(약한 형제와 강한 형제)는 로마서 14:1-15:13에서 제시된다.

하나님의 말씀이 양쪽에 날이 선 검으로 묘사된 구절은 히브리서 4:19이다.

내가 탈무드에서 언급한 단락은 *Bava Metzia* 59b에 수록되어 있으며, 거기서 언급된 토라의 단락은 신명기 30:12이다(신 17:11도 보라).

마태가 예수를 임마누엘이라고 묘사한 내용은 마태복음 1:23에 나온다.

내가 계속 언급하는 몇몇 날

(그리고 약간의 다른 날들)

몇몇 날을 그림 안으로 들여오지 않으면 성경, 특히 (2장과 3장에 기록된 것 같은) 성경과 역사의 관계에 대해 말할 수 없다. 나는 내가 이 책에서 언급하는 날들과 그 그림을 이해하도록 도움을 줄 수도 있는 몇몇 날을 제시한다. 몇몇 날은 근사치이지만 실제 일자에 충분히 가깝다.

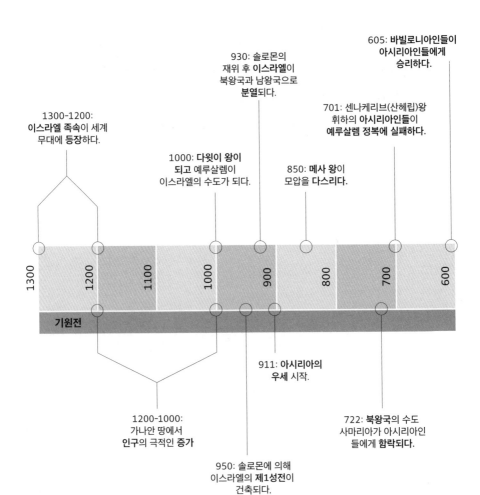

605: 바빌로니아인들이
아시리아인들에게
승리하다.

930: 솔로몬의
재위 후 **이스라엘**이
북왕국과 남왕국으로
분열되다.

701: 센나케리브(산헤립)왕
휘하의 **아시리아인들**이
예루살렘 정복에 실패하다.

1300-1200:
이스라엘 족속이 세계
무대에 **등장**하다.

1000: **다윗이 왕**이
되고 예루살렘이
이스라엘의 수도가 되다.

850: **메사 왕**이
모압을 다스리다.

1300 1200 1100 1000 900 800 700 600

기원전

911: **아시리아의
우세 시작.**

1200-1000:
가나안 땅에서
인구의 극적인 증가

722: **북왕국의 수도**
사마리아가 아시리아인
들에게 **함락되다.**

950: 솔로몬에 의해
이스라엘의 **제1성전**이
건축되다.

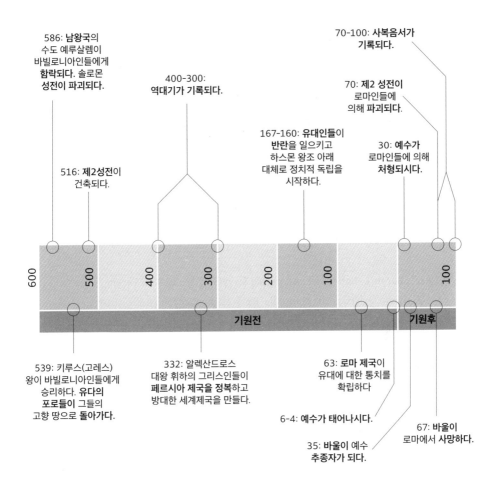

586: **남왕국**의 수도 예루살렘이 바빌로니아인들에게 **함락되다**. 솔로몬 성전이 파괴되다.

400-300: **역대기가 기록되다**.

70-100: **사복음서가 기록되다**.

516: **제2성전**이 건축되다.

167-160: **유대인들**이 **반란**을 일으키고 하스몬 왕조 아래 대체로 정치적 독립을 시작하다.

70: **제2 성전**이 로마인들에 의해 **파괴되다**.

30: **예수**가 로마인들에 의해 **처형되시다**.

600
500
400
300
200
100

기원전

기원후

100

539: 키루스(고레스) 왕이 바빌로니아인들에게 승리하다. **유다**의 **포로들**이 그들의 고향 땅으로 **돌아가다**.

332: 알렉산드로스 대왕 휘하의 그리스인들이 **페르시아 제국**을 **정복**하고 방대한 세계제국을 만들다.

63: **로마 제국**이 유대에 대한 통치를 확립하다

6-4: **예수**가 태어나시다.

35: **바울**이 예수 추종자가 되다.

67: **바울**이 로마에서 **사망하다**.

당신이 나를 믿지 않고 좀 더 읽기를 원할 경우

물론 나는 농담하고 있다. 독서는 좋은 일이다. 그리고 내가 이 책에서 다룬 내용 중 어떤 부분에 관해 좀 더 읽기 원하는 독자를 위해 나는 아래에 몇몇 추천서를 열거한다. 이 책들 중 일부는 모호하지는 않지만 다소 학문적이다. 나는 그런 책들에는 별표 표시를 해 두었다.

내가 이 모든 책의 모든 내용에 동의한다거나 이 저자들이 내가 말한 모든 것에 동의한다고 생각하지 말라. 우리가 그물을 더 넓게 펼수록 우리의 사고가 좀 더 깊어질 것이다. 그것은 바보 같은 비유지만 나는 당신이 내가 무슨 말을 하려고 하는지 이해하리라고 확신한다.

Baker, Sharon L. *Razing Hell: Rethinking Everything You've Been Taught About God's Wrath and Judgment*. Louisville, KY: Westminster John Knox, 2010.

*Batto, Bernard. *Slaying the Serpent: Mythmaking in the Biblical Tradition*. Louisville, KY: Westminster John Knox, 1992.

Bell, Rob. *Love Wins: A Book About Heaven, Hell, and the Fate of Every Person Who Ever Lived*. San Francisco: HarperOne, 2011.

Brettler, Marc Zvi, Peter Enns, and Daniel Harrington, SJ. *The Bible and the Believer: Reading the Bible Critically and Religiously*. Oxford: Oxford University Press, 2012.

*Brown, Raymond E., and Francis J. Moloney S.D.B. *An Introduction to the Gospel of John*. New York: Doubleday, 2003.

Brueggemann, Walter. *An Unsettling God: The Heart of the Hebrew Bible*. Minneapolis: Fortress Press, 2009.

*_____. *Theology of the Old Testament: Testimony, Dispute, Advocacy*. Minneapolis: Fortress Press, 1997.

Burridge, Richard A. *Four Gospels, One Jesus? A Symbolic Reading*. Grand Rapids: Eerdmans, 2005.

*Campbell, Anthony F., and Mark A. O'Brien. *Unfolding the Deuteronomistic History: Origins, Upgrades, Present Text*. Minneapolis: Fortress Press, 2000.

*Clifford, Richard J. *Creation Accounts in the Ancient Near East and in the Bible*. Washington, DC: Catholic Biblical Association of America, 1994.

Dever, William G. *Who Were the Israelites and Where Did They Come From?* Grand Rapids: Eerdmans, 2006.

*Dillard, Raymond B. *2 Chronicles*. Nashville: Thomas Nelson, 1988.

*Dunn, James D. G. *The New Perspective on Paul*. Grand Rapids: Eerdmans, 2007 (『바울에 관한 새 관점이란 무엇인가?』, 감은사 역간).

Earl, Douglass S. *The Joshua Delusion: Rethinking Genocide in the Bible*. Eugene, OR: Cascade, 2011.

Enns, Peter, and Jared Byas. *Genesis for Normal People: A Guide to the Most Controversial, Misunderstood, and Abused Book of the Bible*. Colorado Springs: Patheos Press, 2012.

Enns, Peter. *Ecclesiastes*. Grand Rapids: Eerdmans, 2012.

_____. *Inspiration and Incarnation: Evangelicals and the Problem of the Old Testament*. Grand Rapids: Baker, 2005.

_____. *The Evolution of Adam: What the Bible Does and Doesn't Say About Human Origins*. Grand Rapids: Baker, 2012 (『아담의 진화: 성경은 인류 기원에 대해서 무엇을 말하는가』, 기독교문서선교회 역간).

*Goldingay, John. *Theological Diversity and the Authority of the Old Testament*. Grand Rapids: Eerdmans, 1987.

Gorman, Michael. *Reading Paul*. Eugene, OR: Cascade, 2008.

Hawk, L. Daniel. *Joshua in 3-D: A Commentary on Biblical Conquest and Manifest Destiny*. Eugene, OR: Cascade, 2011.

*Japhet, Sara. *The Ideology of the Book of Chronicles and Its Place in Biblical Thought*. Ann Arbor: American Oriental Society, 2009.

Jenkins, Philip. *Laying Down the Sword: Why We Can't Ignore the Bible's Violent Verses*. San Francisco: HarperOne, 2011.

Johnson, Luke Timothy. *The Real Jesus: The Misguided Quest for the Historical Jesus and the Truth of the Traditional Gospels*. San Francisco: HarperSanFrancisco, 1996.

Knight, Douglas A., and Amy-Jill Levine, *The Meaning of the Bible: What the Jewish Scriptures and Christian Old Testament Can Teach Us*. San Francisco: HarperOne, 2011.

Kugel, James L. *How to Read the Bible: A Guide to Scripture, Then and Now*. New York: Free Press, 2008.

*_____. *Traditions of the Bible: A Guide to the Bible as It Was at the Start of the Common Era*. Cambridge, MA: Harvard University Press, 1998.

Levenson, Jon D. *Creation and the Persistence of Evil: The Jewish Drama of Divine Omnipotence*. Princeton, NJ: Princeton University Press, 1994(『하나님의 창조와 악의 잔존』, 새물결플러스 역간).

_____. *The Death and Resurrection of the Beloved Son: The Transformation of Child Sacrifice in Judaism and Christianity*. New Haven, CT: Yale University Press, 1995.

_____. *Sinai and Zion: An Entry into the Jewish Bible*. San Francisco: HarperSanFrancisco, 1987.

Levine, Amy-Jill, and Marc Zvi Brettler. *The Jewish Annotated New Testament*. Oxford: Oxford University Press, 2011.

*Miller, J. M., and J. H. Hayes. *A History of Ancient Israel and Judah*. Second edition. Louisville, KY: Westminster John Knox, 2006.

*Moore, Megan Bishop, and Brad E. Kell. *Biblical History and Israel's Past: The Changing Study of the Bible and History*. Grand Rapids: Eerdmans, 2011.

Moyise, Steve. *Paul and Scripture: Studying the New Testament Use of the Old Testament*. Grand Rapids: Baker, 2010.

Nickle, Keith F. *The Synoptic Gospels: An Introduction*. Louisville, KY: Westminster John Knox, 2001.

Perriman, Andrew. *Heaven and Hell in Narrative Perspective*. CreateSpace Independent Publishing Platform, 2012.

Rendsburg, Gary A. "The Genesis of the Bible." June 19, 2014 접속. http://jewishstudies.rutgers.edu/component/docman/doc_view/117-the genesis-of-the-bible?Itemid=158.

*Seibert, Eric. *Disturbing Divine Behavior: Troubling Old Testament Images of God*. Minneapolis: Fortress Press, 2009.

*Smith, Mark S. *The Memoirs of God: History, Memory, and the Experience of the Divine in Ancient Israel*. Minneapolis: Fortress Press, 2004.

*Sparks, Kenton L. "Gospel as Conquest: Mosaic Typology in Matthew 28:16-20." *Catholic Bible Quarterly* 68 (2006): 651-663.

*_____. *The Mystery of Israel's Origins: An Introduction and Proposals*. Oxford: Oxford University Press, 2014.

*Stager, Lawrence E. "Forging and Identity: The Emergence of Ancient Israel," in *The Oxford History of the Biblical World*, ed. Michael D. Coogan. Oxford: Oxford University Press, 1998.

Stark, Thomas. *The Human Faces of God: What Scripture Reveals When It Gets God Wrong* (and Why Inerrancy Tries to Hide It). Eugene, OR: Wipf and Stock, 2010.

*Thomas, Heath A., Jeremy Evans, and Paul Copan, eds. *Holy War in the Bible: Christian Morality and an Old Testament Problem*. Downers Grove, IL: InterVarsity Press, 2013.

Williamson, H. G. M. *1 and 2 Chronicles*. Grand Rapids: Eerdmans, 1982.

Wright, N. T. *How God Became King: The Forgotten Story of the Gospels*. San Francisco: HarperOne, 2012(『하나님은 어떻게 왕이 되셨나』, 에클레시아북스 역간).

*_____. *Jesus and the Victory of God*. Minneapolis: Fortress Press, 1997(『예수와 하나

님의 승리』, CH북스 역간).

_____. *Paul in Fresh Perspective*. Minneapolis: Fortress Press, 2005.

_____. *Simply Jesus: A New Vision of Who He Was, What He Did, and Why It Matters*. San Francisco: HarperOne, 2011.

Zehr, Paul M. *Biblical Criticism in the Life of the Church*. Harrisonburg, VA: Herald, 1986.

나는 나 자신에게 감사하고 싶다. 저술은 고된 작업이며 나는 녹초가 되었다.

나 외에 아래의 존재에게 감사하고 싶다.

내가 작업할 때 페이스북과 내 이메일 계정을 열어둘 수 있게 해 주고, 동시에 타이핑할 때 스펠링을 모니터하여 나 자신의 무작위적인 문법 규칙을 만들어내지 않을 수 있게 해주는 장치를 만든 애플사와 마이크로소프트사에게 감사한다.

내가 지금 가치 있는 말을 할 만한 것이 없기 때문에 망연히 내 책이 진행되는 것을 지켜보는 동안 내 컴퓨터 스크린의 윈도우를 열어 양키스 팀의 경기를 볼 수 있게 해 준 MLB.TV에 감사한다.

생각할 수 있는 모든 정보―그중 일부는 정확하다―를 갖추고 있다가 내가 필요로 할 때 즉각적으로 제공해 주는, 전능하고 어느 곳에나 존재하는 인터넷(그리고 버라이즌 FIOS)에게 감사한다. 그리고 유투브에게 감사한다.

데이비드 빈슨(David Vinson), J. R. 대니얼 커크(J. R. Daniel Kirk), 브래들리 C. 그레고리(Bradley C. Gregory), 샘 보이드(Sam Boyd), 데이비드 윌리리엄스(David Williams), 나단 마스트냐크(Nathan Mastnjak), 리스 포터(Lise Porter), 엘리자베스 엔스 페터스(Elizabeth Enns Petters), 에릭 플레트(Eric

Flett), 드와이트 피터슨(Dwight Peterson), A. J. 레빈(A. J. Levine), 안소니 르도네(Anthony Le Donne), 크리스토퍼 키스(Christopher Keith), 스티브 보해넌(Steve Bohannon), 켄트 스팍스(Kent Sparks), 존 프랭키(John Franke)와 현재 복음주의 증거 보호 프로그램(Evangelical Witness Protection Program)에서 일하고 있는 이름을 열거하지 않은 많은 친구에게 감사한다. 그들은 이 책의 다양한 초안의 일부를 읽고, 진지하고 통찰력이 있으며 귀중한 피드백을 제공해 주었다. 이들의 도움으로 이 책이 훨씬 좋은 책이 되었다. 따라서 이 책에 남아 있는 실수에 대해서는 모두 그들에게 책임이 있다. 나는 그들을 믿었을 뿐이다.

웨스트민스터 신학교는 초기에 나를 위해 많은 창과 문을 열어주었는데, 나는 이후 그중 일부를 닫을 필요가 있었다.

나의 하버드 대학교 은사님들이신 제임스 L. 쿠걸(James L. Kugel)과 존. D. 레벤슨(Jon D. Levenson)에게 감사한다. 그분들은 이방인에게 성경을 주의 깊고 존중하는 마음으로 그리고 과거에 대해 내가 깨달았던 것보다 훨씬 넓고 깊이 열린 눈으로 읽는다는 것이 무엇을 의미하는지를 기꺼이 가르쳐주셨다.

하퍼원 출판사의 편집인 미키 모들린(Mickey Maudlin)과 그의 멋진 팀의 전문성과 인도에 감사한다. 그들은 때때로 내가 말하고자 하는 바를 나보다 더 잘 알았고, 여러 당황스러운 일로부터 나를 지켜 주었으며, 이 책의 작업을 하는 첫날부터 열정적으로 일했다.

크리에이티브 트러스트(Creative Trust)의 내 에이전트인 캐시 헬머스(Kathy Helmers)는 내가 최초로 **"귀하는 나를 모르지만 내가 쓰고 싶은 책이 있습니다"**라는 이메일을 보낸 때부터 나와 함께했고, 내 마음을 읽을 줄 알았고, 내가 지혜롭고 직관적이고 솜씨 있게 비전을 품도록 도움을 주었고, 책들보다 개들과 야구를 더 좋아했다.

내 개 기즈모와 마일리는 당장 밖에 나가 뭔가를 쫓아다니다 간식을 먹으러 돌아올 필요가 있어서 내가 책을 쓰다가 15분마다 쉴 수 있게 해 주었다. 내 고양이 마말레이드는 내 키보드에 올라왔고 다른 고양이 스노우이는 너무 뚱뚱해서 그렇게 한다는 것을 생각조차 할 수 없어서 한쪽에 앉아 있었다.

예수를 따르기 위해 노력하고 있는 이스턴 대학교의 내 제자들은 중요한 질문을 하고, 삶을 이해하고, 졸업하고 취직한 **지금도** 비합리적인 나의 많은 과제를 제 때(나는 이 단어로 "상당히 늦게"를 의미한다) 이행하고 있다. 그들은 내가 왜 이 모든 일을 하는지를 상기시켜 주기도 한다.

성 마태 감독 교회는 우리에게 일요일마다 약 12분 동안 예수에 관해 진지하고 깊이 있게 말해주고, 나머지 시간 동안 예수를 보여주고, 나를 포함한 많은 여행자에게 휴식과 시원한 물 한 컵을 주었다.

내 아내 수(Sue, 문법의 달인, 빠진 단어 발견자, 동사 시제 교정자)는 거의 마지막 단계에서 원고 전체를 읽고 많은 실수를 잡아냈다. 내 딸 리즈 엔스 페터스(Lizz Enns Petters, "나는 여덟 살 때부터 아빠보다 철자를 더 정확하게 쓸 수 있었고 낱말 찾기 게임에서 아빠를 이길 수 있었어요")는 저술 초기부터 원고를 읽었다. 큰아이 에릭(Erich, "나는 책을 쓸 수 있으리라고는 상상할 수 없지만 아빠의 책을 비평할 수 있어서 기뻐요")과 소피아(Sophia, "친구들에게 아빠가 무슨 일을 하는지 말하려고 할 때 무슨 말을 할지 모르겠어요")도 언제나 나를 지지했다. 사실 내가 쓴 모든 단어는 이들을 염두에 둔 것이다.

내 생각을 글로 정리할 수 있는 시간과 기회 및 그 일을 할 수 있도록 책상이 있는 집을 주신 하나님께 감사한다. 나는 기도 책이 말하듯이 "모든 일에 그리고 모든 곳에서 하늘과 땅의 창조자이신 전능하신 하나님 아버지께 기도하는 것은 옳고 선하고 즐거운 일"이라는 것을 지금도 배우고 있으며 이 복을 당연한 것으로 여기지 않는다.

성경 너머로 성경 읽기

성경을 방어하는 대신 성경을 신뢰하며 읽기

Copyright ⓒ 새물결플러스 2024

1쇄 발행 2024년 8월 14일

지은이 피터 엔스
옮긴이 노동래
펴낸이 김요한
펴낸곳 새물결플러스

편 집 왕희광 정인철 노재현 이형일 나유영 노동래
디자인 황진주 김은경
마케팅 박성민
총 무 김명화 이성순
영 상 최정호
아카데미 차상희

홈페이지 www.holywaveplus.com
이메일 hwpbooks@hwpbooks.com
출판등록 2008년 8월 21일 제2008-24호
주 소 (우) 04114 서울시 마포구 신촌로28가길 29
전 화 02) 2652-3161
팩 스 02) 2652-3191

ISBN 979-11-6129-284-7 93230